はじめての人も
イチからわかる

やさしい
高校古典文法

村上翔平　菊池淳一　著

JN049930

はじめに

高校１年生になると多くの人が痛感することですが、中学生の勉強と高校生の勉強ではまるでレベルが違います。
中学のうちは得意だったはずの教科でも、高校生になると

「あれ？　こんなはずでは……」

という悲惨な点数が返ってきた経験、皆さんもあるのではないでしょうか。
特に古文は、中学から高校で大きくレベルが上がる科目の代表格と言っていいでしょう。

なぜ、古文はこんなにも難しいのか？

くわしくは第１章で説明しますが、その大きな原因のひとつに

中学生時代に、文法をしっかり理解しないまま高校生になってしまったこと

があると考えています。
高校の古典文法は、中学で学ぶ「現代国語（日本語）」文法をみなさんが理解している前提で話が進んでいきます。
わたしたちが日常的に使う「現代国語（日本語）」でさえ理解できていない状態で、なぜ大昔の日本語＝古典文法が理解できるのでしょうか。いや、できません（反語）。

皆さんにとってはわけがわからない呪文のように見えるであろう**古文は、結局のところ私たちが今使っている日本語のルーツ、ご先祖さま**に当たるものです。

まずはしっかりと現代の日本語について、その仕組み、ルールを理解しましょう。
そして、その考え方をもとに古典の世界にアプローチしてみましょう。

すると、今まではまったく理解できなかった呪文が、

なんだ、たったそれだけのことだったのか！

と納得・理解できるようになること間違いありません。
人間は、納得・理解したことはそう簡単に忘れません。
納得・理解していないことを、無理やり丸暗記することほど非効率的な勉強法はありません。

この『やさしい高校古典文法』では、ただ「覚える」「暗記する」だけで勉強を終わらせるのではなく（覚えることももちろん必要ですが）、心の底から「そういうことだったのか！」とみなさんに納得・理解してもらうため、やさしく、**わかりやすくゼロから説明することをここに約束します。**

この参考書では、皆さんと同じような古文に悩める高校生、「ユウタくん」と「メグミさん」が登場します。その高校生ふたりと「先生」が対話をしながら、まるで本当に塾や予備校に通っているような臨場感ある授業を展開します。
ですから、読者の皆さんも、ぜひ「ユウタくん」と「メグミさん」になりきって、自分も教室にいるつもりで一緒に考えながら読み進めてほしいのです。
この本を読み終えたころには、古文の世界がまったく違うものに見えているはずです。

真剣に、そして楽しんで取り組んでくれることを願っています。

村上翔平、菊池淳一

本書の使いかた

1 まずは、説明を順番に読んで理解する！

本書は、前から後ろへ順番に読んでいくように構成されています。前のステップを飛ばして先に進んでしまうと、途中で理解できない場所が出てくる可能性があります。

また、本書は知識を丸暗記するための参考書ではありません。今自分が使っている「現代語」と比べながら、「なぜそうなっているのか」「なぜ覚えなくてはならないのか」をひとつひとつ理解しながら読み進めてください。

2 ポイントを説明できるように覚える！

「理解」が大事といっても、最終的には覚えなければ本番の試験で使えません。本書を閉じて、自分でポイントを説明できるかどうか、試してみましょう。「説明できない部分＝あなたがまだ覚えられていない部分」です。そこをもう一度読み、覚え直しましょう。これをすべてのポイントが説明できるようになるまで続けます。

3 練習問題を解いてみる！

覚えたポイントを使って実際に解いてみる 練習問題 が用意されています。まずは自分の力でどこまで解けるか試してみましょう。わからない問題があれば、前に戻って、ポイントを理解し直しましょう。それでもわからなければ、解説を読みましょう。

ただ正解を出すだけでなく、「なぜその答えになるか」を自分で説明できるようにしてください。

4「One Point Lessons」を、しっかり読む！

参考書のところどころに「One Point Lessons」というページが設けられています。通常の参考書で、文法項目のひとつとして扱われることは少ないけれど、覚えておくと有利になる知識をまとめています。

5「High Level Lessons」は、できれば読む！

本書のところどころに「High Level Lessons」というコーナーが設けられています。その名のとおり、基本レベルを超えたやや難しめの説明が書かれています。理解できればさらに古典文法が楽しくなる知識です。ただし、まずは基本のマスターが大事なので、いったん飛ばして先に進んでもかまいません。

6 単語を覚える！

各章の最後に、その章で勉強した「古文単語」をまとめて掲載しています。いくら文法を理解できても、単語が全くわからなければ古文はできるようになりません。勉強の仕上げとして、一覧表に載っている単語の意味を参考書を見ずに言えるまで覚えるようにしましょう。

登場キャラクター紹介

ユウタ

高校１年生。中学までは勉強が得意だったが、高校入学とともに苦手科目が一気に増え慌てている。

メグミ

高校１年生。文系科目も理系科目も比較的得意だが、古文が苦手でコンプレックスがある。

先生

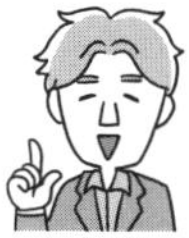

古典文法を現代語の文法の観点から教えるのが得意。

もくじ

1章 古文に絶望したすべての人へ

2章 古文克服は「現代語」から始めよう

3章 「助動詞」と「助詞」を理解しよう

4章 「敬語のしくみ」を理解しよう

1章

古文に絶望したすべての人へ

「先生、古文の成績がひどかったです！」

「私もあまり良くなかったです。古文は難しくて、ついていけるか不安だなあ…」

二人とも、古文に苦手意識を持っているみたいだね。でも大丈夫。古文も、現代語と同じ日本語だよ。古文でつまずいてしまうのは、中学で勉強した現代国語の知識が抜け落ちているからなんだ。まずは、古文への思い込みを解消するところから始めよう。

1-1 なぜ古文で挫折してしまうのか？

１学期の期末テストが返ってきたけど……なんなんだこれは……

1学期 期末考査　1年E組 ユウタ

英語	48	数学Ⅰ	42
数学A	50	現代文	65
古文	18	世界史	55

⋮

1学期 期末考査　1年E組 メグミ

英語	75	数学Ⅰ	91
数学A	82	現代文	88
古文	68	世界史	95

⋮

オレ、中学までは勉強得意だったのに……特に「古文」が壊滅的だ。

毎日遊んでばかりいるからでしょ……。でも、古文は私も苦手。
なんとか68点取れたのも、プリントを丸暗記しただけだから。
先生、古文って、どうしてあんなに難しいんでしょう……？

ユウタ君はそもそも勉強時間が足りてないから、まず毎日勉強すること。

でも……ほかの科目で成績がいいメグミさんでも、古文だけは理解できずに苦しんでいる。

つまり、全体的な成績の良し悪しにかかわらず、**多くの高校生が、高校１年の時点で古文に挫折する**。決して君たちだけに限った話ではないんだ。

だとすると、古文なんて、高校生には難しすぎるんじゃない……？

いや、そうではない。

たとえば、英語の話をしよう。君たちが高校英語をどうにか理解できるのは「中学英語」の土台があるからだ。もしも、英文が「主語＋動詞」で書き始めることや、「know」「what」「interesting」のような単語すら知らなければ、絶対に高校英語にはついていけない。

古文も同じ。君らが高校古文についていけないのは、本来「**中学国語**」で**勉強すべき内容が抜け落ちている**からなんだ。それは何かというと、「**現代国語文法（口語文法）**」だ。

そんなの、中学で勉強したっけ……？

ユウタ君のように「現代国語文法」を習ったことすら記憶にない生徒も多いんじゃないかな。

なぜなら多くの中学では、国語の授業の大半が「文章読解」に使われ、文法はほんのわずかな時間でしか教えられない。

それに入試の配点も圧倒的に「読解問題」にウェイトが置かれているから、ハッキリ言えば「**現代国語文法を勉強しなくても高校受験には受かる**」のが現実なんだ。

たしかに、中学の授業で文法を教えてもらったのって、3か月に1回とかでした。

あっ、思い出した。定期試験前に文法のプリントが渡されて、「テストまでに読んどけ！」って先生が言って、それで終わってた。

よくある話だよね。英語だって、週に何度も文法を教わってようやく理解できるようになるでしょ。数か月に1回しか教えてもらえなくて、入試にもほとんど出ないんだから、それで中学生に「現代国語文法」を理解しろと言っても、それは無理な話だよね。

そのまま高校生になった**オレたちが、「古文」の勉強を理解できるはずがない。**

高１の段階で古文に挫折した生徒は、おそらく次の質問にうまく答えられないはずだ。

★「活用のある語」と「活用のない語」の違いを説明せよ。
★「未然形」「連用形」「連体形」は何が違うか説明せよ。
★「係り結び」とは何か、具体例をあげて説明せよ。
★「形容詞と形容動詞」「副詞と連体詞」の違いを説明せよ。

どれも１学期の授業で古文の先生が言ってたな。意味はわからないけど。

これらは、本来**中学で勉強している**はずの内容なんだ。当然高校の先生は、君らが**これらの概念を理解している前提で**授業をする。

それなら、私たちも**中学の「現代国語文法」**からやり直せば、**「高校古文」が理解できるようになる!?**
でも、中学生向けの参考書を買うのはさすがに屈辱的……。

安心するがいい。中学に置き忘れてきた「**現代国語文法**」**をゼロから復習**しつつ、高校生に必要な「**古典文法**」**の知識を覚えられる**素晴らしい参考書がここにある。

“やさしい高校古典文法”……!?

本来、「**古文**」**も**「**現代文**」**も同じ**「**日本語**」。
我々が今使っている「現代語」のルーツが「古文」なんだから、当然「現代語」と**似ている部分、同じ部分**がたくさんある。「現代国語文法」の考え方さえ理解していれば誰にでもわかる簡単なことも、中学の基礎内容が抜け落ちている高校生にとっては、不必要に難しく感じてしまうんだ。
その結果、「古文は外国語」「古文は丸暗記するしかない」という**偏見**を持ってしまう。

そんな勉強法では、古文が楽しくならないし、納得感が得られないし、結果的に大学入試にも通用しない。この参考書を使って「**心から理解／納得できる**」**勉強**をゼロからやり直していこう。

「古文も同じ日本語」と言っても、当然1000年前の日本語と現代の日本語では大きな違いも多々ある。古文と現代語で異なるポイントに関しては、「現代語との違い」を意識して勉強してほしい。言葉が今と昔でどう変化してきたかを知ることも、古文の勉強では非常に重要なことなんだ。

Point 1

「古文」がデキる高校生になるには

★中学「**現代国語文法**」の概念をまず理解する！
　→授業は、「中学の文法」がわかっている前提で進む。
★古文は、現代語と「**同じ日本語**」という意識を持つ！
　→現代語の使い方／概念をもとに、古典文法を理解すると効率的。
★古文の、現代語と「**異なる面**」に注目！
　→現代語と古文を比べて、違いを意識することが大切。

1-2 古文も同じ「日本語」だ

「古文は何百年も昔の文章で、今の日本語とは全く違う言葉で書かれている。だから、現代人である我々が読んでも意味がわからない。」

こういう**偏見**にとらわれている高校生は本当に多い。まずは、この偏見を解くことからはじめようと思う。

偏見じゃないと思うな。これ、先週もらった学校の課題……。
今の言葉と全然違うよ。

かくて、日西に傾き、月東に出づるほどに及びて、相《あひ》親しき佐藤左《さ》衛《ゑ》門尉憲康《もんのじょうのりやす》といふ者と、うちつれてまかり出づ。

なるほど。古文初心者の君らが見ると、現代と全く違う言葉のように感じてしまうかもしれない。

でも……本当にそうだろうか？　この文を細かく区切って読んでいくと、意外と「**今と同じ言葉**」が入っていることに気づくはずだ。

本当だ。「今と同じ言葉」をピックアップしてみます。
「かくて、日 西に 傾き、月 東に 出づる ほどに 及びて、相 親しき 佐藤 左衛門尉 憲康と いふ 者と、うち つれて まかり 出づ。」

「いふ」には中学で習った「歴史的仮名づかい」が含まれている。これは「仮名づかいの直し方」を知っていれば「言う」の意味だと判断できる。（歴史的仮名づかいが怪しい人は p.26 へ）

「今と同じ言葉」をつなげて訳していくと……

「日が西に傾き、月が東に出て、親しい佐藤憲康という者と連れだって出る」まぁ、だいたいのストーリーはわかるな。

そうでしょ。我々は趣味で古文を勉強しているわけではないので、細かいどうでもいい部分まで無理して訳をする必要はない。「すべてを完璧に訳す」のではなく「ストーリーがわかればOK」という発想で、ある程度〝ゆるく〟考えたほうがいい。

ただし……それだけで大学受験を突破できるほど世の中甘くない。たとえば、この文に出てくる「かくて／ほど／うち〜／まかり」の部分は、高校生なら覚えなくてはならない言葉。

・「かくて」→「こうして」。「か」がつく言葉は「this/that」の意味が多い。
・「ほど」→「程」→「時／空間／様子／身分」など、さまざまな意味を持つ言葉。
・「うち〜」→動詞の直前について、意味を強める言葉。特に訳さなくてよい。

「今と同じ言葉」に注目して読み進めていくと、逆に「今では使わない言葉」が浮き上がって見えてくるはずだ。これら「今では使わない言葉」は、英単語のように、頑張って覚えていく必要がある。

この本では、各章の最後に「覚えるべき重要な単語」をリストアップしているから、そこに出てくる言葉は早く覚えてしまおう。もっと単語を勉強したければ、早めに単語帳を買うのもいいだろう。

Point 1

「古文」を読むときの基本姿勢1

★「**今と同じ言葉**」を利用しながら文章を読んでいく。

× すべてを完璧に訳す。

◎「おおまかなストーリー」を把握する。

★「**今では使わない言葉**」のうち、必要なものを覚える。

今度は私から例題を出そう。次の文を「わかる範囲で」訳してほしい。

雪風いふかたなう降り暗がりて、わびしかりしに、風邪おこりて、ふし悩みつるほどに、十五日、儺火《なび》※あり。

※儺火…鬼や悪魔を祓《はら》う儀式

「今と同じ言葉」をピックアップすると、こんな感じ。
「雪風いふかたなう降り暗がりて、わびしかりしに、風邪おこりて、ふし悩みつるほどに、十五日、儺火あり。」

「雪風が降って、暗くて、わびしくて、風邪で悩んで、十五日になって、何かがある」。
まぁ、これもだいたいのストーリーはわかる。

そうだよね。でも……ユウタ君の訳だと、少しもったいない。うまく考えれば現代人でも意味がわかる言葉が、あと4つ含まれている。それは「いふかたなう／おこり／ふし／儺火」だ。

まず「いふかたなう」。これは「**漢字**」をうまく利用すると「言う方無う」。「う」はウ音便（音便については p.30）だから「言う方無く」と考える。

「言う方無く」。つまり「言う方法がない」。……何を「言う方法がない」んだろう？

前後に「雪風が降る」話があるから、「雪風の量がすごすぎて、言葉で説明できないレベル」という意味じゃないかな。

そのとおり。まずメグミさんはわからない言葉に当てはめた「**漢字**」から、言葉本来の意味をうまく予測してくれた。

そしてユウタ君は「前後の話」つまり「**文脈**」を利用することで、意味をよりわかりやすく具体的に解釈してくれた。

このように「**漢字**」**と**「**文脈**」**をうまく使う**ことで、パッと見ではわかりにくい部分の意味を具体的に理解できるようになるんだ。

「おこり／ふし」も同じように解釈してみよう。

直前に「風邪」があるから、「おこり」を漢字で書くと「起こり」。要するに「風邪を引いた」という意味ですね。

直前に「風邪を引いた」話があるから、「ふし」は漢字で書くと「伏し（臥し）」。要するに「横になって」いたという意味。

そのとおり。そして「儺火《なび》」という言葉。こんな言葉を知っている高校生はいないと思うけど、今回は簡単に意味がわかってしまう。

あっ。右下に小さい字で「注釈」がついてる。

そういうこと。高校生に理解できない言葉で、読み取りに必要な言葉には必ず「注釈」がつく。「注釈」は普通文章の最後にあるから、見落とさないよう気をつけよう。あと、文章がはじまる前に「**説明書き＝リード文**」がつくことも多いから、それも決して読み飛ばしてはならない。

Point 2
「古文」を読むときの基本姿勢２

★「**漢字**」**を利用**すると「意味がわかる言葉」が増える！
★「**文脈**」を大切にする。
★「**注釈**」**や**「**リード文**」を見落とさないよう注意。

では、あと２つだけ例文をやってみよう。
色がついているところの意味に、特に注意して訳してほしい。

① 心やすく、年ごろ語らふ娘ぞある。
② 男ども、酒を飲みて、笑ひののしりあふ。

①は……「心やすく＝心安く＝安心」だから、「安心して、語り合う年頃の娘がいる」という意味だと思う。
「年頃の娘」ということは、10代後半ぐらいかな？

②は……「男たちが、酒を飲んで、笑って罵倒しあう」。
えっ、笑いながらケンカしているんですか。気持ち悪い……。

残念ながら、ふたりとも不正解。
①と②は、実は「現代語と同じ形なのに、意味が違う言葉」が含まれるんだ。
古文の世界では、①「年頃」は「いい感じの年齢」という意味ではなく、「数年」「長年」という意味で使われる。
②「ののしる」は「罵倒する」という意味ではなく、「大騒ぎする」という意味が基本だ。
ちなみにp.16「悩む」も「病気で苦しむ」という意味で、現代語とは少し意味が違うんだよ。

これで、初心者が心掛けるべき古文の基本をひととおり説明した。

①「現代語／漢字」を利用して、わかる部分を探していく。
②「現代にない言葉／現代と意味が違う言葉」を覚える。
③「文脈」を考え、「おおまかなストーリー」をつかむ。

特に、まだ詳しい勉強がスタートしていない今の段階では、①「現代語／漢字」を最大限に利用することが何よりも大切。

みんなは「わからない言葉」にばかり気をとられて、せっかく古文の中に「わかる言葉」がいっぱい入っているのに、それを見ようとしない。そのせいで「古文は難しい」という先入観にとらわれ過ぎてしまうんだ。**「わからない言葉」に悩むよりも、まずは「わかる言葉」を探すこと。**

では、もう少し長い文章を使って、「わかる言葉／漢字」を利用した読み取りを練習してみよう。

練習問題 1

次の文章の内容として、最も適当なものをア～カから一つ選びなさい。
（各段落の初めにある数字は、段落番号を表す）

1　今は昔、摂津《せっつ》の国辺りより盗みせむがために、京に上りける男《をとこ》の、日のいまだ明《あ》かかりければ、羅城門《らせいもん》の下に立ち隠れて立てりけるに、※1朱雀《しゅじゃく》の方《かた》に人※2しげく行《あり》きければ、人の静まるまでと思ひて、門の下に待ち立てりけるに、※3山城《やましろ》の方より人どもの数多《あまた》来たる音のしければ、それに見えじと思ひて、門の上層《うはこし》に、※4やはらかかづり登りたりけるに、見れば火ほのかにともしたり。

2　盗人《ぬすびと》、あやしと思ひて、連子《れんじ》よりのぞきければ、若き女の死にて伏したるあり。その枕上《まくらがみ》に火をともして、年※5いみじく老いたる※6嫗《おうな》の白髪白きが、その死人の枕上に居て、死人の髪をかなぐり抜き取るなりけり。

3　盗人これを見るに、※7心も得ねば、これはもし鬼にやあらむと思ひて恐ろしけれども、もし死人にてもぞある、おどして試みむと思ひて、やはら戸を開けて刀を抜きて、「おのれは、おのれは」と言ひて、走り寄りければ、嫗、※8手まどひをして、手をすりてまどへば、盗人、「こは※9何ぞの嫗の、※10かくはし居たるぞ」と問ひければ、嫗、「おのれが主《あるじ》にておはしましつる人の※11失《う》せ給へるを、※12あつかふ人のなければ、かくて置き奉りたるなり。

4　その御髪の丈に余りて長ければ、それを抜き取りて※13鬘《かづら》にせむとて抜くなり。助け給へ」と言ひければ、盗人、死人の着たる衣《きぬ》と嫗の着たる衣と、抜き取りてある髪とを奪ひ取りて、下り走りて逃げて去りにけり。

※1 朱雀＝朱雀大路。都の南につながる大通り　※2 しげく＝たくさん
※3 山城＝ここは、羅城門の南側、都の外のこと　※4 やはら＝そっと
※5 いみじく＝非常に　※6 嫗＝老婆　※7 心も得ね＝理解できない
※8 手まどひ＝うろたえる　※9 何ぞの＝どんな　※10 かく＝このように

※11 失せ＝死ぬ　※12 あつかふ＝ここでは「葬る」という意味
※13 鬘＝かつら

ア　盗人は羅城門の下に隠れて盗みをする機会を探していたが、ほとんど人通りがないので困惑していた。

イ　盗人は羅城門にさっと上ってみたが、暗くてよく中がわからなかったので、明かりをともした。

ウ　老婆は、若い女が着ていた衣服を無理やり脱がせ、持ち去ろうとしていた。

エ　盗人は死体から髪を抜き取る老婆を見て怖くなったが、勇気を振り絞って老婆に近づいた。

オ　老婆は盗人に見つかった際に一瞬驚いたが、すぐに平常心を取り戻し、事情を説明した。

カ　盗人は老婆に対する怒りがこみ上げ、老婆の着ていた服や死人の服などすべて取り上げ、その場を去った。

練習問題 1 解説　解答は p.25

では解説していくよ。まず、段落ごとに読んで、意味がわかる部分にマークをつけてみよう。

1　今は昔、摂津の国辺りより盗みせむがために、京に上りける男の、日のいまだ明《あ》かかりければ、羅城門の下に立ち隠れて立てりけるに、朱雀（大路）の方に人しげく（たくさん）行きければ、人の静まるまでと思ひて、門の下に待ち立てりけるに、山城（南）の方より人どもの数多来たる音のしければ、それに見えじと思ひて、門の上層に、やはら（そっと）かかづり登りたりけるに、見れば火ほのかにともしたり。

まず、**「摂津の国の辺りから、盗みのために京都に来た男」**がいる。
「日がまだ明るいから、門の下に隠れていた」
……盗みをするんだから、明るいうちは行動できないよな。
すると**「朱雀大路の方に人がたくさん向かっている」**
……やはり、今盗みに行ったらすぐ捕まる。
だから**「人が静まるまで、門の下で待って立っていた」**。
でも**「南の方から、人がたくさん来る音がした」**。
だから**「門の上層にそっと登った」**
……上に登ったほうが、人に見つかりにくい。
上へ登って、**「見てみると、火がほのかにともっていた」**んだな。

そのとおりだね。すると、**ア「ほとんど人通りがない」**は×だとわかる。だったら隠れる必要がない。

それに、**イ「明かりをともした」も×**。「見れば火がほのかにともっていた」ということは、「男」が火をつけたんじゃなくて、もともと火はついていたということ。

じゃあ、次は２段落。

２　盗人、あやしと思ひて、連子よりのぞきければ、若き女の死にて伏したるあり。その枕上に火をともして、年いみじく（非常に）老いたる嫗（老婆）の白髪白きが、その死人の枕上に居て、死人の髪をかなぐり抜き取るなりけり。

「盗人は、怪しいと思った」……「盗人」は何もしていないんだから、つまり誰か明かりをつけた人間がいるはず。
だから**「のぞいた」**んですね。すると**「若い女が死んで横たわっている」**
……怖っ。

「枕の上の方に火をともして、非常に年をとった白髪の老婆が、死人の枕もとで、死人の髪を抜き取っていた」……何のために、そんなことを？

普通では考えられない異様な状況だよね。

「老婆の正体は誰なのか？」「なぜ死人の髪を抜き取っているのか？」を考えながら、続きの３段落を読んでいくべきだ。

あと、**ウ「衣服を無理やり脱がせ」は×**だね。老婆が取っていたのは「髪」であって「衣服」ではない。

3　盗人これを見るに、心も得ね（理解できない）ば、これはもし鬼にやあらむと思ひて恐ろしけれども、もし死人にてもぞある、おどして試みむと思ひて、やはら（そっと）戸を開けて刀を抜きて、「おのれは、おのれは」と言ひて、走り寄りければ、嫗、手まどひをして（うろたえて）、手をすりてまどへば、盗人、「こは何ぞの（どんな）嫗の、かくは（このように）し居たるぞ」と問ひければ、嫗、「おのれが主にておはしましつる人の失《う》せ（死に）給へるを、あつかふ（葬る）人のなければ、かくて（このように）置き奉りたるなり。

「盗人がこれを見ても、理解できない」「これは鬼かと思って、恐ろしい」……それはそうだろう。

でも**「おどして、試そうと思って、そっと戸を開けて、刀を抜いて」**って書いてある……すごい、普通の人間なら間違いなく逃げ出す。

「おのれ」って、今でも使いますよね。

「おのれの限界を感じました」みたいに**「自分自身」**という意味になったり、「おのれ、何見とるんじゃ」みたいに**「お前」**という意味でも使う。

今回は「刀を抜いて、老婆の方に走り寄っていく」話だから、「お前」の意味だな。
すると**「老婆がうろたえた」**から、**盗人は、「どんな老婆が、こんなことをするのか」と尋ねた。**
すると**老婆は、「私の主人が死んだが、葬る人がいなくて、このように置いておいた」**……そうか、「死人」というのは、つまり「老婆」がお仕えしていた「ご主人様」だったのか。

4　その御髪の丈に余りて長ければ、それを抜き取りて鬘（かつら）にせむとて抜くなり。助け給へ」と言ひければ、盗人、死人の着たる衣と嫗の着たる衣と、抜き取りてある髪とを奪ひ取りて、下り走りて逃げて去りにけり。

最後の４段落。**「死体の髪が長いので、それを抜き取ってカツラに、と思って抜いた」**……ちょっと、ひどい。
すると**「盗人が、死人の服と、老婆の服と、抜き取られた髪を奪い取って、下に走って逃げ去った」**……まぁ「盗人」らしい行動かな……。

そうだね。当時、「衣服」や「カツラ」は非常に高級品だったんだ。だから、ご主人様を失って給料をもらえなくなった老婆は、生きていくために髪を売りさばこうとしたわけだ。盗人も、その髪や衣服を盗まない手はない。

だとすると、問題の答えはエですね。オ「平常心を取り戻した」、カ「老婆に対する怒り」は、どこにも書いていないから×。

いくつか理解できないところはあるけど、「今でも使う言葉」「漢字」「注釈」「文脈」をうまく使うと、だいたいの話は理解できる。

そのとおりだ。初めから完璧に訳すことを目指すのではなく、「わかるところ」

を探す姿勢を持つことが大切なんだ。

練習問題 1 解答 **エ**

One Point Lessons ① 歴史的仮名づかいの読み方

古文は「歴史的仮名づかい」で書かれており、これを「現代仮名づかい」に直して読むためには、いくつか覚えておくべきルールがある。知っていれば、より古文がわかりやすく、身近なものになるだろう。

★「文字を見て」直すタイプ

①「ハ行＝は・ひ・ふ・へ・ほ」⇒「ワ行＝わ・い・う・え・お」に直す！

いはく→いわく　　言ふ→言う　　くはへて→くわえて
つひに→ついに　　にほひ→におい

②「ゐ・ゑ・を」⇒「い・え・お」に直す！

もちゐる→もちいる　　ゆゑ→ゆえ　　をとめ→おとめ

③「む」⇒「ん」に直す！

かむなづき→かんなづき

④「ぢ・づ」⇒「じ・ず」に直す！

なむぢ→なんじ　　かはづ→かわず

⑤「くゎ・ぐゎ」⇒「か・が」に直す！

くゎいてん→かいてん　　ぐゎん→がん

★「音」で考えるタイプ

⑥「ａｕ」の音⇒「ô」の音に直す！

まうで＝maude→môde＝もうで

⑦「ｉｕ」の音⇒「ｙû」の音に直す！

ふうりう＝fuuriu→fuuryû＝ふうりゅう

⑧「e u」の音⇒「y ô」の音に直す！

てうど＝teudo → tyôdo ＝ちょうど

①「ふ」が出てきたときは、「2段階方式」で直す可能性アリ

せふゆ→（「ハ行」だから……）→**せう**ゆ ……①

→（「eu」の音だから……）→**しょう**ゆ ……⑧

★仮名づかいを直してはいけない例外事項

・「**現代でも使う言葉**」は直さない。

むらかみ→んらかみ（×）

・「**語の先頭に来るハ行**」は直さない。

はな→わな（×）

・「**助詞**」の「は・へ・を」は直さない。

私は京へ文を届ける→わたしわ（×）京え（×）文お（×）届ける

・使役の助動詞「**しむ**」は直さない。

届けしむ→届けしん（×）

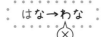

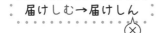

One Point Lessons ② 古文の授業の「用語集」

古文には「授業の中でよく出てくる専門用語」というのがあり、先生たちは当たり前のものとして使っているが、聞く側の生徒にとってはよく理解できないケースがある。

ここでは、そのような「授業用語」「古文用語」をまとめておく。これらを知っていると、学校の授業がより理解しやすくなるはずだ。

★言葉全般に関する語

単語　言葉として意味をもつ最も小さな単位。それ以上区切ってしまうと「意味」が消滅してしまう。たとえば「猫」という言葉を「ネ」と「コ」に区切ってしまうと全く意味を持たないただの文字になってしまう。つまり「ネ」と「コ」が集まって初めて１つの意味を持つのであり、それ以上区切れない１つの単語だと言える。

文節　「意味のまとまり」によって、文をできる限り細かく区切った単位。「ネ」を入れて読むのが有名な区切り方。「この猫はとてもかわいい」→「このネ／猫はネ／とてもネ／かわいいネ」

文語・口語　本来の意味は、文語は「文章を書くときに用いられる、独特な言葉」、口語は「日常の会話などに用いられる言葉づかい」のこと。ただし実際には、文語は「古文の言葉／昔の言葉」、口語は「現代文の言葉／今の言葉」という意味で使われることが多い。

接頭語・接尾語　接頭語（接頭辞）は「語調を整えたり意味を加えたりするために、単語の上に加えられる言葉」のこと。現代語で言えば「お茶」「真っ青」「ぶったたく」など。古文でいえば「御身」「うち見る」など。接尾語（接尾辞）は「単語の下に加えられて、意味を新たに加えたり、文法的はたらきを変えたりする」もの。現代語で言えば「山田さん」「お前ら」「弱さ」など。古文で言えば「春めく」「あはれがる」など。接頭語・接尾語は1つの単語としてはカウントしないので、品詞分解のときに区切ってはいけないことに注意。

単文・重文・複文　1つの文に「主語・述語」の関係が1回だけ登場するものが「単文」(私はお茶を飲む)。1つの文に主・述の関係が2回以上登場し、それらが「対等の関係」で結ばれているものが「重文」(私はお茶を飲み、彼女はうどんを食べる)。1つの文に主・述の関係が2回以上登場し、それらが「主節と従属節」の関係になっているものが「複文」(彼女がうどんを食べたことを、私はさっき聞いた)。

連体修飾・連用修飾　体言(名詞)を修飾するものが「連体修飾」、用言(動詞・形容詞・形容動詞)を修飾するものが「連用修飾」。

行・段　「行」は同じ子音をもつもの。カ行なら「か・き・く・け・こ」=「ka・ki・ku・ke・ko」で「k」の子音を共通してもつ。

「段」は同じ母音をもつもの。ア段なら「あ・か・さ・た・な〜」=「a・ka・sa・ta・na〜」で「a」の母音を共通してもつ。

★用言(動詞・形容詞・形容動詞)に関する語

正格活用・変格活用　正格活用は活用に規則性があり、数が多いもの。変格活用は活用が不規則で、数が少ないもの。

自動詞・他動詞　主語だけで文が成り立つタイプの動詞が「自動詞」、「〜を」という形で目的語(相手・対象)が必要になるタイプの動詞が「他動詞」。たとえば「花瓶が割れる」の「割れる」は自動詞だが、「私は花瓶を割る」の「割る」は他動詞。

複合動詞　２語の動詞が結合し、１語の動詞になったもの。現代語では「思う＋出す→思い出す」など。あくまで「１語の動詞」なので、品詞分解のときに区切ってはいけない。

音便《おんびん》　発音の都合上、活用語の末尾の音が変化すること。イ音便（書きて→書いて）、ウ音便（買ひて→買うて）、促音《そくおん》便（切りて→切って）、撥音《はつおん》便（飛びて→飛んで）がある。

促音　「っ（小書き仮名）」で表す音。

撥音　「ん」で表す音。

撥音便の無表記　「ん」に変化する音便を撥音便というが、その「ん」が表記されない場合のこと。（あるなる→あんなる→あなる）

★助動詞・助詞に関する語

詠嘆　物事に深く感動すること。「～だなぁ」と訳すのが基本。

婉曲《えんきょく》　はっきりと言わず、遠回しに言うこと。「不可能です→不可能なようです」

識別　見た目は同じだが中身は異なるものを、一定のルールに従って区別し、見分けること。

仮定条件・確定条件　文の前半に「仮定＝もしも」の話が来るのが「仮定条件」（雨が降ったら、家で休む／雨が降っても、海へ行く）。文の前半に「すでに確定している話」が来るのが「確定条件」（雨が降ったので、家にいた／雨が降ったけど、海へ行った）。

順接・逆接　文の後半に「当然のこと／予想通りの内容」が来るのが「順接」(歯が痛いから、歯医者へ行く／歯が痛かったら、歯医者へ行け)。「順接」は多くの場合、文の前半に「原因・理由」が来る。文の後半に「通常考えられない内容／予想と逆の内容／前と反対の内容」が来るのが「逆接」(歯が痛いが、アイスを食べた／歯が痛くても、我慢しろ)。「順接＝だから」「逆接＝しかし」というイメージを持っておくとよい。

★敬語に関する語

主体・客体　動作などを「する」のが「主体」。「主語」に近いものだと思えばよい。動作などを「される」のが「客体」。「目的語」に近いものだと思えばよい。

地の文　物語などの文章において、セリフ・会話を除いた説明や描写の文。現代語でいえば、カギカッコをつけられない部分。

★和歌の修辞(表現技法)に関する語

枕詞《まくらことば》　後ろに決まった言葉を導く、主に５音節の言葉。たとえば、「たらちねの」が来たら後ろに「母」、「あしひきの」なら「山(峰)」という言葉が置かれるルール。枕詞には、歌の調子を整えたり、連想によって表現の効果を高めたりする効果がある。

掛詞《かけことば》　同じ音であることを利用して、１つの言葉に２つ以上の意味を込めるもの。たとえば「まつ」に「待つ」と「松」の意味をもたせるなど。多くの場合「自然物」と「人の心」に関わる意味になる。(例:松＝自然物／待つ＝恋人を待ちこがれる作者の心)

縁語《えんご》　ある言葉と、意味的に関連のある言葉を用いるもの。たとえば「衣」という言葉を使って歌を詠むときに、「着る」「張る」をいっしょに用いるなど。

★文学史（ジャンル）に関する語

伝奇物語　現実には起こり得ない、不思議な内容を描く物語。「竹取物語」が代表。かぐや姫が月からやってくるのは、どう考えても現実には起こり得ない話である。

歌物語　和歌を中心として、その歌がどのようにできたのかという事情を物語として作成したもの。『伊勢物語』『大和物語』『平中《へいちゅう》物語』の３作が有名。

作り物語　事実に基づかない､虚構の物語。この中に伝奇物語も含まれる。伝奇物語ではない作り物語の代表は『源氏物語』。

歴史物語　歴史的事実を題材にして書かれた物語。『大鏡』など、「～鏡」がつくものが多い。

軍記物語　戦乱を主題にして、ある一時期を描いた物語。『平家物語』が代表。

説話　神話、伝説、昔話、民話などを集めたもの。『今昔物語集』『宇治拾遺物語』など。

勅撰《ちょくせん》和歌集　天皇・上皇などの宣旨《せんじ》（命令）によって編さんされた、公的な和歌集。『古今和歌集』が最古の勅撰和歌集として有名。民間人・個人が、多数の歌人の歌を選定し編さんした私的な和歌集を「私撰和歌集」という。また多数の歌人ではなく、一人の作者の歌を集めた和歌集を「私家集」という。（私歌集ではなく私家集。漢字に注意）

随筆《ずいひつ》　形式にとらわれず、自らの体験・経験や、それに対する感想・意見などを自由に書いたもの。『枕草子』（清少納言）『方丈記』（鴨長明）『徒然草』（兼好法師）が日本三大随筆と呼ばれる。

日記文学 「仮名文字」で書かれた回想・自伝的な記録文学。当時は「仮名文字＝女性が使う文字」であり、当然日記文学は女性によって書かれるのが通常だが、最古の日記といわれる『土佐日記』は男である紀貫之によって書かれた。

歌論 和歌の本質・作法・表現などについて論じたもの。『俊頼髄脳《としよりずいのう》』『古《こ》来風体抄《らいふうていしょう》』『毎月抄《まいげつ》』『無《む》名《みょう》抄』など。

★時代区分に関する語

奈良時代 710～794年。聖武天皇や万葉集の時代。

平安時代 794～1185年。800～900年前後を「平安初期」、1000年前後を「平安中期」、1100年前後を「平安後期」と、さらに3分割することが多い。紫式部や清少納言、藤原道長などが有名。

鎌倉時代 1185～1333年。1200年頃を境として、前期・後期に2分割することが多い。源頼朝や北条政子の時代。

室町時代 1336～1573年。足利家が将軍として支配した。

安土桃山時代 1573～1603年。織田信長や豊臣秀吉の時代。

江戸時代 1603～1867年。徳川家が幕府をつくって支配した。

上代文学 奈良時代、あるいは飛鳥時代～奈良時代の文学。

中古文学 主に平安時代の文学。

中世文学 主に鎌倉・室町時代の文学。安土桃山時代が含まれることも多い。

近世文学 主に江戸時代の文学。

近現代文学 主に明治時代以降の文学。

One Point Lessons ③　第1章に出てきた重要単語集

p.14

1　かくて　【副】〈斯くて〉　このようにして

2　ほど　【名】〈程〉　①（一般的な意味）様子、程度、〜ぐらい
②（時間的な意味）時間、年齢、とき、ころ、間
③（空間的な意味）空間、広さ、高さ、距離、途中、〜あたり
④（身分的な意味）身分、地位、家柄

3　うち〜　【接頭】〈打ち〉　後ろの動詞を強調するはたらき（訳さなくてよい場合が多い）

4　まかる　【動・四段】〈罷る〉　退出する、地方へ下る

p.16

5　いふかたなし　【連語・ク】〈言ふ方無し〉　何とも言いようがない

6　わびし　【形・シク】〈侘びし〉　①つらい　②困った　③さびしい　④がっかりだ　⑤貧しい

7　ふす　【動・四段】〈伏す・臥す〉　①横になる、寝る　②うつぶせになる　③隠れる

8　なやむ　【動・四段】〈悩む〉　①病気になる、病気で苦しむ
②悩む、困る

p.18

9　としごろ　【名】〈年頃〉　①長年、数年　②年頃

10　ののしる　【動・四段】〈罵る〉　①大声で騒ぐ　②評判になる
③勢力を持つ

p.20

11　いまはむかし　【連語】〈今は昔〉　今となってはもう昔のことだが

12　しげし　【形・ク】〈繁し〉　①多い、たくさん　②草木が茂っている

13 あまた 【副】〈数多〉 たくさん

14 やはら 【副】 ゆっくり、静かに、そっと

15 あやし 【形・シク】〈怪し・奇し〉 不思議だ　〈賤し〉 身分が低い、みすぼらしい

16 いみじ 【形・シク】 はなはだしい、普通でない

17 こころう 【動・下二段】〈心得〉 ①理解する　②承知する　③精通する

18 まどふ 【動・四段】〈惑ふ〉 ①悩む、途方に暮れる、うろたえる　②ひどく～する

19 おはします 【動・四段】〈御座します〉 ①いらっしゃる、～でいらっしゃる　②おいでになる

20 うす 【動・下二段】〈失す〉 ①なくなる　②死ぬ

21 たまふ 【動・四段】〈給ふ〉 ①お与えになる　②～なさる

22 たてまつる 【動・四段】〈奉る〉 ①差し上げる　②お～申し上げる　③（飲食物・衣服・乗り物を）召し上がる、お召しになる、お乗りになる

2章

古文克服は「現代語」から始めよう

さあ、いよいよこの章から本格的に古典文法について勉強していくよ。準備はいい？

「うーん、自信がないなあ…」

「私も活用表とか、覚えきれるか不安…」

大丈夫、この章でもまず現代語の文法から話を始めるから、安心してね。現代語と違うところを中心に頭に入れていくようにしよう。

2-1 「品詞」を正しく見抜くには

では、ここからいよいよ本格的な文法の勉強に入る。おそらく高校古文の授業で、次のようなフレーズをたくさん耳にしただろう。

「動詞の中で下二段活用は……」
「この助動詞は、ナ変の未然形に接続しているから……」
「形容動詞のナリ活用は……」

きっと、みんなが嫌で嫌で仕方ないのは、赤い字の言葉だよね。

でも、第１章で説明したとおり、中学の国語で一度は勉強しているのに忘れて高校生になってしまった人が多いんだ。だったら、我々のやるべきことは簡単。ゼロから理解し直せばいい。非常にシンプルな話だ。

で、先ほどの赤い字の言葉。まず、これを大きく２つに分けてみたい。

次のAグループ、Bグループの「共通点」に気づく人はいるかな？

A　動詞　助動詞　形容動詞
B　下二段活用　ナ変　未然形　ナリ活用

Aグループは、全部「～詞」がついている。英語でも「前置詞、関係代名詞」とか、「～詞」がつく文法用語はいっぱい出てくるよな。

そうだね。Aグループはどれも「**品詞**」と呼ばれるものの一種だ。

たとえば……「形容動詞」「連体詞」と言われて、それがどんな言葉か説明できて、具体例をあげられる人は少ないだろう。

そして、Bグループの「共通性」は「**活用**」に関わる文法用語だということ。「活用」というのは、古文の文法をマスターするには絶対に避けては通れない、超重要な概念なんだ。

「活用」の話は「品詞」を説明する中で再び登場するから、詳しくはそのときに話そう。

ということで、この本では**最初に「品詞」**の名前をきちんと知って、それらがどんな言葉か、どう区別すればいいのかを全部身につけてもらいたい。

◇品詞

文章はたくさんの「単語」で成り立っているよね。英語の勉強でも単語を毎日覚えるだろうし、古文でも単語の暗記テストを学校でやっているかもしれない。

さっき例にあげた「動詞、形容動詞、助動詞……」のような「品詞」は、要するに、その**単語を 10 種類に分類**したもののことだ。まずは 10 種類の「品詞」の名前を、がんばって覚えてしまおう。

Point 1　品詞とは「単語」の種類

★品詞とは「単語」を 10 種類に分類したもの！（～詞）
→動詞・形容詞・形容動詞・名詞・連体詞・副詞・接続詞・感動詞・助詞・助動詞

「動詞」とか「名詞」、「形容詞」「助動詞」なんかは、聞いたことがあるよね。英語の授業でもでてくるし。

でも、「連体詞」や「形容動詞」は英語では使わないよな。

なじみのあるものから、聞いたことがないものまで、いろいろあるだろう。それぞれの意味は今から説明するから、まずは呪文のように 10 個の名前を唱えて覚えてしまおう。

そして、「品詞」を正しく見分けるためのコツは、いきなり 10 種類を見分けようとしないこと。具体的には「**２種類ずつ**」見分けていくんだ。

Point 2 「品詞」を見分ける基本姿勢

まずは**２種類ずつ**に見分ける！
①「**自立語**」か？　「**付属語**」か？
②「**活用がある**」か？　「**活用がない**」か？

この２つを考えずに品詞名を答えようとしても絶対にうまくいかない。

とにかく「**自立語 or 付属語**」「**活用ある or ない**」を見分ける練習をしていくこと！　これが「品詞」マスターへの唯一の道だ。

では、この「自立語 or 付属語」「活用ある or ない」とはどういう意味なのか、どうやって見分ければいいのか。これらを順番に覚えていこう。

◇「自立語」と「付属語」

「自立語」と「付属語」の違いは知ってるかな？

これは、中学の記憶がうっすらとあります。
「自立語」は「それだけで**意味がわかる**言葉」
「付属語」は「それだけでは**意味がわからない**言葉」と習いました。

そのとおり。次の例文をよく見てほしい。

この	**道**	**で**	**速く**	**走る**	**べき**	**か**。	
自	自	付	自	自	付	付	
暇だ	**から**	**ゆっくり**	**歩く**	**の**	**が**	**よい**	**か**。
自	付	自	自	付	付	自	付

「この／道／速く／走る／暇だ／ゆっくり／歩く／よい」は、どれも「**それだけで意味がわかる**」言葉だな。つまり、「**自立語**」だ。

でも「で／べき／か／から／の／が／か」は、**それだけでは意味不明な**言葉。これらは「**付属語**」ということですね。

そのとおり。「品詞」が何かを考えるときは、まず**このように「自立語か付属語か」を見分ける**ことが重要。なぜなら「自立語か付属語か」によって、「品詞」も大きく２つのグループに分かれるからだ。

Point 3

「品詞」の見分け方１

★「**自立語**」「**付属語**」を見分ける！

⇒ **自立語**　＝　それだけで**意味がわかる**単語
　 付属語　＝　それだけでは**意味不明な**単語

★「自立語グループ」と「付属語グループ」に分類する！

「自立語グループ」の品詞	「付属語グループ」の品詞
動詞・形容詞・形容動詞 名詞・連体詞・副詞 接続詞・感動詞	助詞・助動詞

つまり「それだけでは**意味不明**な言葉＝**付属語**」とわかった時点で、「**助詞**」か「**助動詞**」**のどちらか**だということ。

逆に「それだけで**意味がわかる**言葉＝**自立語**」とわかった時点で、「**助詞／助動詞**」**には100%なり得ない**。このように、段階を踏んで考えていくことがとても大事なんだ。

★ High Level Lessons ★

「自立語／付属語」を「意味がわかるか／わからないか」だけで判断するのは困難な場合もあり、その場合「文節に区切る＝『ネ』を入れて読む」方法を使うとより確実。

先の例文を「文節に区切る＝『ネ』を入れて読む」と、次のようになる。

「この／道　で／速く／走る　べき　か／暇だ　から／ゆっくり／歩く　の　が／よい　か」

この「／」の部分に「ネ」が入ることが理解できるだろう。

そして「ネ」で区切った文節の中では「先頭に来る単語＝自立語」「先頭に来ない単語＝付属語」という法則が成り立つ。

各文節の中で先頭に来る単語、来ない単語にマークをつけると、次のようになる。

「この／道　で／速く／走る　べき　か／暇だ　から／ゆっくり／歩く　の　が／いい　か」

先ほど示した「自立語／付属語」の答えと、完全に一致しているのがわかるはずだ。

練習問題 1

次の単語の下に、自立語なら「自」、付属語なら「付」と書きなさい。

① ますます 追い詰めら れる 人々 の 率直な 声 を 聞い て ほしい。

② ※1よき 人 は ※2あやしき こと を 語ら ず。

※1　よき人＝教養のある人

※2　あやしきこと＝おかしなこと、不思議なこと

練習問題 1 解説　解答は p.58

「意味のわかる単語／わからない単語」に分けていけば、特に問題はないですね。

そうだね。まずは自力で解いてから解答を見ようね。「意味のわかる単語／わからない単語」がわかれば、「自立語／付属語」の見分け方は OK だ。

次は、活用について見ていくよ。

◇「活用がある」か「活用がない」か

では、次は「活用」について勉強しよう。「活用」って、どういう意味か知ってる？

「活用」とは……「じょうずに使うこと」？

それは、文法用語ではなく、日常的な意味だね……。

文法上の「活用」とは、後ろにつく語によって「**言葉の形が変化すること**」だ。たとえば……「走る」という言葉。これの後ろに「ない／ます／て／う」をつけてみると、どうなる？

「走る」 ＋ ない → 「走ら」ない
ます → 「走り」ます
て → 「走っ」て
う → 「走ろ」う

そのとおり。「走**る**」が「走**ら**・走**り**・走**っ**・走**ろ**」のようにどんどん形を変えていくことを「**活用**」という。何も難しいことはないよね。

そして「走る」が活用するとき、形が変わらない「走」の部分を**語幹**《ごかん》、形が変わる「る」の部分を**活用語尾**《ごび》というんだ。

Point 4　活用語＝語幹＋活用語尾

★活用語の中で「変化しない部分」を「**語幹**《ごかん》」と呼ぶ。
★活用語の中で「変化する部分」を「**活用語尾**《ごび》」と呼ぶ。
　例　「走ら（ない）」「走り（ます）」「走る（。）」

すべての言葉が活用するわけではない。「形が変化しない言葉」もたくさん存在する。たとえば名詞の「あな」や接続詞の「しかし」を変化させようとしても無理だよね。

たしかに。「あな→あに／あぬ／あね／あの」「しかし→しかさ／しかす」……どう考えても不可能。

そうだよね。つまり「走る」のように「**形を変えられる**単語」が「**活用がある**単語」。「あな／しかし」のように「**形を変えられない**単語」が「**活用のない**単語」。さっきの「自立語 or 付属語」と同じように、この２種類に単語を分ける発想がきわめて重要なんだ。

最初に出した例文に戻ると……

この	**道**	**で**	**速く**	**走る**	**べき**	**か。**	
×	×	×	◎	◎	◎	×	
暇だ	**から**	**ゆっくり**	**歩く**	**の**	**が**	**よい**	**か。**
◎	×	×	◎	×	×	◎	×

このようになる。◎が「活用あり」で、×が「活用なし」。

「速く→速い／速けれ／速かっ」「走る→走ら／走れ／走ろ」
「暇だ→暇で／暇な／暇に」「歩く→歩か／歩き／歩こ」
「よい→よく／よけれ／よかっ」……たしかに、語尾の形が変わるな。ほかの言葉は、形を変えようとしても無理だ。

「べき」が多少わかりにくいかもしれないけど……
「べからず／べく／べし」のように形が変化することがあるよ。

Point 5 「品詞」の見分け方２

★「**活用がある**」か「**ない**」かを見分ける！
　⇒ **活用あり**　＝　文中で形が**変化する**単語
　　 活用なし　＝　文中で形が**変化しない**単語

★ High Level Lessons ★

「あね」を「あな／あの」に変えるのはアリでは？　と思った人もいるかもしれない。しかし「あね」は「姉」であり、「あな」は「穴」、「あの」は that を意味するので、意味が全く異なる。あくまで「意味が同じまま」形を変えないと「活用」とはいわないので注意。

練習問題 2

次の単語の下に、活用する語には「◎」、活用しない語には「×」の記号を書き入れなさい。

① ますます 追い詰めら れる 人々 の 率直な 声 を 聞い て ほしい。

② よき 人 は あやしき こと を 語ら ず。

練習問題 2 解説

解答は p.58

①は……「追い詰めら→追い詰める／追い詰めれ／追い詰めろ」「れる→れれ／れろ／れよ」「率直な→率直に／率直だ」「聞い→聞か／聞き／聞く／聞け」「ほしい→ほしく／ほしけれ／ほしかっ」のように変化するから、これらは「活用あり」。

②は……「よき→よし／よけれ」「あやしき→あやしく／あやしけれ」「語る→語ら／語り／語れ」「ず→ぬ／ざる」のように変化する。

そのとおり。「ず」の変化がピンとこない人もいるだろうけど……

「語らず」は、今でいえば「語らない」という意味だよね。

これを「何も語らぬ人」「語られざる秘密」のように形を変えても、同じ「ない」という意味になるのがわかるはずだ。

こうして「自立語 or 付属語」に加えて、「活用あり or なし」で単語を見分けられるようになれば、すべての単語を次の**４パターンに分類**できる。

★「自立語で、活用あり」→　グループ[1]
★「自立語で、活用なし」→　グループ[2]
★「付属語で、活用あり」→　グループ[3]
★「付属語で、活用なし」→　グループ[4]

たとえば「彼女　は　帰る　ようだ」という文。これを、グループ[1]～[4]に分類してみると、どうなるだろう？

「彼女」は「意味がわかる」し、「変化しない」から[2]。
「は」は「意味がわからない」し、「変化しない」から[4]。
「帰る」は「意味がわかる」し、「変化する」から[1]。
「ようだ」は「意味がわからない」し、「変化する」から[3]。

そのとおりだ。p.40の例文でいえば、こうなるよね。

この	**道**	**で**	**速く**	**走る**	**べき**	**か**。
自	自	付	自	自	付	付
×	×	×	◎	◎	◎	×
↓	↓	↓	↓	↓	↓	↓
[2]	[2]	[4]	[1]	[1]	[3]	[4]

暇だ	**から**	**ゆっくり**	**歩く**	**の**	**が**	**よい**	**か**。
自	付	自	自	付	付	自	付
◎	×	×	◎	×	×	◎	×
↓	↓	↓	↓	↓	↓	↓	↓
[1]	[4]	[2]	[1]	[4]	[4]	[1]	[4]

そして、最初に紹介した10個の品詞を、[1]～[4]のグループに分けると、

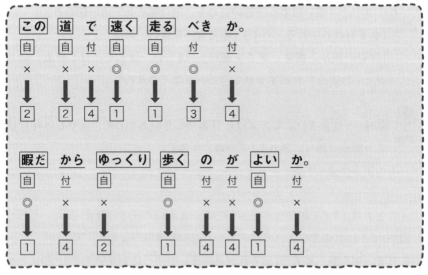

次のようになる。

Point 6 「品詞」の見分け方3

	「活用がある」単語	「活用がない」単語
自立語	グループ1 動詞・形容詞・形容動詞	グループ2 名詞・連体詞・副詞 接続詞・感動詞
付属語	グループ3 助動詞	グループ4 助詞

「彼女　は　帰る　ようだ」だったら……

「彼女」はグループ2だよね。ということは、その時点で「**名詞**／**連体詞**／**副詞**／**接続詞**／**感動詞**」**のどれか**になるということ。

「は」はグループ4。その時点で「**助詞**」に決定。

「帰る」はグループ1。その時点で「**動詞**／**形容詞**／**形容動詞**」**のどれか**になる。

「ようだ」はグループ3。その時点で「**助動詞**」に決定。

ここまで理解してもらえたらあとは簡単！

あとは活用のある自立語「動詞／形容詞／形容動詞」の見分け方と、

活用のない自立語「名詞／連体詞／副詞／接続詞／感動詞」の見分け方をマスターすればいいんだ！

★ High Level Lessons ★

「形容詞／副詞」という品詞は英語にもある。しかし、国語の「形容詞／副詞」と英語の「形容詞／副詞」では大きく性質が違うことに注意してほしい。英語では「名詞を修飾する語＝形容詞」「主に動詞を修飾する語＝副詞」と考えればよい。「この犬」「かわいい犬」は犬という名詞を修飾するので形容詞。「早く走る」「ゆっくり走る」は走るという動詞を修飾するので副詞と言える。

しかし国語では、point5 を見ればわかるように「活用がある」ものしか「形容詞」と名乗ることができない。「かわいい」は「かわいく」のように活用するので形容詞と言えるが、「この」は形を変えられないため、国語の世界では形容詞ではなく「連体詞」になるのである。同様に、「副詞」も国語では「活用がない語」しか副詞と名乗ることはできない。「ゆっくり」は活用しないので副詞と言えるが、「早く」は「早い」に変化する。これは「〜い」で終わるため副詞ではなく「形容詞」になってしまうのである。

◇「活用のある語」の見分け方

では、「活用がある」グループから見ていこう！

「活用がある自立語」は「動詞／形容詞／形容動詞」の３つですね。

「活用のある付属語」は、100%「助動詞」。これは簡単だな。

では、結論から言おう。「動詞／形容詞／形容動詞」の違いを見抜くには、必ず「**形**」**をチェック**すること。

具体的には「。」**がつく形＝終止形**をチェックすることが必要。

Point 7
「活用のある自立語」の終止形を check

動詞　＝「uの音」
形容詞　＝現代語「い」　古文「し」
形容動詞＝現代語「だ」　古文「なり／たり」
（上の3つとも）で終わる！

① 3つまとめて「**用言**《ようげん》」と呼ぶ！

現代語で例をあげると「**動詞**」は「投げ**る**ゥ、叩《たた》**く**ゥ、蹴**る**ゥ、死**ぬ**ゥ、戻**る**ゥ」……全部「**uの音**」で終わる。

「**形容詞**（現代語）」は、「かわい**い**、良**い**、小さ**い**」……全部「**い**」で終わる。

「**形容動詞**（現代語）」は、「晴れやか**だ**、暇**だ**、興味津々**だ**」……全部「**だ**」で終わる。

「古文」では少し形が変わって……「**動詞**」は古文でも、基本「**uの音**」で終わる（例外アリ→p.93）。でも「**形容詞**」は、「**い**」**ではなく**「**し**」で終わる。「かわゆ**し**、良**し**、小さ**し**」みたいになると、古文っぽくなるでしょ。

「**形容動詞**」も、「だ」ではなく「**なり／たり**」のどちらかで終わる。「晴れやか**なり**、暇**なり**、興味津々**たり**」。

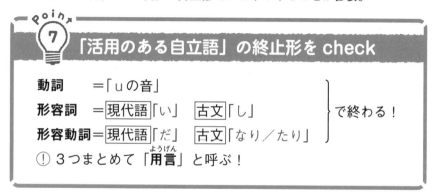

で、最後に名前を１つ覚えてほしい。「動詞／形容詞／形容動詞」は、３つをまとめて「**用言**」と呼ぶ。この「用言」という名前は、これからの勉強に欠かせない名前なので、とにかく覚えてしまうこと。

★ High Level Lessons ★

・「なり」と「たり」の違いは、直前に「和語」が来るか「漢語」が来るか。「なり」がつく「晴れやか、愚か、暇」は「訓読み」と「ひらがな」で構成された、つまり「日本固有の和語」といえる。「たり」がつく「興味津々」は「音読みの漢字で作られた熟語」であり、つまり「中国から輸入された漢語」である。

要するに、「形」さえ見抜ければ「動詞／形容詞／形容動詞」は見抜けるということだな。それなら、全然難しくない。

でも、「動詞／形容詞／形容動詞」には**「意味の違い」**もあるんじゃないですか？　動詞は「動作」、形容詞は「状態」、みたいな。

なるほど。今メグミさんが言った、「動詞は『動作』、形容詞は『状態』を表す」という考えは、だいたい正しい。たしかに「投げる、叩く」などは「動作」と言えるし、「かわいい、小さい」なども「状態」と言ってもいいだろう。

でも……次の例はどうだろう。

★「ここにいる」　★「それは違う」

「いるぅ／違うぅ」も形は「uの音」だから「動詞」だよね。でも……

全然「動作」じゃないよな。

そういうこと。「動詞」には「動作」を表すものもあれば、実は「状態」を表すものも多い。だから「動作」か「状態」だけで見分けようとすると、うまくいかない場合が出てくる。

「形容詞」と「形容動詞」の見分け方についても同じことが言える。

★「うるさい」vs「にぎやかだ」　★「つまらない」vs「退屈だ」

形は、左が「い」で終わるから「形容詞」。右が「だ」で終わるから「形容動詞」。でも、これらの「意味」を比べてみるとどうだろう？

左と右、意味が似ていますよね。

そうだよね。つまり「形容詞」と「形容動詞」は両方とも「状態」を表すから、**意味の違いに注目しても判別ができない**んだ。

もちろん、「動詞＝動作」「形容詞＆形容動詞＝状態」という原則を理解しておくことは大切。でも、それだけで品詞を見抜こうとするのは無理がある。やはり「**形**」**にこだわって**答えを出す必要がある。

Point 8

「活用のある自立語」の意味

動詞　＝主に**動作**を表すが、**状態**を表すことも多い

形容詞　＝主に**状態・様子**を表す

形容動詞＝主に**状態・様子**を表す

①「意味の違い」だけでは品詞を判別できない。

→あくまで「形」から品詞を判別する。

◇「活用のない語」の見分け方

では、最後に「活用がない」グループ。これが終われば、「品詞」はすべて見抜けるようになる。

「活用がない」グループの言葉は、「自立語」だったら必ず「名詞／連体詞／副詞／接続詞／感動詞」の５つのうち、どれかになります。

「付属語」だったら、その時点で100%「助詞」。

そのとおり。では、先に見分け方を一覧表にしてしまおう。その後で、１つずつ説明していくよ。

Point 9
「活用のない自立語」の見分け方

①**名詞**　＝「**が**」をつけて「**主語**」になれる言葉
　　　　　　! 別名「**体言**」
②**連体詞**　＝後ろの「**名詞**」**を修飾**する
③**副詞**　＝主に後ろの「**動詞**」**を修飾**する
④接続詞　＝「しかし／だから」など、前後をつなぐ言葉
⑤感動詞　＝「挨拶／呼びかけ／声出し」など

①名詞

では、「**名詞**」から説明していこう。「名詞」とは、いったいどんな言葉のことをいうのだろう？

「モノの名前」のこと。「机」とか「靴」とか。

そうだね。ただ、**次のような言葉も「名詞」になる**ことに注意。

★「気持ち」　★「動き」　★「青み」　★「静かさ」

あまり「モノの名前」って感じがしない言葉ですね……。

それに「動き」って、「動詞」じゃないの？　終止形にすると「動くゥ」だし。あと「青み」→「青い」だから「形容詞」のはず。「静かさ」→「静

かだ」だから「形容動詞」では？

ふたりの疑問はもっともだよね。つまり「モノの名前」かどうかだけで、「名詞」を見抜くのは無理があるんだ。

では、どうすればいいか。もう一度 Point 9 を見てみよう。

「が」をつけて「主語」になれる言葉が「名詞」。

さっきの例でいえば……「気持ちが悪い」「動きが鈍い」「青みが増す」「静かさがあたりをつつむ」

たしかに、全部「が」をつけて「主語」にすることが可能だ。

「が」じゃなくて「**を**」をつけて判断する方法もある。

「気持ちを込める」「動きを封じる」「青みを消す」「静かさを感じる」のように、「を」をつけて「**目的語**」**にできる**言葉を名詞と考えてもいい。

あと、1つだけ名前を覚えよう。「動詞／形容詞／形容動詞」をまとめて「用言」と言ったよね。「名詞」のことは別名「**体言**」と呼ぶ。

②連体詞／③副詞

では次は「連体詞」と「副詞」だ。

後ろの「**名詞**」**を修飾**するのが「**連体詞**」。主に後ろの「**動詞**」**を修飾**するのが「**副詞**」。たとえば……次の例を考えてみよう。

★「**あんな**もの、**もう**捨てる。」
★「故郷に**早く**帰って、**静かな**生活を送りたい。」

「あんな」と「もう」は自立語だし、**形が変化することはない。**

ということは「名詞／連体詞／副詞／接続詞／感動詞」のどれか。

「あんな」は、**後ろの「もの＝名詞」を修飾**しているよね。

ということは「連体詞」。
「もう」は、後ろの「捨てる＝動詞」を修飾している。
ということは「副詞」。

そのとおりだ。２つめの例文はどう？

「早く」も「静かな」も、「活用がある言葉」だな！
ということは「動詞／形容詞／形容動詞」のどれか。

「早く」は終止形が「早い」だから、「形容詞」。
「静かな」は終止形が「静かだ」だから「形容動詞」。

そのとおりだ。「連体詞／副詞」になれるのは、あくまで「活用がない」単語だけ。

「活用がある」単語の場合は、さっき勉強したように「uの音／い／だ」の形によって見分けなければならない。「活用がある」場合と「ない」場合で見分け方が大きく変わることをしっかり意識しよう。

④接続詞／⑤感動詞

最後に「接続詞」と「感動詞」。

「**接続詞**」は「しかし／だから／つまり／そして／さて」のような、「前後をつなぐはたらき」をする言葉のこと。古文で覚えたほうがいい接続詞や接続語は、p.337にまとめておいたから後で読んでほしい。

「**感動詞**」は「おい／もしもし」のような「**呼びかけ**」、「ギャー／うわっ」のような「**感動**」、「こんにちは／さようなら」のような「**挨拶**」などがある。試験に出ることはめったにない。

以上！　これで「品詞」の見分け方はOK！　最後に、総まとめとして今までの勉強を「フローチャート」にしておこう。

Point 10

「品詞」の見分け方フローチャート（現代語）

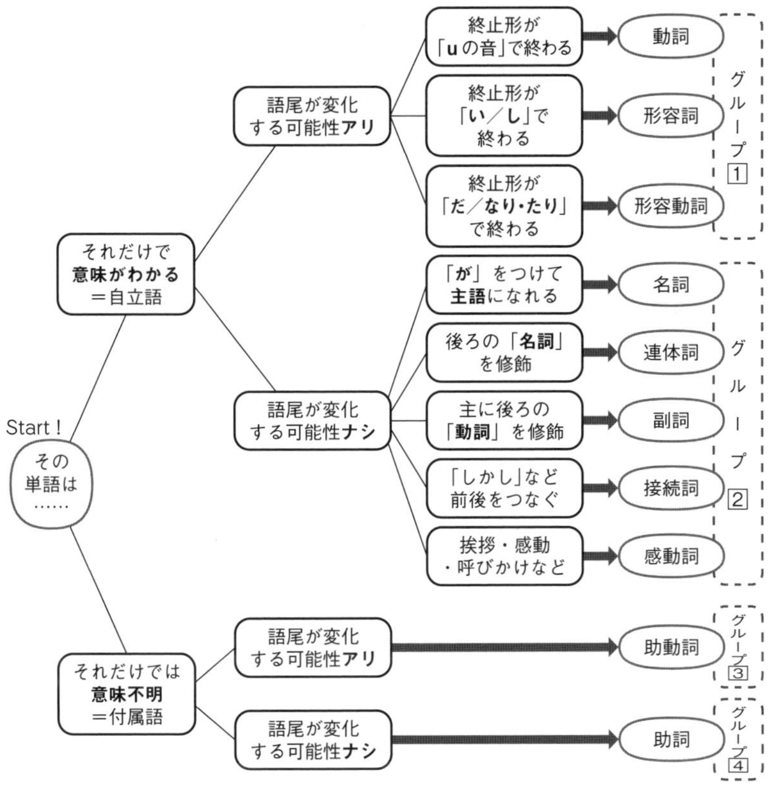

練習問題 3

次の①〜④の、すべての語について品詞名を答えなさい。

① この 道 で 速く 走る べき か。

② それとも 暇だ から ゆっくり 歩く の が よい か。

③ ますます 追い詰めら れる 人々 の 率直な 声 を 聞い て ほしい。

④ よき 人 は あやしき こと を 語ら ず。

練習問題 3 解説

解答は p.58

まず①。**「この」**は「自立語＆活用なし」＝[2]。「道」を修飾するから**「連体詞」**。

「道」は「自立語＆活用なし」＝[2]。主語になれるから**「名詞」**。

「で」は「付属語＆活用なし」＝[4]＝**「助詞」**。

「速く」は「自立語＆活用あり」＝[1]。「速い」だから**答えは「形容詞」**。

「走る」は「自立語＆活用あり」＝[1]。「走るゥ」だから**「動詞」**。

「べき」は「付属語」。「べく・べから」のように形が変わるから「活用あり」＝[3]。答えは**「助動詞」**。

「か」は「付属語＆活用なし」＝[4]＝**「助詞」**。

次は②。**「それとも」**は「自立語＆活用なし」＝[2]。「or」の意味で、前後をつなぐ働きがあるから**「接続詞」**。

「暇だ」は「自立語＆活用あり」＝[1]。終止形が「だ」だから**「形容動詞」**。

「から」は「付属語＆活用なし」＝[4]＝**「助詞」**。

「ゆっくり」は「自立語＆活用なし」＝[2]。後ろにある「歩く＝動詞」を修飾しているから**「副詞」**。

「歩く」は「自立語＆活用あり」＝[1]。「歩くゥ」だから**「動詞」**。

「の」は「付属語＆活用なし」＝[4]＝**答えは「助詞」**。

「が」は「付属語＆活用なし」＝[4]＝**答えは「助詞」**。

「よい」は「自立語＆活用あり」＝[1]。終止形が「い」だから**「形容詞」**。

「か」は「付属語＆活用なし」＝[4]＝**「助詞」**。

次は③。**「ますます」**は「自立語＆活用なし」＝[2]。「追い詰める＝動詞」を修飾しているから、**「副詞」**。

「追い詰めら」は「自立語＆活用あり」＝[1]。「追い詰めるゥ」だから**「動詞」**。

「れる」は「付属語」。「れれ・れろ」のように形が変わるから「活用あり」＝[3]。答えは**「助動詞」**。

「人々」は「自立語＆活用なし」＝[2]。主語になれるから**「名詞」**。

「の」は「付属語＆活用なし」＝[4]＝**「助詞」**。

「率直な」は「自立語＆活用あり」＝[1]。「率直だ」だから**「形容動詞」**。

「声」は「自立語＆活用なし」＝[2]。主語になれるから**「名詞」**。

「を」は「付属語＆活用なし」＝[4]＝**「助詞」**。

「聞い」は「自立語＆活用あり」＝[1]。「聞くゥ」だから**「動詞」**。

「て」は「付属語＆活用なし」＝[4]＝**「助詞」**。

「ほしい」は「自立語＆活用あり」＝[1]。「ほしい」だから**「形容詞」**。

④からは、古文ですね。ただ、考え方は何も変わらない。

「よき」は「自立語＆活用あり」＝[1]。「よい／よし」だから**「形容詞」**。

「人」は「自立語＆活用なし」＝[2]。主語になれるから**「名詞」**。

「は」は「付属語＆活用なし」＝[4]＝**「助詞」**。

「あやしき」は「自立語＆活用あり」＝[1]。「あやしい／あやし」だから**「形容詞」**。

「こと」は「自立語＆活用なし」＝[2]。主語になれるから**「名詞」**。

「を」は「付属語＆活用なし」＝[4]＝**「助詞」**。

「語ら」は「自立語＆活用あり」＝[1]。「語るゥ」だから**「動詞」**。

「ず」は「付属語＆活用あり」＝[3]＝**「助動詞」**。

ＯＫ。これで、「品詞」を見抜くための正しい考え方をすべて伝えた。

とにかく、国語の文法は「活用」が命。この次のコーナーでも、その超重要な「活用」について、もう一歩深めた勉強をしていくよ。

練習問題１ 解答

① ますます　追い詰めら　れる　人々　の　率直な　声　を　聞い　て　ほしい。
自　自　付　自　付　自　自　付　自　付　自

② よき　人　は　あやしき　こと　を　語ら　ず。
自　自　付　自　自　付　自　付

練習問題２ 解答

① ますます　追い詰めら　れる　人々　の　率直な　声　を　聞い　て　ほしい。
×　◎　◎　×　×　◎　×　×　◎　×　◎

② よき　人　は　あやしき　こと　を　語ら　ず。
◎　×　×　◎　×　×　◎　◎

練習問題３ 解答

① この　道　で　速く　走る　べき　か。
連体詞　名詞　助詞　形容詞　動詞　助動詞　助詞

② それとも　暇だ　から　ゆっくり　歩く　の　が　よい　か。
接続詞　形容動詞　助詞　副詞　動詞　助詞　助詞　形容詞　助詞

③ ますます　追い詰めら　れる　人々　の　率直な　声　を　聞い　て
副詞　動詞　助動詞　名詞　助詞　形容動詞　名詞　助詞　動詞　助詞
ほしい。
形容詞

④ よき　人　は　あやしき　こと　を　語ら　ず。
形容詞　名詞　助詞　形容詞　名詞　助詞　動詞　助動詞

One Point Lessons ④ 呼応の副詞

p.53で勉強した「副詞」の中に「呼応の副詞」と呼ばれるタイプがある。現代語の「全然／まるで／たぶん」のように、後ろに必ず決まった言い方が来る副詞のことを指す（それぞれ「ない／ようだ／だろう」を表す言葉が後ろに来なければならない）。

この「呼応の副詞」は古文にも存在して、しかも試験によく出る。覚えるべき「呼応の副詞」を、ここでまとめて覚えてしまおう。

呼応の副詞	後ろに来る言葉	意味	例文
え	打消	～できない	納豆、**え**食はず。 〈納豆を食べられない。〉
さらに／つゆ おほかた／ゆめ つやつや／よに たえて／かけて	打消	決して～ない 全く～ない	あの歌手、**さらに**上手ならず。 〈あの歌手は、全く上手ではない。〉
いと／いたく	打消	それほど～ない	あの歌手、**いと**上手ならず。 〈あの歌手は、それほど上手ではない。〉
をさをさ	打消	ほとんど～ない	朝飯、**をさをさ**食はず。 〈朝飯は、ほとんど食べない。〉
よも	じ	まさか～ないだろう	あの銀行、**よも**倒産せじ。 〈あの銀行はまさか倒産しないだろう。〉
な	そ	～するな ～しないでくれ	妻よ、**な**我捨てそ。 〈妻よ、私を捨てないでくれ。〉
ゆめ あなかしこ	禁止	決して～するな	この宿題、**ゆめ**忘るな。 〈この宿題、決して忘れるな。〉
いかで	願望／意志	何とか・どうにか ～したい・してほしい	**いかで**、東京に行きたし。 〈どうにかして、東京に行きたい。〉
いつしか	願望	早く～ したい／してほしい	**いつしか**テスト終はらまほし。 〈早くテストが終わってほしい。〉
さだめて	む	きっと～だろう	**さだめて**ケーキ売り切れならむ。 〈きっとケーキは売り切れだろう。〉
いざ	む	さあ～しよう	**いざ**温泉に入らむ。 〈さあ温泉に入ろう。〉

※「いと」「いたく」「いかで」は、後ろに打消や願望、意志が来ないこともあるので注意。

2-2 「活用形」とは何か

もう一度確認しておこう。「活用」とは、何を意味するのだろう。例をあげて説明してみて。

「言葉の形が変わること」です。たとえば……
「動く」は「動か、動き、動け、動こ」と形が変わります。

そのとおり。じゃあ、もうひとつ質問。「動く」を「動か、動き、動け、動こ」以外の形に変えることはできるかな？

ほかの形……。思いつかない。

そうだよね。つまり「言葉の形が変わる」といっても、何でもかんでも好き勝手に形を変えられるわけではなく、**きちんとしたルール**にもとづいて変化は起こる。そのルールを勉強するのが、2-2の「活用形」、そして2-3の「活用の種類」なんだ。

では、「活用形」には、どのような種類があるかは言えるかな？

「未然形、連用形、終止形、連体形…」などですよね。

そうだね。これら「活用形」の名前は知っていても、いったい何の意味があるのかわかっていない高校生が非常に多い。
まず次の例題で「活用形」の意味を理解してもらおう。

（例題）次の下線部を活用させなさい。
① 走る ＋ ない　② 走る ＋ ます　③ 走る ＋ ば

①「走らない」、②「走ります」、③「走れば」。

そうだね。動詞「走る」の活用語尾が、全部別の形に変化してしまった。もとは同じ「走る」なのに、なぜこんな違いが生まれるのだろう？

①～③の「走る」は同じだから、**「後ろにつく言葉」**の違いとしか考えられないですよね。

そういうことだ。つまり活用というのは、「後ろにどんな言葉がつくか」によって、活用語尾の変化のしかたが決まるということ。

この変化のしかたを６種類に分類したものを「**活用形**」と呼ぶんだ。

Point 1 「活用形」とは？

後ろにつく言葉によって、活用語尾の変化のしかたが決まる！
その変化を分類したものが「**活用形**」。
→ 未然形／連用形／終止形／連体形／
仮定形（古文では已《い》然形《ぜんけい》）／命令形

「活用形」は、現代語と古文で多少違いがあるから、現代語バージョンから理解していこう。

◇活用形（現代語バージョン）

現代語の「活用形」は、「**未然**形・**連用**形・**終止**形・**連体**形・**仮定**形・**命令**形」の全6種類だ。

どの活用形になるかは「後ろにつく語」で決まるから、「後ろに●●という言葉が来たら◎◎形！」という形で、代表的なものを覚えておく必要がある。

Point 2 「活用形」現代語バージョン

「活用形」ごとに、「後ろにつく語」を覚える！

未然形	連用形	終止形	連体形	仮定形	命令形
ない う よう	ます 用言　「、」 て　た	「。」	名詞 とき ので	ば （ど） （ども）	「。」 （命令文）

まず、この表を覚えてしまおう。この表をアタマに入れておけば、古文の勉強で困らないレベルにはなれる。

練習問題 1

次の空欄に、動詞「働く」が適切に活用するよう、ひらがなを書き入れなさい。

未然形	連用形	終止形	連体形	仮定形	命令形
働 1 □ない 働 2 □う	働 3 □ます 働 4 □疲れる 働 5 □、 働 6 □て 働 7 □た	働 8 □。	働 9 □人	働 10 □ば 働 11 □ども	働 12 □！

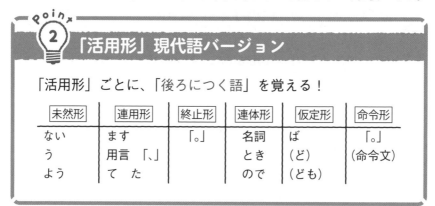

練習問題1 解説　解答は p.73

では、**「未然形」から**解説していくよ。表中の1と2を考えてみよう。

1は「働かない」、2は「働こう」。
つまり「働か」と「働こ」、この2つが「未然形」なんだな。

そうだね。**後ろに「ない／う（よう）」がつく**場合が「未然形」の代表。

★ High Level Lessons ★

1を「働けない」にした人もいるだろうが、それは誤り。「働けない」にすると「働くことができない」という「可能」の意味が加わってしまい、意味が変わってしまう。

ちなみに……「未然形」には「未（＝まだ）」という字が入っているよね。つまり「未然形」とは、「まだ行われていないこと」を表す形とも言える。

「今日は働かない」、「明日から働こう」…
たしかに、どっちも「まだ働いてない」状態ですよね。

それはわかるけど……でも、「働か」と「働こ」って**全然違う形**だよな。
なんで違う形なのに、同じ「未然形」になるんだ？

いい質問だ。中学の勉強で同じ疑問を抱いた人もいるはずだから、ここでハッキリ説明しておこうか。

今、我々が使う「働かない」と「働こう」は
↓　↓
古文の世界では「働かず」と「働かむ」と書き表した。

だから、古文の世界ではどちらも「働か」の形だったんだよ。

ただ、それが現代になって「働かむ」とは言わなくなって、「働こう」に形が変わってしまった。このとき「働こ」の形に別の名前をつけて区別しなかっ

たから、同じ「未然形」として扱われているんだ。

古文の勉強では両方とも同じ形になるから、特に気にする必要はない。

では、**次は「連用形」**。表中の３～７まで考えてみて。

３「働きます」、４「働き疲れる」、５「働き、」
３～５は、「働き」の形になる。これが「連用形」なんですね。

でも６は「働いて」、７は「働いた」になる。
これも形が違うのに、同じ「連用形」として扱うんだな。

６と７は「未然形」のときと同じ理屈で……

現代は　「働いて」「働いた」と言うけど、

↓　　　↓

古文では「働きて」「働きたり」って言っていたんだ。

これも古文の勉強では同じ形になるので、特に気にする必要はない。

では**「終止形」と「連体形」**をまとめて見ていこう。表中の８と９をどうぞ。

「終止形」の８は「働く。」、「連体形」の９は「働く人」。
あれ？　両方とも同じ形ですね。

たしかに、「終止形」と「連体形」は、同じ形になる場合が多い。

ただ、「形容動詞」の場合を考えてみよう。

終止形だと「静かだ。」、連体形だと「静かな教室」になるから、この場合は終止形と連体形で全然違う形になっているよね。

だから、たまたま同じ形になっていたとしても、やはり**「後ろにつく言葉」を見て**答えを出さないと間違えてしまう。

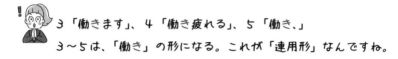

では最後に**「仮定形」と「命令形」**。表中の10〜12まで考えよう。

10と11が「仮定形」。
10が「働けば」で、11が「働けども」だから、たしかに同じ形。

12が「命令形」。命令だから「働け！」ですね。
これは「仮定形」と同じ形だけど、偶然なのかな？

そうだね。たとえば「来る」は「仮定形」だと「くれども」「くれば」だけど、「命令形」だと「こい！」となるように、形が変わる場合もある。同じ形になるものは文脈で命令文かどうかを判断する必要があるんだ。

◇活用形（古文バージョン）

では、いよいよ「古文」の世界における「活用形」を勉強していこう。といっても「後ろにつく語」がちょっと変わるだけで、特に難易度が上がるわけではない。

Point 3　「活用形」古文バージョン

「活用形」ごとに、「後ろにつく語」を覚える！

未然形	連用形	終止形	連体形	已然形《いぜん》	命令形
ず　む （ば）	用言　「、」 て　けり	「。」　べし	名詞	ど　ども （ば）	「。」 （命令文）

まだまだ覚えなくてはならない語はあるけど、最初はこのぐらいを頭に入れておくとよいだろう。

現代語との大きな違いは、「仮定形」がなくなったかわりに、「**已然形**」という名前のものがあること。理由は後で（p.71）説明するから、とりあえず覚えておいて。

練習問題 2

次の空欄に、動詞「働く」が適切に活用するよう、ひらがなを書き入れなさい。ただし「古文らしい形」にすること。

未然形	連用形	終止形	連体形	已然形	命令形
働$_{1}$□ず	働$_{3}$□回る	働$_{7}$□。	働$_{9}$□人	働$_{10}$□ども	働$_{11}$□！
働$_{2}$□む	働$_{4}$□、	働$_{8}$□べし			
	働$_{5}$□て				
	働$_{6}$□けり				

練習問題 2 解説

解答は p.73

今回も「**未然形」から**解説していこう。表中の１と２はどうなるかな？

１は「働かず」。これは現代でもなじみのある言い方ですね。

そうだね。「未然形」と言われたら、とりあえず「**ず」がつく形**だと覚えておけばいい。あとは、同じ「ず」がつく形を、２にも代入すればいい。

となると、２は「働かむ」になるんだな。
「働かむ」は、現代で言う「働こう」の意味だった（p.63）。

そうだね。ちなみに歴史的仮名づかいの「む」は、現代語に直して読むと「ん」になるよね（p.26）。だから「働かん」という形でも「未然形」になることに注意。

では、続けて「**連用形**」。表中の３～６はどうなるだろう？

３と４は、現代語と何も変わらないですね。
３が「働き回る」、４が「働き、」。

そうだね。あとは３・４と同じ形を、５・６にも代入すればそれで OK。

となると、5「働きて」、6「働きけり」になるな。

そういうこと。現代語では「て」を後ろにつけると「働いて」になるけど、古文ではふつう「働きて」の形になるからね。

では、**「終止形／連体形／已然形／命令形」**をまとめて見ていこう。表中の７〜11 はどうなるかな？

7は、現代語と特に変わらない。「終止形」は「働く。」だ。
で、同じ形を8にも代入すればいいから、「働くべし」になる。

9〜11も、全部現代語と同じ。「連体形」は「働く人」、「已然形」は「働けども」、「命令形」は「働け！」。

そうだね。「活用形」の考え方は、現代語も古文もほとんど変わらないことがわかってきたはずだ。

◇「〜ば」に要注意！

「活用形」は、現代語も古文もほぼ同じと言ったけど……

実は、現代語と古文で大きく異なる、要注意パターンが１つ存在する。それは、後ろに「**ば**」**がつく**とき。

そういえば、練習問題②の中に、「ば」がつくパターンがありませんね。

それに……p.65のPoint 3をもう一度見てみると、「**未然形**」のところと、「**已然形**」のところ、両方に「ば」が入ってる。

そうなんだ。現代語では、「ば」がつくとき＝「仮定形」と決まっていたよね。

でも、古文の「ば」には、直前に「未然形」が来るときと、「已然形」が来るとき、**２つのパターンが存在する**んだ。

ためしに、「働く」に「ば」をくっつけてみようか。

「未然形」は「ず」がつく形だから、「働か」ですよね。
だから**「未然形＋ば」**だと、「働かば」になる。

「已然形」は「ども」がつく形だから、「働け」。
だから**「已然形＋ば」**だと、「働けば」になる。

そのとおりだ。もちろん、形が違う以上意味だって違ってくる。

「働かば」＝「**未然形＋ば**」の場合、英語の「**If**」、つまり「**もし〜なら**」と訳す。

「働けば」＝「**已然形＋ば**」の場合、英語の「**Because**」、つまり「**〜なので**」と訳すのが基本だ。「〜なので」と訳すと変な場合もあるけど、そのときは、「〜すると」と訳せばいい。

（例題）次の文を、下線部分に注意して訳しなさい。
① 授業中、眠らば、しかららる。
② 赤ん坊眠れば、音立てるな。

①は「眠らず」＝「ず」がつく形だから、**「未然形」**ですね。
ということは「もし授業中眠ったら、しかられる」と訳す。

②は「眠れども」＝「ども」がつく形だから、**「已然形」**。「赤ん坊が眠っているので、音を立てるな」と訳せばいい。

そういうことだ。１つアドバイスをしておくと、①「眠らァ」は、活用語尾が「aの音」になっているよね。ごく一部例外はあるんだけど、基本的に「aの音」が出てくるときは、その時点で「未然形」と考えて、まず間違いない。

★ High Level Lessons ★

３章で勉強する過去の助動詞「き」の已然形は「しか」(p.155) で、「aの音」が未然形にならない例だ。
また、勘違いしてはいけないのは「aの音」以外でも「未然形」になる場合がたくさんあるということ。(例「寝る→ねェない」「見る→みィない」「来る→こォない」)
「aの音」が出てきたら、まず間違いなく「未然形」だが、それ以外の音が出てきたからといって「未然形ではない」と判断してしまうのは間違い。

Point 4

「ば」が出てきたら

★未然形 ＋「ば」→仮定条件
「もし□なら」と訳す
★已然形 ＋「ば」→確定条件(原因・理由)
「□なので」と訳す
① 確定条件には「偶然条件(〜すると)」「恒常条件(〜するといつも)」の意味もある。

練習問題 3

下線部の活用形をそれぞれ答えなさい。

A　風①吹けば、え②出《い》で立た③ず。

B　かぐや姫、しばし④待てと⑤言ふ。

C　豊前《ぶぜん》の国の住人、太郎入道と⑥いふもの⑦ありけり。

練習問題3 解説

解答は p.73

①は、**後ろに「ば」**があるから「未然形／已然形」のどちらか。
「吹く」の未然形は「**吹か**ず」。「已然形は「**吹け**ども」だから……
①は、**已然形！**
②は、**後ろに「ず」**があるから、**未然形。**
③は、**後ろに「。」**がある。**文末**に来る形は、**終止形。**

④は後ろに「と」があるけど……そんなの、習ったっけ？

後ろに「と」があるときは、「**カギカッコ**」**をつけてみる**とわかりやすい。

「しばし待て」の部分が、「かぐや姫」のセリフになってる！

そうだよね。つまり、Bの文にカギカッコをつけると、こんな感じ。

B　かぐや姫、「しばし④待て。」と言ふ。

つまり「と」の前は**セリフの**「**文の終わり**」になるんだ。

「文の終わり」ということは……**「。」がつく形と同じ**になるはず！
じゃあ、「と」の前は「終止形」か「命令形」のどちらか。

今回は明らかに「命令文」だから、④の答えは**「命令形」**だな。

Point 5 「と」には要注意

★「と」の前には、「カギカッコ」があると考える
　→「セリフの文末」になるので、「終止形」か「命令形」になる！

⑤は、後ろに「。」があって、命令文じゃないから、終止形。
⑥は、後ろに「もの＝名詞」があるから、連体形。
⑦は、後ろに「けり」があるから、連用形です。

OK、すべて正解。ここまでで、「活用形」に関する知識はクリア。

ただ、あとひとつ追加で説明したいことがある。それは活用形の名前が「なぜ現代語では『仮定形』なのに、古文では『已然形』なのか」ということ。

あっ、それ少し気になってたところ……。

まず、１つ質問をしよう。「眠らば」のような「未然＋ば」の形、「眠れば」のような「已然＋ば」の形。**現代語でも使われる**のは、どっちの形だろう？

「眠れば」とは言うけど、「眠らば」とは今は言わないですよね。
現代でも残っているのは「已然＋ば」の形。

そのとおり。では、もう１つの質問。現代語で使われる「已然＋ば」の形は、一体**どのような意味で**使われるのだろう？

「眠れば、きっと楽になる」「眠れば、電車を乗りすごしてしまう」「眠れば、明日の宿題が出せない」。これ、全部**「If」**の意味だ。

え……？「If」の意味になるのは、古文では「未然形＋ば」ですよね。「已然形＋ば」って、「Because」の意味だったはずじゃ。

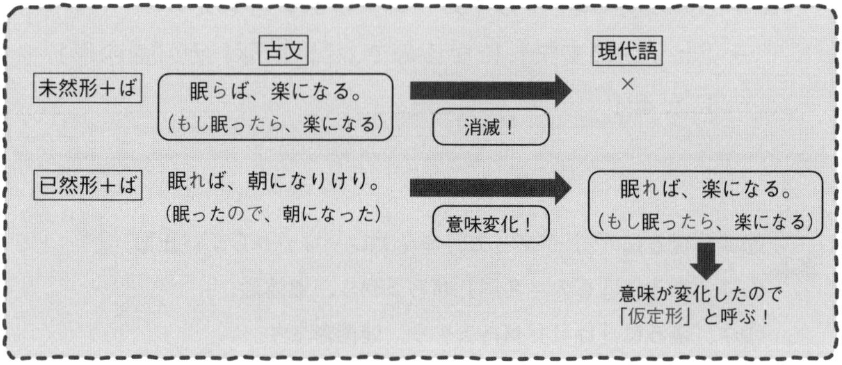

いいところに気がついたね。

つまり同じ「眠れば」という形でも、古文だと「眠った**ので**」という意味になるけど、現代語の場合は「**もし**眠っ**たら**」という意味になるわけ。古文と現代語で、**意味が入れ替わってしまった**んだ。

意味が変わってしまったのに「已然形」という名前のままだと、区別しにくくて混乱を招いてしまう。だから、現代国語の文法では「ば」がつく形を「**仮定形**」という名前に変えてしまったんだ。現代語では「If」の意味になるから、まさに「仮定形」という名前がピッタリだよね。

★ High Level Lessons ★

ちなみに「已然形」とは「已《すで》に、そうなってしまった」という意味を持つ。
「眠ったので、朝になった」ということは「すでに眠って、今はもう目が覚めている」という意味を含む。「仮定形」とは大きく意味が違うので、やはり同じ名称のままでは都合が悪いのである。

これで「活用形」が全部終わったので、2-3からは「活用の種類」を勉強する。

練習問題 1 解答

未然形	連用形	終止形	連体形	仮定形	命令形
働$_1$［か］ない 働$_2$［こ］う	働$_3$［き］ます 働$_4$［き］疲れる 働$_5$［き］、 働$_6$［い］て 働$_7$［い］た	働$_8$［く］。	働$_9$［く］人	働$_{10}$［け］ども 働$_{11}$［け］ば	働$_{12}$［け］！

練習問題 2 解答

未然形	連用形	終止形	連体形	已然形	命令形
働$_1$［か］ず 働$_2$［か］む	働$_3$［き］回る 働$_4$［き］、 働$_5$［き］て 働$_6$［き］けり	働$_7$［く］。 働$_8$［く］べし	働$_9$［く］人	働$_{10}$［け］ども	働$_{11}$［け］！

練習問題 3 解答

①已然形　②未然形　③終止形　④命令形　⑤終止形　⑥連体形　⑦連用形

2-3 「活用の種類」とは何か

「活用形」と「活用の種類」は名前も似ているし、そもそも何が違うのか理解できていない人が多いだろう。だから、「活用の種類」とは何なのか、「活用形」と何が違うのか、そのイメージをとらえてもらうところからスタートしよう。では、現代語の復習から。

◇活用の種類（現代語バージョン）

まず、「**活用形**」とは、何のことか、説明できるかな？

「後ろにつく言葉」によって、活用語尾がいろいろな形に変化します。
その変化を分類したのが「活用形」です（p.61）。

同じ「眠る」という動詞でも……
「ない」がつけば「眠らない」で「未然形」。
「ます」がつけば「眠ります」で「連用形」。
「ども」がつけば「眠れども」で「仮定形」。
こんなふうに「後ろの言葉」に応じて、活用語尾が変化する。

パーフェクト。では、ここで１つ例題。

（例題）次の点線部の語を適切に活用させなさい。

a	書く ＋ ない	d	感じる ＋ ない	g	寝る ＋ ない
b	歌う ＋ ない	e	見る ＋ ない	h	建てる ＋ ない
c	呼ぶ ＋ ない	f	借りる ＋ ない	i	溶ける ＋ ない

今回は、全部「ない」をつけるんですね。でも、同じ「ない」をつけるんだったら、全部同じ形になるのでは……

a	かか（ない）	d	かんじ（ない）	g	ね（ない）
b	うたわ（ない）	e	み（ない）	h	たて（ない）
c	よば（ない）	f	かり（ない）	i	とけ（ない）

2章

「同じ『ない』をつけるんだったら、全部同じ形になるのでは……」本当にそうだろうか？

今の正解一覧を、タテに見てもらいたいんだ。つまり、a～c／d～f／g～iの３列をそれぞれ比較してもらいたい。そうすると、ある「共通性」に気がつくはずだ。

a～cの共通性……「かかァない・うたわァない・よばァない」
あっ、a～cは全部「ない」の直前が「aの音」になってる！

ということは……「かんじィない・みィない・かりィない」だから、d～fは全部「ない」の直前が「iの音」だ。「ねェない・たてェない・とけェない」だから、g～iは全部「eの音」。

そういうこと。つまり、同じ言葉（例題では「ない」）が後ろについていても、**もともとの動詞が違えば、活用のしかたも変わる**ということ。これをいくつかのパターンに分類したものが「**活用の種類**」なんだ。

「活用形」は後ろにつく言葉で判断するけれど、
「活用の種類」は**動詞そのもので判断する**ということですね。

そのとおり。見分け方は、今やってもらったように、動詞の後ろに「**ない**」**をつけて判断する**のが基本。

Point 1 「活用の種類」現代語バージョン1

動詞の活用の種類によって、言葉の変化のしかたは変わる！

★「ない」をつけて、「ない」の直前の音で判定する！

①**aの音** ＋ ない ＝ **五段**活用

②**iの音** ＋ ない ＝ **上《かみ》一段**活用

③**eの音** ＋ ない ＝ **下《しも》一段**活用

a～c「かかァない・うたわァない・よばァない」は**「五段活用」**。
d～f「かんじィない・みィない・かりィない」は**「上一段活用」**。
g～i「ねェない・たてェない・とけェない」は**「下一段活用」**なんですね。

そのとおり。ただ、あと1つ理解してほしいことがある。

「かかない」だと、「ない」の直前が「カ行」になっているよね。「かんじない」だと「ザ行」、「ねない」だと「ナ行」だ。

このように、**「ない」の直前の「行《ぎょう》」**をチェックしよう。そして「かかない」なら「カ行五段活用」、「かんじない」なら「ザ行上一段活用」、「ねない」なら「ナ行下一段活用」のように答えるのが基本。

ということは……「うたわァない」だと**「ワ行五段活用」**、「よばァない」だと**「バ行五段活用」**になるのか。

「みィない」だと「マ行上一段活用」、「かりィない」だと「ラ行上一段活用」。「たてェない」だと「タ行下一段活用」、「とけェない」だと「カ行下一段活用」。

★ High Level Lessons ★

なぜ「五段／上一段／下一段」という名前がついているのか。

たとえば、五段活用「書く」をいろいろな形に活用させると、「書かない／書きます／書く。／書く人／書けども／書け！／書こう」のように、「ａｉｕｅｏ」という５つの「段」（「段」についてはp.29参照）がすべて登場する。よって「五段活用」という名前がついた。

上一段活用「感じる」だと、「感じない／感じます／感じる。／感じる人／感じれども／感じろ！／感じよう」のように、「ｉの音」１種類しか出てこない。

下一段活用「溶ける」でも、「溶けない／溶けます／溶ける。／溶けるとき／溶けれども／溶けろ！／溶けよう」と、「ｅの音」１種類しか出てこない。１種類しか出てこないので「一段活用」という名前がついた。

「ａｉｕｅｏ」の中では「ｕ」が真ん中に来る。たてに並べると「ｕ」の１つ上にある「ｉ」は「上一段」、「ｕ」の１つ下の「ｅ」は「下一段」という名前がついた。

これで「活用の種類」はすべて終了！　と言いたいところだけど……

残念ながら、現代語の「活用の種類」は「五段／上一段／下一段」だけではなく、あと２種類存在する。

（例題）「来る」の「活用の種類」を答えなさい。

「ない」をつければいいんですよね。「こォない」だから……あれ？

「ｏの音」が出てくるパターンなんて、勉強していないよな。

そうなんだ。数ある動詞の中でも「来る」は特別で、「ない」をつけると「ｏの音」になる唯一の存在。だから、**「来る」だけ「カ行変格活用」**と呼んで特別扱いをするんだ。

特別扱いをするのは「来る」だけじゃない。もう１つ例題をやろう。

（例題）次の傍線部を活用させなさい。

A　通じる　＋　ない　　　B　発展する　＋　ない

C　通じる　＋　ば　　　　D　発展する　＋　ば

Aは「つうじィない」だから「上一段」活用。Bも「はってんしィない」だから、これも「上一段」活用じゃないかな。

そう思うよね。でも……Aは確かに上一段活用だけど、B「～する」は特別な動詞で、上一段活用とは言えないんだ。

それがなぜかは、CとDをやればわかるはず。

Cは「つうじィれば」。
「ば」をつけても、同じ「ｉの音」になる。

そうだね。「感じィれば／見ィれば／借りィれば／起きィれば」。上一段活用の動詞は、すべて「ば」をつけると「ｉの音」になる決まりになっている。でもDをやってみると……

Dは「はってんすゥれば」。
あっ、「ｉの音」じゃなくて「ｕの音」だ。

そのとおり。「～する」という動詞は「ない」をつけただけだと上一段との違いがわからないけど、「ば」をつけることによって、やはり上一段とは違う特別な活用をすることがわかる。よって、**「～する」を「サ行変格活用」**と呼んで、ほかの動詞と区別するんだ。

「**来る**」と「**する**」は特別な動詞として、その他の動詞と分けて覚えておくことが必要。

Point 2 「活用の種類」現代語バージョン2

★暗記が必要な、特別な動詞を２つ覚える！

④「来る」＝**カ行変格**活用

⑤「～する」＝**サ行変格**活用

これで、現代語の「活用の種類」はすべて伝えた。一度練習問題をやってから、今度は古文の世界へと進んでいこう。

練習問題 1

問１　次の動詞の活用の種類を、「◎行△△活用」の形で答えなさい。

①読む　②起きる　③負ける　④浴びる

⑤暴走する　⑥撮る　⑦来る　⑧食べる

問２　下線部の活用の種類と活用形を、それぞれ下から選びなさい。

⑴　A会わない時間が愛をB育てるという考えにC納得することがDできない。

⑵　E働けども充実感がない。やはり音楽をF続けてGいればよかった。

⑶　寝言はH寝てI言え。それがJ謝罪しようという人間の態度か。K出直してLこい。

活用の種類　①五段活用　②上一段活用　③下一段活用　④カ行変格活用　⑤サ行変格活用

活用形　ア　未然形　イ　連用形　ウ　終止形　エ　連体形　オ　仮定形　カ　命令形

練習問題 1 解説

解答は p.97

では問１を。①は「読まァない」だから「**マ行五段活用**」。

②は「起きィない」だから「**カ行上一段活用**」。

③は「負けェない」だから「**カ行下一段活用**」。

④は「浴びィない」だから「**バ行上一段活用**」。

⑤は「する」だから「**サ行変格活用**」。

⑥は「撮らァない」だから「**ラ行五段活用**」。

⑦は「来る」だから「**カ行変格活用**」。

⑧は「食べェない」だから「**バ行下一段活用**」。

問2。Aは「会わァない」だから「五段」。後ろが「ない」だから「未然形」。①・ア。

Bは「育てェない」だから「下一段」。後ろが「と」だから「終止形」。③・ウ。

Cは「納得する」だから「サ変」。後ろが「こと＝名詞」だから「連体形」。⑤・エ。

Dは「できィない」だから「上一段」。後ろが「ない」だから「未然形」。②・ア。

Eは「働かァない」だから「五段」。後ろが「ども」だから「仮定形」。①・オ。

Fは「続けェない」だから「下一段」。後ろが「て」だから「連用形」。③・イ。

Gは「いィない」だから「上一段」。後ろが「ば」だから「仮定形」。②・オ。

Hは「寝ェない」だから「下一段」。後ろが「て」だから「連用形」。③・イ。

Iは「言わァない」だから「五段」。命令文だから「命令形」。①・カ。

Jは「謝罪する」だから「サ変」。後ろが「よう」だから「未然形」。⑤・ア。

Kは「出直さァない」だから「五段」。後ろが「て」だから「連用形」。①・イ。

Lは「来る」だから「カ変」。命令文だから「命令形」。④・カ。

そのとおり。現代語は、もう大丈夫だね。

◇活用の種類（古文バージョン）

ここからは、いよいよ本題の古文に入る。

現代語では「ない」をつけて「活用の種類」を判定したが、古文では「ない」を意味する「ず」をつけて判定するのが基本。

Point 3 「活用の種類」古文バージョン1

★「ず(ない)」をつけて、その直前の音で判定する！

①**aの音**　＋　ず(ない)　＝　**四段**活用

②**iの音**　＋　ず(ない)　＝　**上二段**活用

③**eの音**　＋　ず(ない)　＝　**下二段**活用

やることは現代語と同じだけど……名前が微妙に違いますね。

現代語では「五段」活用だったのに、古文では「四段」になってる。それに現代語では「上一段／下一段」だったのに、古文では「上二段／下二段」だ。

ここが非常にまぎらわしいので、混同しないよう正確に覚えよう。

なぜ古文が「四段」で現代文が「五段」なのかは、p.63で説明した内容にヒントが隠されている。

p.63で、後ろに「う」をつけた「未然形」の形を勉強したよね。現代語では「書こォう／読もォう」のように「oの音」が出てくる。

だけど古文ではこれらを「書かァむ／読まァむ」と「aの音」を使って書き表したんだ。

つまり現代語で使う「oの音」は古文では使われず、「a i u e」という4つの段しか使わないということ。だから「五段」ではなく「四段」というんだ。

①四段活用

では、「四段活用」から詳しく見ていこう。「四段活用」の動詞に、未然から命令まですべての「活用形」を合わせると、次のような「活用表」を作ることができる。

Point 4

「活用の種類」①四段活用

①四段活用

	未然形	連用形	終止形	連体形	已然形	命令形
読む	読まず	読み、	読む。	読む人	読めども	読め！
思ふ	思はず	思ひ、	思ふ。	思ふ人	思へども	思へ！
四段動詞は	a	i	u	u	e	e と活用する

四段活用はほぼ現代語と同じなんだけど……２つ注意点がある。

１つめは「**歴史的仮名づかい**」。「思ふ」は現代語では「思う⇒思わない」だから「ワ行」になるよね。でも古文では「思ふ⇒思はない」だから「ハ行」になる。このように、現代語と古文で「行」が変わることはよくある。

２つめは「**連用形**」。「読む／思ふ」に「て」をつけると、現代語では「読んで／思って」になるけど、古文では「読みて／思ひて」になる。

ただ、古文の「四段活用」はどれも「ａｉｕｕｅｅ」のパターンで規則的に活用するから、一度このパターンが頭に入ってしまえば全く難しくないはずだ。

②上二段活用／③下二段活用

では、次は「上二段／下二段」へ進もう。「上二段／下二段」は**現代語とかなり違う変化**をするので、よく理解しておく必要がある。まず次の活用表を見てもらおう。その後でひとつずつ説明していくから、最初は眺めるだけでOK。

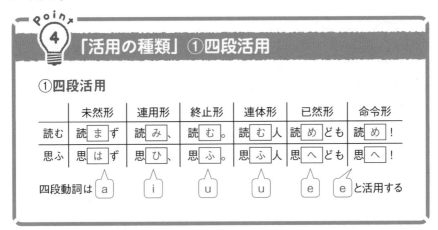

Point 5

「活用の種類」②上二段／③下二段

②上二段活用

	未然形	連用形	終止形	連体形	已然形	命令形
落つ	落ちず	落ち、	落つ。	落つる人	落つれども	落ちよ！
老ゆ	老いず	老い、	老ゆ。	老ゆる人	老ゆれども	老いよ！

上二段動詞は i　i　u　uる　uれ　iよ　と活用する

③下二段活用

	未然形	連用形	終止形	連体形	已然形	命令形
求む	求めず	求め、	求む。	求むる人	求むれども	求めよ！
植《う》う	植ゑず	植ゑ、	植う。	植うる人	植うれども	植ゑよ！

下二段動詞は e　e　u　uる　uれ　eよ　と活用する

①「上二段／下二段」は 終止形／連体形／已然形 が現代語と大きく違うので要注意。

まず「**未然形／連用形**」は、**現代語の上一段／下一段活用と何も変わらない**。たとえば「上二段」の「落つ／老ゆ」を例にして考えてみよう。

未然形は「落ちず／落ちむ」「老いず／老いむ」＝「ｉの音」で、連用形も「落ち、／落ちて」「老い、／老いて」＝「ｉの音」で活用する。

現代語も未然形は「落ちない／老いない」、連用形は「落ちます／老います」だから、全く同じでしょ。

「下二段」も同じですね。「求む／植《う》う」だと……

未然形は「求めず／求めむ」「植ゑず／植ゑむ」＝「ｅの音」。

連用形も「求め、／求めて」「植ゑ、／植ゑて」＝「ｅの音」になる。

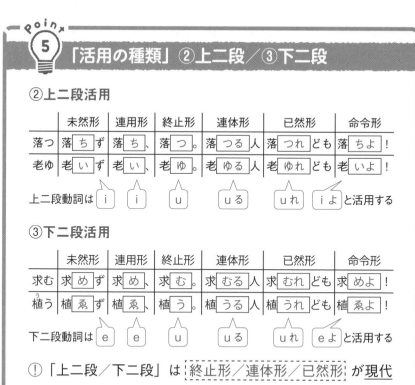

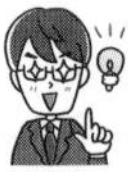

現代語でも「未然＝求めない／植えない」「連用＝求めます／植えます」だから、全部同じ「ｅの音」になるな。

そのとおり。でも……ここからが重要。

「終止形」は、現代語の場合、上一段だと「落ちる。／老いる。」のように「ｉる」の音、下一段だと「求める。／植える。」のように「ｅる」の音になる。

でも、古文は違う。上二段も下二段も、「落つ。／老ゆ。／求む。／植う。」のように終止形がすべて「ｕ」の音になるのがルールだ。

Point 6

上二段／下二段活用の終止形

現代語「終止形」「ｉる／ｅる」の部分が

⇒古文「u」に変わる！

（例題）次の動詞を、「古文の形」に直しなさい。

①受ける。　②生きる。　③失《う》せる。

④懲《こ》りる。　⑤尋ねる。　⑥過ぎる。

①〜⑥は、どれも「現代語」の形。

①③⑤は「ｅる」の形、②④⑥は「ｉる」の形になっているよね。

これを全部「ｕ」の形に直せば、古文らしい形になるはず。

①受く　②生《い》く　③失《う》す　④懲《こ》る　⑤尋《たづ》ぬ　⑥過《す》ぐ　が答えだ。

ukeru	ikiru	useru	koriru	taduneru	sugiru
↓	↓	↓	↓	↓	↓
uku	iku	usu	koru	tadunu	sugu

では、次は**「連体形」と「已然形」**。

「**連体形**」は現代語の場合「落ちる人／老いる人／求める人／植える人」のように「ｉる／ｅる」の音になるよね。

でも、古文だと「落つる人／老ゆる人／求むる人／植うる人」のように、「上二段／下二段」ともに「ｕる」の音になるのがルールだ。

「**已然形**」は現代語の場合「落ちれば／老いれば／求めれば／植えれば」のように「ｉれ／ｅれ」の音になるよね。

でも、古文だと「落つれども／老ゆれども／求むれども／植うれども」のように、「上二段／下二段」ともに「ｕれ」の音になるのがルールだ。

（例題）　次の動詞を、「古文の形」に直しなさい。

①受ける人　②生きる人　③失《う》せる人　④懲りる人

⑤起きれども　⑥捨てれども　⑦伸びれども　⑧上げれども

①～④は後ろが「人」だから「連体形」。全部「ｉる／ｅる」の形になっているよね。

⑤～⑧は後ろが「ども」だから「已然形」。全部「ｉれ／ｅれ」の形だ。

これを古文の形にするなら……

①～④は「ｕる」、⑤～⑧は「ｕれ」の形にすればOK！　答えは

①受くる人　②生くる人　③失する人　④懲るる人　⑤起くれども

⑥捨つれども　⑦伸ぶれども　⑧上《あ》ぐれども

そのとおりだ。そして最後の**「命令形」**は、基本的に現代語と同じ。

現代語なら「落ちろ！／老いろ！／求めろ！／植えろ！」＝「**ｉろ／ｅろ**」の形になる。

古文の場合「落ちよ！／老いよ！／求めよ！／植えよ！」＝「**ｉよ／ｅよ**」の形だ。「ろ」が「よ」になるだけ。

これで、動詞の活用の基本となる「四段／上二段／下二段」は終わり！

練習問題 ２

問１　次の下線部の活用の種類・終止形・活用形をそれぞれ答えよ。

A　人の娘を①盗みて、武蔵野《むさしの》へ率《ゐ》て②行くほどに、…

B　雪や砂　馬より③落ちよ　酒の酔《ゑひ》

C　ほととぎす鳴きつる方を④眺むればただ有明《ありあけ》の月ぞ残れる

D　人生まれて必ず死することなり。永く相添ふことを⑤得《え》ず。

問２　次の□の語を適切な形に直し、すべて**ひらがな**で書きなさい。

A　「門《かど》に、※1いと※2をかしげなる女房《にようばう》の、『家主《いへあるじ》にもの①［言ふ］む』と※3のたまふあり」と②［言ふ］ければ、…

B　…③［悔《く》ゆ］ども取り返さるる齢《よはひ》ならねば、走りて坂を下る輪の如《ごと》くに衰へゆく。

C　高欄《かうらん》のもとに青き瓶《かめ》の大きなるを④［据《す》う］て、…

※1　いと＝とても　※2　をかしげなる＝美しい　※3　のたまふ＝おっしゃる

練習問題 ２　解説

解答は p.97

まずは問１。①の活用の種類は「盗まァず」だから**マ行四段活用**。終止形は「**盗む**」。後ろに「**て**」があるから、活用形は**連用形**。
②の活用の種類は「行かァず」だから**カ行四段活用**。終止形は「**行く**」。後ろに「**ほど＝名詞**」があるから**連体形**。

③は「落ちィず」だから**タ行上二段活用**。終止形は…「**落ちる**」かな？

はい、ここでストップ。終止形が「落ちる」になるのは現代語のときだけ。古文で、上二段活用の終止形はどんな形になるんだっけ？

「落ちる＝**oti**る」の「**i**る」の部分を「**u**」に変えればOKでした。

ということは「**落ちる＝oti る**」⇒「**otu**」になる。「**落つ**」が正しい終止形の形だ。

そのとおり。活用形は**命令形**だね。

④は「眺めェず」だから**マ行下二段活用**。「眺める＝**眺me る**」だから、「**眺mu**」に変える。終止形は「**眺む**」。
後ろに「ば」があるときは未然形か已然形どちらか（p.69）だけど……
「眺むれ＝**眺mu れ**」だから**已然形**の形だ。

⑤は「得ェず」だから**ア行下二段活用**。「得る＝**e る**」だから、まるごと「**u**」に変える。終止形は「**得《う》**」。後ろが「ず」だから**未然形**です。

そのとおり。ただ……問２に行く前に１つ注意。
⑤「得」の活用の種類を、「**ヤ行**下二段活用／**ワ行**下二段活用」と答えた人も多いと思う。文中で「得ず」と書かれても、それが「あいうえお」の「え」なのか、「やいゆえよ」の「え」なのか、「わゐうゑを」の「ゑ」なのか、見た目では判断ができないんだ。
そこで、１つポイントを覚えよう。
数ある動詞の中で「**ア行**」**になるのは、この**「**得《う》**」**だけ**なんだ。

> **★ High Level Lessons ★**
> 「心得《こころう》」「所得《ところう》」など、「得」を含む動詞も「ア行下二段」になる。

たとえば「植《う》う／飢《う》う／据《す》う」のような動詞も、パッと見「ア行」と答えてしまいやすい。でも、これらは「**得**」**ではない**から、「ア行」ではないと判断する。これらは「**ワ行下二段**」だ。
（もし「ヤ行」なら「植ゆ／据ゆ」になるはずだから、「ヤ行」ではない。）
「悔いず／老いず／報いず」のような形が出てきても、同様に「ア行」と答えてはいけない。これらは「**ヤ行**上二段」になる。
（もし「ワ行」なら「悔ゐず／老ゐず」になるはずだから、「ワ行」ではない。）
「**植う／飢う／据う＝ワ行**」「**植ゆ／据ゆ／報ゆ＝ヤ行**」は間違えやすいパターンとして有名なので、暗記してしまうのも効果的。

Point 7 「ア行」で活用する動詞

★「ア行」で活用する動詞は「得」だけ！

では、**問２**をやってみる。
①②は「言ふ→言はァず」だから**ハ行四段**。
①は後ろに「**む**」があるから、**未然形「いは」**が答え。
②は後ろに「**けれ（けり）**」があるから**連用形「いひ」**が答え。

③は「悔ゆ→悔いィず」だから**ヤ行上二段**。後ろに「**ども**」があるから、**已然形「くゆれ」**が正解。
④は「据う＝据ゑェず」は……ア行じゃなくて**ワ行下二段**。「**わゐうゑを**」で活用するから要注意ですね。後ろに「**て**」があるから、**連用形「すゑ」**が正解。

これで「四段／上二段／下二段」という３つの基本はOK！
だけど……古文に出てくる動詞は、この３パターン以外にも**暗記が必要な**「**特別な動詞**」がいくつか存在する。

現代語でも「**来る＝カ変**」と「**する＝サ変**」は特別扱いでした。

そうだね。ただ古文の場合、現代語より「特別扱いの動詞」の数が多い。でも、ここは気合いを入れてなんとか覚えてもらうしかない。

Point 8 「活用の種類」古文バージョン2

★暗記が必要な「特別な動詞」を覚える！

④**上一段**活用　＝「ひいきにみゐ」る（Point 9 参照）
⑤**下一段**活用　＝「蹴《け》る」
⑥**カ行変格**活用　＝「来《く》」
⑦**サ行変格**活用　＝「〜す」
⑧**ナ行変格**活用　＝「死ぬ／去《い》ぬ（往《い》ぬ）」
⑨**ラ行変格**活用　＝「あり／をり／侍《はべ》り／いまそかり」

④上一段活用／⑤下一段活用

あれ？「上一段」「下一段」って、現代語にもありましたよね（p.76）？

そうなんだ。古文の世界でも現代語と同じ「上一段／下一段」の動詞がいくつか存在している。

古文で「**下一段**」になる動詞はただ1つ「**蹴る**」だけ。1つしか存在しないから、「蹴る」を覚えてしまえばそれでいい。

ただ「**上一段**」はちょっと数が多くて……丸暗記は厳しいので、有名なゴロ合わせを使おう。それが“「**ひいきにみゐ**」**る**”だ。

Point 9 “「ひいきにみゐ」る”とは？

★「上一段」活用になる動詞の覚え方！

㋪	㋑	㋖	㋥	㋯	㋼
干	射・鋳	着	似・煮	見	居・率
る	る	る	る	る	る

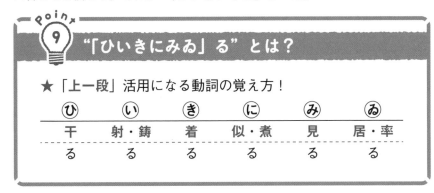

「**ひいきにみゐ**」に１つずつ「る」をつけていくと、暗記が必要な「上一段」の動詞を作ることができる。最終的には今の Point 9 に出てくる動詞を覚えてほしいんだけど……とりあえず“「**ひいきにみゐ**」**る**”＝「**上一段動詞**」ということだけは絶対に忘れないように。

★ High Level Lessons ★

“「ひいきにみゐ」る”に当てはまっているように見えても、「上一段」にならない動詞も存在する。たとえば「入《い》る／切る」などは「入らァず／切らァず」になるので「四段」活用。このように「ず」をつけて「aの音」になる動詞は、たとえ“「ひいきにみゐ」る”に当てはまっていても「上一段」ではなく「四段」になる。
一方、「試みる」「顧みる」「率ゐる」「用ゐる」など、先にあげた以外にも上一段動詞は存在する。まずは代表的なものを覚え、文章中で見かけたらその都度覚えていこう。

そして「上一段／下一段」の「活用表」を作るとこんな感じ。

Point 10 「活用の種類」④上一段／⑤下一段

④上一段活用

	未然形	連用形	終止形	連体形	已然形	命令形
射る	い ず	い て	いる 。	いる 人	いれ ども	いよ ！
見る	み ず	み て	みる 。	みる 人	みれ ども	みよ ！

上一段動詞は　i　i　iる　iる　iれ　iよ　と活用する

⑤下一段活用

	未然形	連用形	終止形	連体形	已然形	命令形
蹴る	け ず	け て	ける 。	ける 人	けれ ども	けよ ！

下一段「蹴る」は　e　e　eる　eる　eれ　eよ　と活用する

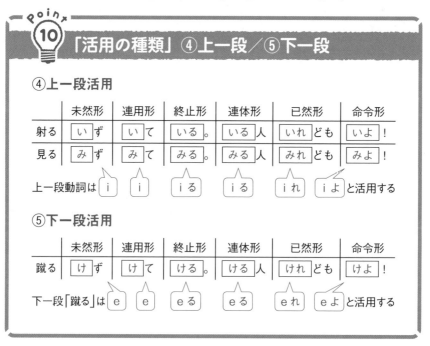

こうして見ると、「上一段」は現代語とほとんど変わらないな。命令形は現代語なら「射ろ／見ろ」だけど、古文だと「射よ／見よ」だ。

そのとおりだね。そして「下一段」は、「上一段」が頭に入っていればとても簡単。上一段と下一段の活用パターンを見比べてみよう。

これ、要するに上一段の「iの音」を、そのまま全部「eの音」にチェンジしただけですよね。

そのとおりだ。未然形の「蹴《け》ず」と連用形の「蹴《け》て」は現代人には違和感のある言い方だから、この２つの言い方には慣れておいたほうがいいね。

⑥カ行変格活用／⑦サ行変格活用

「カ変」と「サ変」は現代語でも勉強済み（p.79）だから、特に問題はないよね。

現代語では「カ変」が「来る」で、「サ変」が「する」だった。

そうだね。古文では「来る／する」ではなく「**来《く》**／**す**」だけれど、基本的には同じ。

Point 11 「活用の種類」⑥カ変／⑦サ変

⑥カ行変格活用　⇒「来《く》」だけ！

	未然形	連用形	終止形	連体形	已然形	命令形
来	こ ず	き て	く 。	くる 人	くれ ども	こよ／こ ！

⑦サ行変格活用　⇒「す（〜す）」だけ！

	未然形	連用形	終止形	連体形	已然形	命令形
す	せ ず	し て	す 。	する 人	すれ ども	せよ ！

カ変は、未然形と命令形が「ｏの音」だ。「ｏの音」が出てくる動詞なんてほかにないから、たしかに特別な変化と言える。

そうだね。あと、「カ変」は「命令形」が２タイプあるのも特徴。命令文のとき、形が「来」となっていたら「こ」と読み、「来よ」となっていたら「こよ」と読もう。

サ変は、こうして見ると「下二段」と変化が似ているんですね。でも連用形が「ｉの音」だから、そこが特殊。

★ High Level Lessons ★

「サ変」は「す」の前にいろいろ言葉がつくケースが多い。特に「おはす／ものす／具す／奏《そう》す／啓《けい》す」の５つはよく古文に出てくるうえに「四段」と勘違いしやすいので、できれば覚えてしまったほうがいい。（おはす／ものす／具す／奏す／啓す＝いらっしゃる／する／連れていく／申し上げる／申し上げる）

⑧ナ行変格活用

「ナ変」になる動詞は２つだけ。「**死ぬ**」と「**去《い》ぬ**（**往《い》ぬ**）」だ。「去ぬ（往ぬ）」は漢字のとおり「去る」とか「往《ゆ》く」という意味。今でも西日本では比較的よく使うけど、東日本の人間にはあまりなじみがないかもしれない。

「死ぬ」は、現代だと「五段活用」ですよね。「死なァない」だから。

そうだね。だけど古文の世界では、次のような特殊な変化をする。

Point 12 「活用の種類」⑧ナ変

⑧ナ行変格活用　⇒「死ぬ」と「去《い》ぬ（往《い》ぬ）」だけ！

	未然形	連用形	終止形	連体形	已然形	命令形
死ぬ	死なず	死にて	死ぬ。	死ぬる人	死ぬれども	死ね！
去ぬ	去なず	去にて	去ぬ。	去ぬる人	去ぬれども	去ね！

「未然／連用／終止／命令」は、「a／i／u／e」と変化しているから、これだけ見れば「四段活用」と何も変わらないよね。でも……

「連体形／已然形」が「uる／uれ」の音になってる。
「uる／uれ」の形は、「上二段／下二段」と同じパターン。

そうなんだ。ナ変の動詞は、「四段」と「上二段／下二段」を混ぜ合わせたような変化をする。特に「連体形／已然形」が現代と異なる活用をするので、ココを重点的に覚えよう。

⑨ラ行変格活用

「ラ変」になる動詞は４つ。「**あり**／**をり**／**侍《はべ》り**／**いまそかり**」だ。これらは全部「いる／ある」という英語の**be動詞のような意味**を持つ動詞。

Point 13 「活用の種類」⑨ラ変

⑨ラ行変格活用　⇒　「あり／をり／侍り／いまそかり」だけ！

	未然形	連用形	終止形	連体形	已然形	命令形
あり	あらず	ありて	あり。	ある人	あれども	あれ！
侍り	侍らず	侍りて	侍り。	侍る人	侍れども	侍れ！

ⓘ「いまそかり」は「いまそがり／いますかり／いますがり」と書くこともある。

これ、ほとんど「四段活用」と同じ気がするけど……

でも、「終止形」だけが違う。四段は終止形が「ｕの音」だったけど、ラ変は終止形が「ｉの音」になるんだ。

そもそも、品詞を勉強するときに「動詞＝終止形が『ｕの音』になる言葉」と覚えたよね。でも「ラ変」だけは、例外。**動詞なのに終止形が「ｉの音」になる**からココをしっかり覚えておくことが大事。

これで、古文における「活用の種類」をすべて理解してもらえたはず。
一度理解してしまえば、あとは定着あるのみ！

Point 14 古文動詞の「活用の種類」9パターン - まとめ

① 四段活用 「a／i／u／u／e／e」
② 上二段活用 「i／i／u／uる／uれ／iよ」
③ 下二段活用 「e／e／u／uる／uれ／eよ」
④ 上一段活用 「i／i／iる／iる／iれ／iよ」
⑤ 下一段活用 「e／e／eる／eる／eれ／eよ」
⑥ カ行変格活用 「こ／き／く／くる／くれ／こ・こよ」
⑦ サ行変格活用 「せ／し／す／する／すれ／せよ」
⑧ ナ行変格活用 「な／に／ぬ／ぬる／ぬれ／ね」
⑨ ラ行変格活用 「ら／り／り／る／れ／れ」

これをひたすら唱えまくって**必ず全部暗記すること**。この暗記をサボると、後からどんどん古文がわからなくなっていくからね。特に赤字の部分が現代人の感覚と異なるポイントだから、特に気合いを入れて覚えよう。

練習問題 3

問1 下線部の動詞の、「活用の種類」「活用形」をそれぞれ答えなさい。

A ※1さと寄りて、一足づつ①蹴る。

B 春日《かすが》の里に※2しる※3よしして、狩りに②往《い》にけり。

C 草枕まことの華見《はなみ》しても③来よ

D ※4やうやう夜も明けゆくに④見れば、⑤率《ゐ》て来し女もなし。

問2 各［　　］部の語を、適切な形に直し、すべてひらがなで書きなさい。

A にくきもの。いそぐこと①［あり］折《をり》に②［来］て、長言③［す］※5まらうと。

B　朝《あした》に④ 死ぬ 、夕《ゆふべ》に生まるるならひ、ただ水の泡にぞ似たりける。

C　着物多くある人も、一度に※6千疋《びき》を⑤ 着る ず。

※1　さと＝さっと　※2　しる＝領有している　※3　よし＝縁。ゆかり
※4　やうやう＝だんだん　※5　まらうと＝客人　※6　千疋＝「疋」は布地の数え方

練習問題 3 解説

解答は p.97

では、問1からやってみる。

①「蹴る」は**「カ行下一段活用」**。文末にあるから**「終止形」**。

②は「往《い》ぬ」は**「ナ行変格活用」**。「往に」の形になるのは**「連用形」**だけ。後ろに「けり」もあるから間違いない。

③「来」は**「カ行変格活用」**。「来よ」の形になるのは**「命令形」**だけ。文末にあるし、命令の意味で訳して問題もない。

④「見る」は**「マ行上一段活用」**。「見れ」の形になるのは**「已然形」**だけ。後ろに「ば」もあるから、やはり已然形で問題なし。

⑤は「率《ゐ》る」は**「ワ行上一段活用」**。後に「て」があるから**「連用形」**だな。

最後に問2。

①「あり」は**ラ変**。後ろに「折＝名詞」があるから、連体形の**「ある」**が答え。

②「来」は**カ変**。後ろに「て」があるから、連用形の**「き」**が答え。

③「す」は**サ変**。後ろに「まらうと＝名詞」があるから、連体形の**「する」**が答え。

④「死ぬ」は**ナ変**。後ろに「、」があるから、連用形の**「しに」**が答え。

⑤「着る」は**上一段**。後ろに「ず」があるから、未然形の**「き」**が答え。

もう大丈夫だね。これで「動詞」の活用形・活用の種類はすべて終了。

ただ……「活用」する言葉は、「動詞」だけではない。次は、動詞と同じ「用言」の仲間、「形容詞／形容動詞」の活用パターンについて見ていこう。

練習問題1 解答

問１　①マ行五段活用　②カ行上一段活用　③カ行下一段活用
④バ行上一段活用　⑤サ行変格活用　⑥ラ行五段活用　⑦カ行変格活用
⑧バ行下一段活用

問２　A①・ア　B③・ウ　C⑤・エ　D②・ア　E①・オ　F③・イ
G②・オ　H③・イ　I①・カ　J⑤・ア　K①・イ　L④・カ

練習問題2 解答

問１　①マ行四段活用・盗む・連用形　②カ行四段活用・行く・連体形
③タ行上二段活用・落つ・命令形　④マ行下二段活用・眺む・已然形
⑤ア行下二段活用・得《う》・未然形

問２　①いは　②いひ　③くゆれ　④すゑ

練習問題3 解答

問１　①カ行下一段活用・終止形　②ナ行変格活用・連用形
③カ行変格活用・命令形　④マ行上一段活用・已然形
⑤ワ行上一段活用・連用形

問２　①ある　②き　③する　④しに　⑤き

One Point Lessons ⑤　活用の種類を間違えやすい動詞

p.81 で勉強したように、「活用の種類」は「ず」をつけて見分けるのが基本。ただし、中には「ず」をつけても判断ができない動詞も存在する。そこで、間違えやすい要注意の動詞を一覧にまとめておく。

★「活用の種類」そのものを間違えやすい動詞

動詞	× **間違いの例**	◎ **正しい**活用の種類
借《か》る・足《た》る・飽《あ》く	**上二段**活用 〈借**り**ず／足**り**ず／飽**き**ず〉	**四段**活用 〈借**ら**ず／足**ら**ず／飽**か**ず〉
恨む	**四段**活用〈恨**ま**ず〉	**上二段**活用〈恨**み**ず〉
ものす・具す・念ず・御覧ず	**四段**活用・**上二段**活用 〈もの**さ**ず／具**さ**ず ／念**じ**ず／ご覧**じ**ず〉	**サ行変格**活用 〈もの**せ**ず／具**せ**ず ／念**ぜ**ず／ご覧**ぜ**ず〉

★「行」を間違えやすい動詞

①「ア行」の動詞は「得《う》」だけ(→ p.88)

動詞	× **間違いの例**	◎ **正しい**活用の種類
据《す》う・飢《う》う・植《う》う	**ア行**下二段活用 〈据**え**ず／飢**え**ず／植**え**ず〉	**ワ行**下二段活用 〈据**ゑ**ず／飢**ゑ**ず／植**ゑ**ず〉
射る	**ア行**上一段活用	**ヤ行**上一段活用
居《ゐ》る・率《ゐ》る	**ア行**上一段活用	**ワ行**上一段活用

★「活用の種類」によって意味が変わる動詞

動詞	意味①	意味②
頼む	四段 **頼る、あてにする** 〈息子、父を頼**ら**ず →息子は、父を**頼ら**ない〉	下二段 **頼らせる、あてにさせる** 〈父、息子を頼**め**ず →父は、息子に**頼らせ**ない〉
かづく	四段 頭から**かぶる** 褒美として**いただく** 〈犬は、帽子をかづ**か**ず →犬は、帽子を**かぶら**ない〉	下二段 頭から**かぶせる** 褒美として**与える** 〈犬に、帽子をかづ**け**ず →犬に、帽子を**かぶせ**ない〉

2-4 形容詞／形容動詞の活用

これまでずっと「動詞」の活用を勉強してきたよね。でもp.49で勉強したとおり、「活用する＝語尾が変化する」言葉は「動詞」だけじゃない。

「形容詞／形容動詞／助動詞」も「活用する」言葉ですよね。

そのとおり。ただ「助動詞」は種類が多いので、第３章からじっくりと勉強していく。だから今回は、「形容詞／形容動詞」がどのように活用するかを確かめていきたい。では、まず「形容詞」から。

◇「形容詞」の活用パターン

「形容詞」は、最後が「し」で終わる言葉。「古し／青し／美し／をかし」みたいに、主に「状態・様子」を表す（p.51）。

そのとおりだね。そして「形容詞」には**２パターンの「活用の種類」**がある。見分け方はカンタンで、後ろに「**なる**」をつけてみればいい。

「古くなる／青くなる」「美しくなる／をかしくなる」……左の２つは**「し」が消えてしまったけど、**右の２つは**「し」が残ったまま！**

そのとおり。こうやって「なる」を後ろにつけてみて、「**し**」**が消滅する**タイプの形容詞が「**ク活用**」。「**し**」**が残る**タイプの形容詞が「**シク活用**」だ。動詞は９パターンもあったから、それに比べるとラクだよね。

Point 1

形容詞の活用

★「活用の種類」は、「なる」をつけて判定！

「◎◎くなる」　⇒　**ク活用**

「◎◎しくなる」⇒　**シク活用**

！「て」や「ない」をつけても判定可能。

（例題）次の空欄に、正しく形容詞を活用させなさい。

		未然形	連用形	終止形	連体形	已然形	命令形
ク活用	古し	×	古□て	古□。	古□人	古□ども	×
シク活用	美し	×	美□て	美□。	美□人	美□ども	×

では、形容詞の基本形をそれぞれ覚えていこう。

形容詞は、基本「連用／終止／連体／已然」の４パターンに活用する。

「古文らしい形」になるように、空欄を埋めてみてほしい。

「古文らしい形」……答えは、こんな感じかな。

古し	×	古［く］て	古［し］。	古［き］人	古［けれ］ども	×
美し	×	美［しく］て	美［し］。	美［しき］人	美［しけれ］ども	×

そのとおり。「終止」と「連体」は時代劇で使うような、ちょっと古臭い言い方だよね。まずは、この「**く／し／き／けれ**」「**しく／し／しき／しけれ**」という形を、形容詞の基本形（本活用）として覚えてしまおう。

◇本活用と補助活用

ただ……「形容詞」の活用はこれだけで終わらず、もう１つのパターンが存在するんだ。それは、**直後に「助動詞」が来る**場合。

「助動詞」の勉強はまだやっていないけれど、聞きなじみのあるものがいくつかあるはずだ。

たとえば……「ず」という助動詞がある。これは「打消（否定）」の意味を持つ助動詞で、「未然形」の判定にも使ったね。

たとえば「書く」という動詞に「ず」をつけると「書かず」ですよね。「ず」の直前の「書か」は、たしかに未然形になっています。

同様に「けり」という助動詞は、主に「過去」の意味を持ち、その直前には「連用形」が来るのがルールだ。

「書く」に「けり」をつけると「書きけり」になって、「書いた」という過去の意味になる。「書き」は、たしかに連用形だ。

そう、この２つは「書く」という動詞に「ず／けり」という助動詞をくっつけた例だ。でも今、われわれは形容詞の勉強をしているんだよね。だから今度は、何か形容詞の後ろに助動詞をくっつけてみたいんだ。そうだな……ためしに、形容詞「古し」の後に、過去の助動詞「けり」をくっつけてみてほしい。

「けり」の前は「連用形」になるんですよね。形容詞の連用形は「く」だから……答えは「古くけり」？　なんか変……

明らかに変だよね。このように、さっき勉強した「形容詞の本活用パターン」は、**直後に「助動詞」が来るときには使えない**んだ。

そもそも「助動詞」という名前を考えてほしい。主に「動詞を助ける」から助動詞なんだよ。つまり助動詞の直前に来ていいのは、本来「動詞」だけなんだ。

英語と似ている気がするな。英語にも“beautiful／*old*”みたいな「形容詞」があるし、“can／will”のような「助動詞」もある。

でも “She will beautiful.” とか、“It can old.” みたいに、助動詞と形容詞を直接くっつけることはできなかった。

“She will **be** beautiful.” “「It can **be** old.” のように、助動詞の後ろに**「be 動詞」**を補わないとダメですよね。

そうだね。そして、今説明してくれた「英語の考え方」を、そのまま古文に応用すればいい。古文でも「形容詞」と「助動詞」をくっつけたいときは、その間に**「be 動詞」的な動詞**をはさむ必要があるんだ。

……古文の世界で、「be 動詞」的な動詞って、何だと思う？

「be 動詞」は「ある、いる」のように訳すから……さっき「ラ変」で勉強した「あり」（p.94）が「be 動詞」と同じ意味だ。

そのとおり。「形容詞」の後ろに「助動詞」をくっつけるときは、その**間に「あり」をはさむ**とうまくいくんだ。すると、次のようになる。

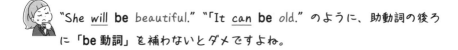

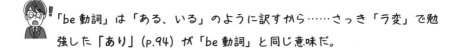

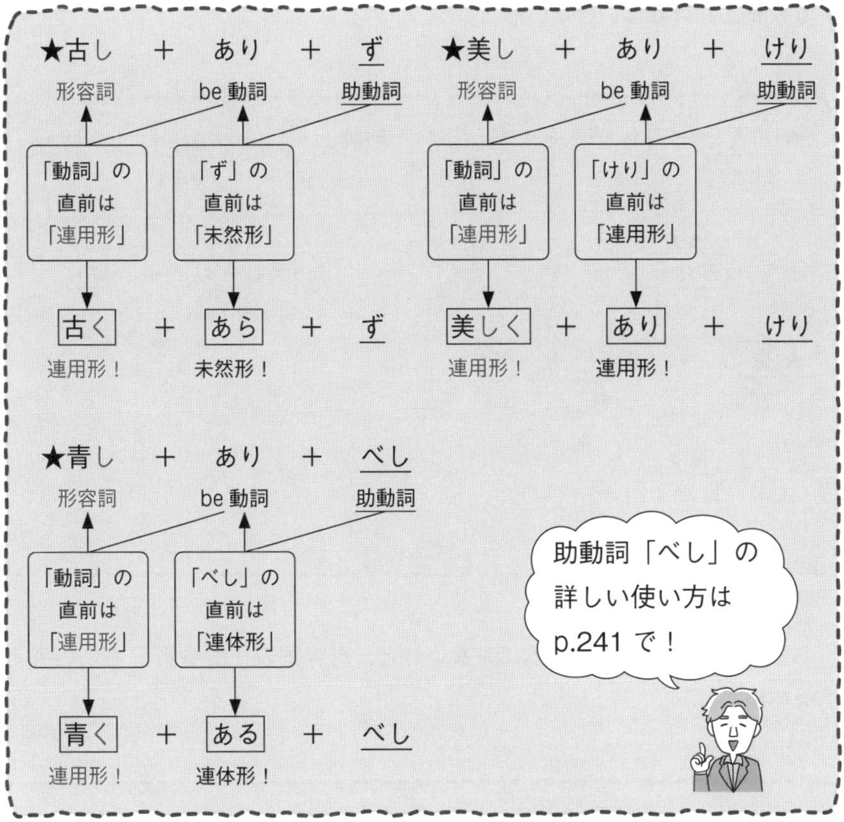

このように、未然形なら「〜く＋**あら**」、連用形なら「〜く＋**あり**」、連体形なら「〜く＋**ある**」という変化をする。

そして……この３つを「早口言葉」で 20 回ほど唱えてみてほしいんだ。

「くあら、くあら、くぁら、くぁら…………から」
「くあり、くあり、くぁり、くぁり…………かり」
「くある、くある、くぁる、くぁる…………かる」

そうなるよね。つまり「形容詞」の後ろに「助動詞」が来る場合、未然形なら「から」、連用形なら「かり」、連体形なら「かる」という形が、最終的にみ

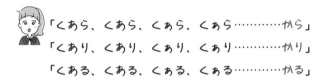

んなが覚えなければいけない形だ。

★古く（連用形）＋ あら（未然形）＋ ずー → 古から（未然形）＋ ず

★美しく（連用形）＋ あり（連用形）＋ けり → 美しかり（連用形）＋ けり

★青く（連用形）＋ ある（連体形）＋ べし → 青かる（連体形）＋ べし

ちなみに……助動詞は後ろに来ないけど、形容詞の「**命令形**」もこの考え方を応用する。

★古く（連用形）＋ あれ（命令形）! ⇒ 古かれ（命令形）!

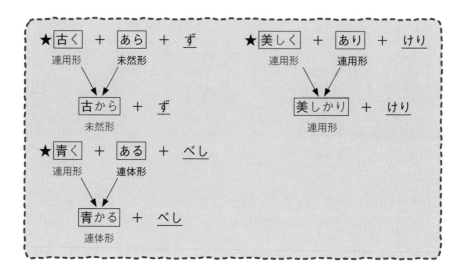

Point 2

「形容詞」の活用パターン

★「本活用」…主に「助動詞」以外が直後に来るとき！

	未然形	連用形	終止形	連体形	已然形	命令形
古し	×	古くて	古し。	古き人	古けれども	×
美し	×	美しくて	美し。	美しき人	美しけれども	×

★「補助活用」…主に「助動詞」が直後に来るとき！

	未然形	連用形	終止形	連体形	已然形	命令形
古し	古からず	古かりけり	×	古かるべし	×	古かれ！
美し	美しからず	美しかりけり	×	美しかるべし	×	美しかれ！

最初に勉強した「**く／し／き／けれ**」の基本的な活用を「**本活用**」、今勉強した「助動詞」が後ろに来る「**から／かり／かる／かれ**」の活用を「**補助活用**（カリ活用）」と呼ぶ。

直接名前がテストに出るわけじゃないけど、授業で先生が使うことが多いから、一応覚えておくことをオススメしたい。

★ High Level Lessons ★

教科書・参考書によっては、形容詞・本活用の「未然形」として、「く／しく」の形（つまり、連用形と全く同じ形）が載っているものもある。
p.315で勉強するが、形容詞の後ろに「は」がくっついて「くは／しくは」の形になると、「もし～なら」の意味が生まれる。（若くは→もし若いなら／美しくは→もし美しいなら）その場合の「く／しく」の形を「未然形」と考える説と、「連用形」と考える説があり、「未然形」説に従うと形容詞・本活用にも「未然形」が存在することになる。

練習問題 1

問1　次の各形容詞について、 活用の種類を答えなさい。

①　高し　　②　[※1]うつくし　　③　[※2]あさまし　　④　[※3]心にくし

問2　次の□の語を適切な形に直し、すべてひらがなで書きなさい。

①　蔦《つた》・葛《くず》・朝顔、いづれもいと高しず、ささやかなる

②　うつくしもの。瓜《うり》にかきたる児《ちご》の顔。

③　あまりの事にてあさましけり。

④　木立《こだち》・前栽《せんざい》など、なべての所に似ず、いとのどかに心にくし住みなし給《たま》へり。

※1　うつくし＝かわいい。かわいらしい　※2　あさまし＝意外だ。驚きあきれる
※3　心にくし＝奥ゆかしい。上品だ

練習問題 1 解説

解答は p.113

まずは問1。形容詞は「なる」をつければ活用の種類がわかるから、①「高くなる」②「うつくしくなる」③「あさましくなる」④「心にくくなる」。

答えは、①ク活用、②シク活用、③シク活用、④ク活用。

じゃあ、問2。①は、後ろに「ず」があるから、未然形の「たかから」が答え。

②は、後ろに「もの＝名詞」があるから、連体形の「うつくしき」。

そうだね。②の直後は「名詞」であって「助動詞」ではない。だから今回は「補助活用」ではなく「本活用」を使う。②を「うつくしかる」と書かないよう注意しよう。

③は、後ろに「けり」があるから、連用形。「けり」は「助動詞」だから、今回は「補助活用」を使えばOK。答えは「あさましかり」。

④は、後ろに「住み＝動詞＝用言」があるから、連用形。③と違って、後ろが「助動詞」じゃないから「本活用」を使えばOK。

答えは「こころにくく」。

そのとおり。形容詞の場合は、動詞と異なり「本活用」と「補助活用」の区別を毎回行う必要がある。後ろに来る言葉が「助動詞」なのかどうかをチェックする習慣をつけてほしい。

◇「形容動詞」の活用パターン

「形容動詞」は、最後が「なり／たり」で終わる言葉。

「静かなり／あはれなり／堂々たり」みたいに、形容詞と同じく「状態・様子」を表す（p.51）。

直前が「和語」だったら「なり」、直前が「漢語」だったら「たり」を使う。

そのとおり。そして「形容動詞」の活用の種類は、今メグミさんが言った2つのパターンしか存在しない。「なり」の形になるときが「**ナリ活用**」、「たり」の形になるときが「**タリ活用**」。

では、「ナリ活用／タリ活用」それぞれについて、活用表を作ってみよう。

（例題）次の空欄に、正しく形容動詞を活用させなさい。

	未然形	連用形	終止形	連体形	已然形	命令形
静かなり	静か□ず	静か□けり	静か□。	静か□人	静か□ど	静か□！
堂々たり	堂々□ず	堂々□けり	堂々□。	堂々□人	堂々□ど	堂々□！

えーと、答えはこうです。

静かならず	静かなりけり	静かなり。	静かなる人	静かなれど	静かなれ！
堂々たらず	堂々たりけり	堂々たり。	堂々たる人	堂々たれど	堂々たれ！

「ら／り／り／る／れ／れ」……これ、どこかで見たような気が。

「ラ変」だ。これ、p.93で勉強した「あり／をり／はべり／いまそかり」と全く同じ変化をしている。

そのとおり。「形容動詞の活用＝ラ変と同じ」と覚えておけば、いちいち暗記する必要がないからラクだよね。

でも……**１つだけ例外がある**んだ。

（例題）次の傍線部を、正しく活用させなさい。

①静かなり　＋　走る　　　②堂々たり　＋　歩く

この問題を、さっき勉強した考え方で解くと、どうなるかな？

形容動詞の後ろに「走る／歩く」つまり「動詞」がある。

「動詞（用言）」の直前は、必ず「連用形」になる（p.65）から、

「静かなり走る」「堂々たり歩く」？　……変ですね。

普通に考えたら「静かに走る」「堂々と歩く」になるはずだよな。

そのとおり。「形容動詞」は「**連用形**」**のときだけ**、２種類の活用を見分ける必要が出てくる。見分け方は「形容詞」と同じ。後ろに「**助動詞**」がつくか、「**助動詞以外**」がつくかで判断すればOK。

Point 3

「形容動詞」の活用パターン

★「ナリ活用」

	未然形	連用形	終止形	連体形	已然形	命令形
静かなり	静か[なら]ず	静か[なり]けり 静か[に]走る	静か[なり]。	静か[なる]人	静か[なれ]ど	静か[なれ]！

★「タリ活用」

	未然形	連用形	終止形	連体形	已然形	命令形
堂々たり	堂々[たら]ず	堂々[たり]けり 堂々[と]走る	堂々[たり]。	堂々[たり]。	堂々[たれ]ど	堂々[たれ]！

Ⓘ「連用形」に注意

⇒　後ろに助動詞以外がつくときは「に／と」になる！

2

練習問題 2

次の□の語を適切な形に直し、すべてひらがなで書きなさい。

① ※1[つれづれなり]時は、これを友として※2遊行《ゆぎやう》す。

② 男にさへ※3おはしましける喜び、※4いかがは※5[なのめなり]む。

③ これは、世俗の※6そらごとを※7[ねんごろなり]信じたるも※8をこがましく、…

④ ※9[漫々《まんまん》たり]海上なれば、※10いづちを西とは知らねども、…

⑤ 雨[朦朧《もうろう》たり]して、鳥海《てうかい》の山隠る。

※1 つれづれなり＝退屈だ。手持無沙汰だ　※2 遊行＝僧侶が諸国を巡り歩くこと。
※3 おはしまし＝いらっしゃる　※4 いかがは＝どうして〜か。
※5 なのめなり＝普通だ。平凡だ　※6 そらごと＝うそ。偽り
※7 ねんごろなり＝熱心だ　※8 をこがましく＝馬鹿馬鹿しく

※９ 漫々たり＝広々とした　※10 いづち＝どちら

練習問題② 解説

解答は p.113

①は、後ろに「時＝名詞」があるから、連体形の「つれづれなる」。
②は、後ろに「む」があるから、未然形の「なのめなら」。
③は、後ろに「信じ＝動詞」があるから、連用形の「ねんごろに」が正解。

そうだね。③は後ろが「**助動詞**」**じゃない**から、同じ連用形でも「ねんごろなり」にしてはいけない。

④は、後ろに「海上＝名詞」があるから、連体形の「まんまんたる」。
⑤は後ろに「し＝動詞」があるから、連用形の「もうろうと」が答え。
「し」は助動詞じゃないから、「もうろうたり」にしてはダメ。

★ High Level Lessons ★

形容動詞の連用形が２種類ある理由は、これも形容詞のときと全く同じ理屈。
例えば「静かに」「堂々と」の後ろに「助動詞」である「ず」を置いてみよう。「ず」の前に“be 動詞”的な動詞「あり」を置くことで「静かにあらず」「堂々とあらず」のようにうまく接続させることができる。この「にあら」「とあら」の部分が短縮されて、「なら、なり、なる、なれ」「たら、たり、たる、たれ」の形が生まれていった。

◇「形容詞／形容動詞」を使ったイディオム（慣用表現）

いくつか「形容詞／形容動詞」を使った特別なイディオムがあるから、それを紹介しておこう。あれこれ理屈を言うより**丸暗記したほうが効率的**だから、暗記するだけでOK。

Point 4

「形容詞／形容動詞」の語幹を使ったイディオム

★あな＋語幹（終止形）→「ああ～なあ」と訳す

例　あな、めでた。⇒ク活用「めでたし」の語幹（ああ、めでたいなあ。）

あな、清ら。⇒形容動詞「清らなり」の語幹（ああ、美しいなあ。）

あな、うつくし。⇒シク活用「うつくし」の終止形（ああ、かわいいなあ。）

(!)「あな、めでたや」のように「や」がつくこともある。

★名詞＋を語幹（終止形）＋み→「（名詞）が～ので」と訳す

例　里を遠《とほ》み…。⇒ク活用「遠し」の語幹（人里が遠いので…。）

山道を険《けは》しみ…。⇒シク活用「険し」の終止形（山道が険しいので…。）

(!)「里遠み」のように「を」が省略されることもある。

★語幹（終止形）＋の＋名詞→「～な（名詞）」と訳す

例　をさなの児《ちご》⇒ク活用「幼し」の語幹（幼い子供）

愚かの行ひ⇒形容動詞「愚かなり」の語幹（愚かな行い）

やかましの侍《さぶらひ》⇒シク活用「やかまし」の終止形（うるさい武士）

(!) 名詞を修飾する連体修飾語の役割

練習問題 3

次の各文における下線部を現代語訳しなさい。

① 「[※1]いで、あな幼や。[※2]言ふかひなう[※3]ものし[※4]たまふかな」

② 咲く花の下にかくるる人を多み[※5]ありしにまさる藤のかげかも

③ 「愚かの[※6]仰せ[※7]候ふや。[※8]悩みたまふも…」

※1　いで＝いやもう　※2　言ふかひなう＝どうしようもない
※3　ものし＝ここは「いる・ある」という意味。　※4　たまふ＝～でいらっしゃる。
※5　ありし＝以前　※6　仰せ＝お言葉　※7　候ふ＝あります。ございます
※8　悩み＝病気になり。病気で苦しみ。

練習問題 3 解説

解答は p.113

①は「あな～」の形だから、「あぁ～なぁ」と訳せばOK。
「ああ、幼いなぁ」が答え。

②は「名詞を～み」の形だから、「名詞が～ので」と訳す。
「人が多いので」が正解ですね。

③は、名詞「仰せ」を修飾する形。**「愚かなお言葉」**と訳せばいい。

OK、まったく問題ない。これで「形容詞／形容動詞」に関する勉強は終了。次へ進んでいこう。

練習問題 1 解答

問１　①ク活用　②シク活用　③シク活用　④ク活用

問２　①たかから　②うつくしき　③あさましかり　④こころにくく

練習問題 2 解答

①つれづれなる　②なのめなら　③ねんごろに　④まんまんたる

⑤もうろうと

練習問題 3 解答

①ああ、幼いなあ　②人が多いので　③愚かなお言葉

2-5 「係り結び」とは何か

2-4までで、古文学習最初の大きな壁、「活用」の勉強がすべて終わった。このタイミングで「**係り結びの法則**」を勉強しよう。

名前だけは知ってるけど……。

全然意味わかんない……。

「係り結び」は、「活用」の基本的考えがわかっていなければ、理解不可能。今までの君らは「活用」がわかってなかったんだから、「係り結び」を理解できなかったのは当たり前のこと。でも、今なら楽勝だよ。

「係り結び」は、次の３ポイントを順番に理解していけばいい。

Point 1　「係り結び」の基本

① 発動条件　文中に係助詞「ぞ／なむ／や／か／こそ」が登場したとき！（→係助詞についてはp.331）
② 「**文末の形**」が変化する
③ 「**意味**」も変化する

①発動条件

「係り結び」は、文中に「**ぞ／なむ／や／か／こそ**」の５つの係助詞のうちのどれかが登場したときに発動する。これは暗記するしかないから、今すぐ全部覚えること。

★この水飴《みずあめ》を食ふ人、死ぬ。（この水飴を食べる人は、死ぬ）

⇓

この水飴を食ふ人ぞ、 ……
この水飴を食ふ人なむ、……
この水飴を食ふ人や、 ……
この水飴を食ふ人か、 ……
この水飴を食ふ人こそ、……

｝「**係り結びの法則**」発動‼

②文末の形

係助詞「ぞ／なむ／や／か／こそ」が文中に登場すると、**「文末の形」に変化が起こる**。

まず確認。「文末」に来る言葉は、普通「活用形」は何形になる？

「終止形」に決まってる。

ということは、「ぞ／なむ／や／か／こそ」が登場すると、文末が「終止形」じゃなくなる？

そのとおり。では、どういう形になるかというと……

「**ぞ**／**なむ**／**や**／**か**」が来たら、文末が「**連体形**」に。

「**こそ**」が来たら、文末が「**已然形**」になるのがルール。……逆にして覚える生徒が後を絶たないので、**絶対に区別して覚えること**。

じゃあ、さっきと同様、ナ変動詞「死ぬ」を使って例を作ってみようか。

「ナ変」は「な／に／ぬ／ぬる／ぬれ／ね」だから……

「終止形＝**死ぬ**」「連体形＝**死ぬる**」「已然形＝**死ぬれ**」ですよね。

そのとおり。よって「係り結び」が無いときと有るときで、次のような違いが発生する。

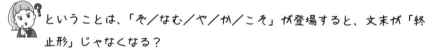

係り結びナシ

★この水飴を食ふ人、**死ぬ。**
終止形

係り結びアリ

この水飴を食ふ人ぞ、**死ぬる。**
この水飴を食ふ人なむ、**死ぬる。**
この水飴を食ふ人や、**死ぬる。**
この水飴を食ふ人か、**死ぬる。**
連体形に change !

この水飴を食ふ人こそ、**死ぬれ。**
已然形に change !

③意味

単に「文末の形」が変わるだけでなく、**文全体の「意味」**が大きく変わるケースもある。

まず「**ぞ／なむ／こそ**」の場合。これらは、単に**前を強める**（**強意**）**だけ**なので、現代語訳するときは、基本**無視してしまって OK**。

★この水飴を食ふ人、死ぬ。
（この水飴を食べる人は、死ぬ）

この水飴を食ふ人ぞ、死ぬる。
この水飴を食ふ人なむ、死ぬる。
この水飴を食ふ人こそ、死ぬれ。
強意！
（この水飴を食べる人は、死ぬ）

ただし１つ注意。「こそ」がつくときは、文末が「已然形」だよね。

已然形は、形が「**命令形**」**そっくり**の場合が多いから、間違えて「命令」の意味で訳してしまう生徒が多い。あくまで単なる「強調」だから、**絶対に「命令」で訳してはいけない**。

★本を、書く。（終止形）　本こそ、書け。（已然形）

× 本を、書け！
◎ 本を、書く。

命令で訳してはいけない！

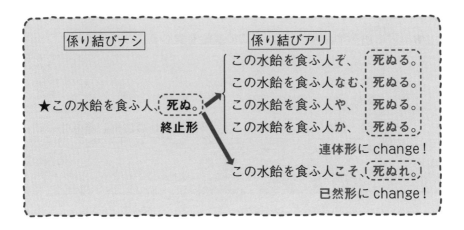

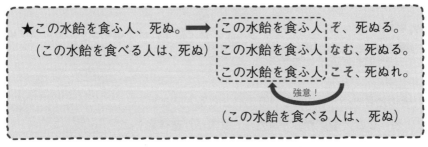

次は「**や／か**」。「や／か」がある文は、古文における「**疑問文**」。つまり、係り結び「や／か」の役割を知らないということは、英語で言うなら「？」の存在を知らないのと同じこと。そのぐらいの超基本的表現と言っていい。

★この水飴を食ふ人、死ぬ。→ この水飴を食ふ人 や、死ぬる ？
（この水飴を食べる人は、死ぬ） この水飴を食ふ人 か、死ぬる ？
疑問！
（この水飴を食べる人は、死ぬだろうか。）

ただ、「や／か」には、**もう１つの訳し方**があって……

その訳し方を「**反語**」と呼ぶ。たとえば、

山田「田中、きみ天才じゃないか？」
先生「おい、授業中に寝てもいいのか？」

これらの文は、「形」の上では「疑問文」になっているよね。

でも……これ、本当に相手に質問している文なんだろうか。

違いますね。この文は「**田中は天才だ！**」「**授業中に寝てはいけない！**」と言っているのと同じ。形は「**疑問文**」だけど、意味的には言いたいことをハッキリ相手に言ってる。

そのとおり。「天才じゃない（**否定**）か？＝天才だ（**肯定**）！」

「寝てもいい（**肯定**）のか？＝いけない（**否定**）！」

このように、**文字に表れている**「肯定／否定」と、**本当の意味**での「肯定／否定」が反対になる。だから「反語」という名前がついたというわけ。

そこで、「反語」を現代語に訳すときのルール。

単に「～か？」と訳してしまうと、「反語」であることを理解して訳しているのか、単なる「疑問」のつもりで訳しているのか、採点する先生に伝わらない。

だから「反語」で訳すときは、「天才じゃないか、いや天才だ。」「授業中に

寝てもいいのか、いやよくない。」のように、「いや〜だ／いや〜でない」と付け加えて訳すのが**伝統的な作法**になっている。

ちなみに、「疑問」と「反語」どちらで訳すべきかは、基本的にストーリーで判断するしかない。**本気で相手に質問しているなら「疑問」**だし、本当はただ**自分の言いたいことを言っているだけなら「反語」**。

★この水飴を食ふ人や、死ぬる。

➡ 疑問で訳すなら……
この水飴を食べる人は死ぬだろうか？

➡ 反語で訳すなら……
この水飴を食べる人は死ぬだろうか、いや死なない。

Point 2　「係り結び」の法則

文中に　ぞ　なむ	や　か　→	文末は　**連体形**
文中に　**こそ**	→	文末は　**已然形** ➡「命令」で訳さないように注意！

意味は　強意
（直前の言葉を強調するだけ＝**訳さない**）

意味は
疑問（〜だろうか）➡ **本当に質問している**場合
反語（〜**だろうか、いや〜**）➡ **言いたいことを言う**場合

これで「係り結び」の基本はすべて終了！　一度練習をやっておこう。

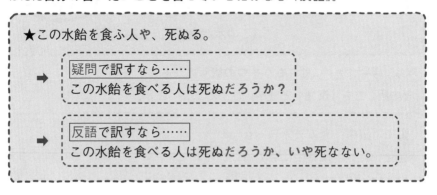

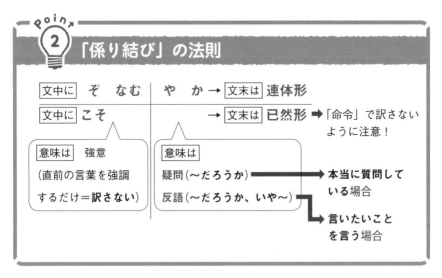

練習問題 1

問１　［　　］部の語を、適当な形に直して入れなさい。

① 「…甲斐《かひ》の一条次郎とこそ［聞く］。…」

② 秋の田の穂の上を照らす稲妻の光の間《ま》にも我や［忘る］

③ …判官、「御方《みかた》にこの矢射《う》つべき仁は誰《たれ》か［あり］」とのたまへば、…

④ 「…※1かく世に※2失せ隠れたまひにたれば、いとなむ［悲し］。…」

⑤ 年の暮れ果てて、人ごとにいそぎあへる頃ぞ、またなく［あはれなり］。

問２　下線部の意味を、選択肢の中から選びなさい。

① 「かの白く咲けるをなむ、夕顔と申し侍《はべ》る。…」

② 散ればこそいとど桜は※3めでたけれ※4憂《う》き世に何か久しかるべき

③ (帝《みかど》は)「いづれの山か天に近き」と問はせたまふに、ある人※5奏す…

④ ※6近き火などに逃ぐる人は、「※7しばし」とや言ふ。

ア　強意　　イ　疑問　　ウ　反語

※1 かく＝このように　※2 失せ隠れ＝失踪し　※3 めでたけれ＝すばらしい

※4 憂き世＝つらいこの現世　※5 奏す＝帝に申し上げる。

※6 近き火＝近所の火事　※7 しばし＝しばらく待ってくれ。

練習問題 1 解説

解答は p.128

じゃあ、問１からやりましょう。

①は、前に「こそ」があるから、文末を「已然形」にすればOK。「聞く」は四段活用だから、已然形は「聞け」ですね。

②は、前に「や」があるから、文末は「連体形」に変わります。「忘る」は下二段活用だから、連体形は「忘るる」。

③は、前に「か」があるから、文末は「連体形」。「あり」はラ変だから、連体形は「ある」ですね。

④は、前に「なむ」があるから、文末は「連体形」。「悲し」は形容詞だから、連体形は「悲しき」。

そうだね。④は、形容詞の連体形に「本活用＝悲しき」と「補助活用＝悲しかる」の2パターンがあったことも思い出してほしい（p.105）。

「補助活用」は、後ろに「助動詞」が来るときに使う。今回は後ろに助動詞がないから、「本活用」だ。

⑤は、前に「ぞ」があるから、文末は「連体形」。「あはれなり」は形容動詞だから、連体形は「あはれなる」だ。

問2は、意味の問題。

①「なむ」②「こそ」は「強意」しかないから、どちらもアですね。

③「か」④「や」は、「疑問」か「反語」のどちらか……。

③は、帝が「どの山が天に近い？」と「お尋ねになる」だから、これは本当に質問をしている文。「疑問」で訳さないとおかしい。③はイだ。

④は「火事から逃げる人が『しばらく待ってくれ』と言うだろうか？」という意味。そんなことしてたら逃げ遅れちゃうから、これは「反語」です。④はウ。

そのとおり。全部正解だ。

これで「係り結び」の基本的な考え方は終わり。

ここからは、3点ほど「係り結び」に関する細かい知識を補足していく。

◇結びの「流れ」

（例題）空欄内に動詞「捨つ」を適切に活用させなさい。

★子、父の財布を、 捨つ 。

★子、父の財布ぞ、（①　　　　）。

★子、父の財布ぞ、（②　　　　）ども、父怒らず。

「捨つ」は「下二段」だから、「て／て／つ／つる／つれ／てよ」ですよね。①は「ぞ」があるから、**文末を「連体形」にするのがルール。答えは「捨つる」。**
あれ？ ②も「ぞ」があるから、同じ答えになるのでは……？

でも②は、**直後に「ども」があるよな**。直後に「ども」があるときは、**前を「已然形」にするのがルール**（p.65）。
これ、どっちにすればいいんだ……？

★子、父の財布ぞ、（②　　　　）ども、父怒らず。
→ 捨つる？
← 捨つれ？

結論から言えば、**後ろの「ども」に合わせて**「已然形＝捨つれ」にするのが正しい。

このように、たとえ「ぞ／なむ／や／か／こそ」が登場したときでも、後ろに「ども」のような「接続助詞」（p.314）が来ると、「係り結び」を発動させられなくなる場合がある。

これが「**結びの流れ**」と呼ばれる現象。

Point 3 結びの「流れ」

★文中に係助詞「ぞ／なむ／や／か／こそ」があっても、
後ろに「接続助詞」が来ると
⇒後ろの「接続助詞」に形を合わせる！

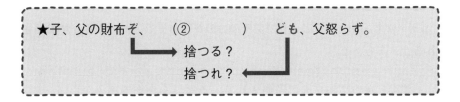

★ High Level Lessons ★

「結びの流れ」を起こす「接続助詞」には、「を／に／ば／とも／ども」などがある。

また後ろに「接続助詞」が来なくても、結びが流れることもある。

（例）ジュース なむ ３杯 飲み 、牛乳も２杯飲む。

この例は「接続助詞」ではなく「、」によって文の前半と後半がつながれている。本来であれば「なむ」があるので、「飲み」の部分を「連体形＝飲む」に変えなくてはならないが、今回は「飲み」の後ろに「、」があるので、「連体形」ではなく 連用形＝飲み になっているのである。

◇結びの「省略」

「ぞ／なむ／や／か／こそ」で文そのものが終わってしまい、**後ろが省略されるケース**もある。

（例題）次の文の文末に省略されている言葉を考えて答えなさい。
①虫歯が出来て、ひどく歯ぞ。
②妻、夫とけんかし、「実家に帰る」とこそ。
③無くした財布、きっと机の上にこそ。

①は、どう考えても「痛い」という意味の言葉が省略されてるよな。

そうだね。省略されるということは、つまり「イチイチ言わなくてもわかる」ということだ。だから、**前後のストーリーから**省略されている言葉を推測すればOK。

ただし形には注意。今回は「ぞ」があるから「連体形」にしないとダメだよね。

ということは、①は「痛き」が正解ですね。

②は、意味的に「言ふ」が省略されていると思う。「こそ」があるから、已然形の「言へ」が答えだ。

そうだね。「ぞ／なむ／や／か／こそ」の**直前に「と」がある**場合は、たいていは「言ふ」が省略されている。状況によって「思ふ／書く」が省略されている場合も多い。

③は、「あり」という意味の言葉が省略されているはず。

そうだね。ただ現代語に訳すと「無くした財布は、きっと机の上に**あるだろう**」のように「だろう」をつけたほうが自然だよね。「だろう」を意味する言葉は古文では助動詞「む」。だから「あり」ではなく「あらむ」が省略されていると考えるべきだ。

「こそ」があるから「む」を已然形「め」にして（p.231）、答えは「**あらめ**」だね。

今回に限らず、「ぞ／なむ／や／か／こそ」の**直前に「に」がある**場合、その後ろにはたいてい「あらむ」が省略されていると考えてOK。

Point 4

結びの「省略」

前後のストーリーから、省略されている言葉を見抜くのが原則

★直前に「と」⇒「言ふ」 が省略されていることが多い

★直前に「に」⇒「あらむ」 が省略されていることが多い

◇「係り結び」を使ったイディオム（慣用表現）

では、最後に「係り結び」を使った特殊な重要表現をいくつか覚えよう。

どれも地味に試験によく出るし、覚えていないと手も足も出ないケースが多いから、必ず覚えるようにしてほしい。

Point 5　「ぞ／なむ／や／か／こそ」を使ったイディオム

① 「**もぞ**～連体形／**もこそ**～已然形」
　→「～したら**困る**／**大変だ**」と訳す

② 「**やは・かは**～連体形」→「**反語**」の可能性が高い

③ 「こそ～已然形」の**直後**に「、」→「**逆接**」で訳す

④ 「**人名・役職名**＋こそ」
　→「～さん・～ちゃん」と訳す**呼びかけ**表現

⑤ 「和歌」の中の「～**めや**」→必ず「**反語**」で訳す

①「もぞ／もこそ」

係り結びの「ぞ」と「こそ」の**直前に「も」がつく**と、「**心配／不安**」の意味が加わる。

★穴に**ぞ**落つる。	⇒	穴に**もぞ**落つる。
★穴に**こそ**落つれ。	⇒	穴に**もこそ**落つれ。
（穴に落ちる。）		（穴に落ちたら**困る**／**大変だ**。）

②「やは／かは」

係り結びの「や」と「か」の**直後に「は」がつく**と、「**疑問**」の意味で訳す可能性が低くなり、ほとんどの場合を「反語」で訳す。

★彼女**や**、来る。 ⇒ 彼女**やは**、来る。
★彼女**か**、来る。 ⇒ 彼女**かは**、来る。
（彼女は来るだろうか。） （彼女は来るだろうか。）
（彼女は来るだろうか、いや来ない。） （彼女は来るだろうか、いや来ない。）
→疑問か反語か、文脈から考える **→ほとんど反語！**

③「こそ～已然形」の後に文が続く場合

係り結びでは、「こそ」の後ろに「已然形」が来るよね。その「已然形」で文が終わらず、**直後に「、」がつく**場合「**逆接**」の意味が生まれる。

★穴に**こそ**落つれ。 ⇒ 穴に**こそ**落つれ、けがはせず。
（穴に落ちる。） （穴に落ちる**けれど**、けがはしない。）

④「人名・役職名＋こそ」

「**人の名前／役職名**」に「**こそ**」がつくと、「**～さん／ちゃん**」という呼びかけを表す。

★「沙織《さおり》**こそ**、部長**こそ**、我を手伝い給《たま》へ」
（沙織**ちゃん**、部長**さん**、私を手伝ってください。）

⑤和歌中の「めや」

和歌にしか使われない「**～めや**」という形は**必ず反語**になる。

★子が作る　非常に目立つ　落とし穴　こんな穴には　誰が落ち**めや**
必ず反語⇒（誰がこんな穴に落ちる**だろうか、いや**落ち**ない**。）

★ High Level Lessons ★

★「めや」は、後ろに「は／も」が付いて「めやは」「めやも」の形になることもある。

練習問題 2

問１　下線部の文法的説明として正しいものをそれぞれ１つずつ選べ。

①　何ごとも、古き世のみぞ慕《した》はしき。

②　「たとひ耳鼻こそ切れ失《う》すとも、命ばかりはなどか生きざらむ。…」

③　この女をほかへ追ひやらむとす。さこそ言へ、まだ追ひやらず。

④　飼ひける犬の、暗けれど、主《ぬし》を知りて、飛びつきたりけるとぞ。

ア　係り結びで強調され、印象が強くなる。

イ　係り結びに続く部分との関係は、逆接になる。

ウ　係り結び表現に、結びの流れが生じている。

エ　係り結びの本来あるべき結びが省略されている。

問２　下線部を現代語訳しなさい。

①　「門《かど》よく※さしてよ。雨もぞ降る、御車《みくるま》は門の下に。…」

②　「少納言《せうなごん》の君こそ。（夜が）明けやしぬらむ。出《い》でて見給《たま》へ」といふ。

③　高円《たかまと》の　尾上《おのへ》の宮は　荒れぬとも　立たしし君の　御名《みな》忘れめや

④　中垣こそあれ、一つ家のやうなれば、望みて預かれるなり。

⑤　「いとあやし。同じ古言《ふるごと》といひながら、知らぬ人やはある。…」

※ さす＝閉ざす

練習問題 2 解説

解答は p.128

では、まず問１からやりましょう。

①は「ぞ」があるから、文末が「慕はしき＝形容詞の連体形」になって

ますね。「ぞ」は「強意」だから、**答えはア**です。

②は「こそ」があるから、文末は「已然形」のはずだけど……**「已然形」の形、どこにも出てこない**ですよね。

「とも」が「接続助詞」だから、これは**「結びの流れ」**のパターン。

そのとおり。本来であれば「耳鼻こそ切れ**失すれ**（**已然形**）」の形になるはずだけど、「とも」という接続助詞があるから「已然形」の形を作れなくなってしまった。よって、②**はウが正解**。

③は**「こそ」**があるから「言へ＝**已然形**」になってるけど、「言へ」の後ろが「。」じゃなくて**「、」だから「逆接」**で訳すパターン。**正解はイ**だ。

④は、**文末が「と＋ぞ」**の形だから、**「結びの省略」**。**答えはエ**。

次は問２。

①は**「もぞ〜連体形」**の形があるから「〜**すると困る／大変だ**」と訳せばいいですね。答えは**「雨が降ると困る／大変だ」**。

②は**「役職名＋こそ」**だから、呼びかけ表現。答えは**「少納言の君さん」**。

③は**「めや」**の形があるし、これは**和歌**ですよね。間違いなく**「反語」**で訳すパターンだから、答えは**「お名前を忘れるだろうか、いや、忘れない」**。

④は**「こそ〜已然形」**の後ろが**「、」**だから**「逆接」**で訳す。答えは**「中垣はあるけれど」**。

⑤は**「やは」**の形があるから、「反語」で訳す可能性がとても高い。**「知らない人がいるだろうか、いやいない」**と訳す。

そのとおり。これで、「活用」に関係する基本的な考え方はすべて伝えた。

次の第３章から「助動詞」と「助詞」を勉強していくけれど、「助動詞」と「助詞」を理解するには、ここまで勉強してきた「活用」の知識が欠かせないものになってくる。

第２章を何度も復習して、特に「動詞・形容詞・形容動詞」の活用パターンをすぐに答えられるぐらいに頭にたたきこんでほしい。そうすれば、第３章以降の勉強がスムーズに進んでいくこと間違いなし、だ。

練習問題 1 解答

問１　①聞け　②忘るる　③ある　④悲しき　⑤あはれなる

問２　①ア　②ア　③イ　④ウ

練習問題 2 解答

問１　①ア　②ウ　③イ　④エ

問２　①雨が降ると困る／大変だ

②少納言の君さん（呼びかけ）

③お名前を忘れるだろうか、いや、忘れない

④中垣はあるけれど

⑤知らない人がいるだろうか、いやいない

One Point Lessons ⑥　第２章に出てきた重要単語集

p.69

23　え（～打消）【副】～できない

24　しばし【副】〈暫し〉しばらくの間、少しの間

p.86

25　ゐる【動・上一段】〈率る〉①伴う、連れていく　②身につけて持つ、携える

26　いと【副】①とても　②（否定を伴って）それほど～ない

27　をかし【形・シク】①趣がある　②すばらしい　③かわいい　④おかしい、滑稽だ

※「をかしげなり」【形動・ナリ】で登場しているが、意味はほぼ同じ

28　にょうばう【名】〈女房〉宮中、帝、貴族などに仕える女性

29　のたまふ【動・四段】〈宣ふ〉おっしゃる

p.95

30　しる【動・四段】〈領る・治る〉領地として持っている、治める

31　よし【名】〈由〉①理由　②手段、方法　③事情　④縁、ゆかり　⑤風情、情趣

32　やうやう【副】〈漸う〉①次第に、だんだんと　②やっと、どうにか

33　まらうと【名】〈客人〉客、訪問者

p.106

34　うつくし【形・シク】〈愛し・美し〉①かわいらしい　②立派だ　③いとしい　④きれいだ

35　あさまし【形・シク】驚きあきれる

36　こころにくし【形・ク】〈心憎し〉①心ひかれる、奥ゆかしい　②恐ろしい、怪しい

37　いづれ　【代名】〈何れ〉　どれ、どちら、どこ
38　せんざい　【名】〈前栽〉　庭の植木、草木、花壇
39　なべて　【副】〈並べて〉　①すべて、一般に　②あたり一面に　③当たり前の、普通の

p.109

40　つれづれなり　【形動・ナリ】〈徒然なり〉　暇だ、手持ち無沙汰だ、所在ない、ぼんやりしている
41　いかが（は）　【副】〈如何〉　①どのように　②どうして
42　なのめなり　【形動・ナリ】〈斜めなり〉　①いい加減だ　②平凡だ　〈斜めに〉　格別だ
43　そらごと　【名】〈空言・虚言〉　嘘、作り話
44　ねんごろなり　【形動・ナリ】〈懇なり〉　①丁寧だ、熱心だ　②親密だ　③正直だ
45　をこがまし　【形・シク】〈痴がまし〉　①馬鹿げている　②差し出がましい
46　いづち　【代名】〈何方・何処〉　どちら、どっち、どこ

p.112

47　いふかひなし　【形・ク】〈言ふ甲斐無し〉　①どうしようもない　②つまらない　③身分が低い
48　ものす　【動・サ変】〈物す〉　①いる、ある　②行く、来る　③何かをする
49　かくる　【動・下二段】〈隠る〉　①隠れる　②死ぬ
50　ありし　【連体】〈有りし・在りし〉　以前の、昔の
51　まさる　【動・四段】〈増さる〉　増えていく、ますます〜になる　〈勝る・優る〉　優れる
52　かげ　【名】〈影・景〉　①光　②姿、顔　③影　〈陰・蔭〉　①物陰　②かばってくれる人
53　さぶらふ　【動・四段】〈侍ふ・候ふ〉　①です、ます、います、あります　②お仕えする、お控えする

p.119

54　ごと　【接尾】〈毎〉 ～すべて、毎～、それぞれ

55　かの　【連語】〈彼の〉 あの、その

56　はべり　【動・ラ変】〈侍り〉 ①です、ます、います、あります　②お仕えする、お控えする

57　いとど　【副】 ますます、さらに、いっそう

58　めでたし　【形・ク】 ①すばらしい、見事だ　②めでたい、喜ばしい

59　うし　【形・ク】〈憂し〉 つらい

60　ひさし　【形・シク】〈久し〉 ①長い　②時間がかかる　③久しぶりだ

61　そうす　【動・サ変】〈奏す〉 ①（天皇などに）申し上げる　②演奏する

p.126

62　などか　【副】 ①なぜ、どうして（疑問）　②どうして～か、いや～ない（反語）

63　さ　【副】〈然〉 そう、そのように

64　さす　【動・四段】〈鎖す〉 かぎなどをかける、門や戸を閉ざす

3章

「助動詞」と「助詞」を理解しよう

さて、この章はいよいよ古典文法の主役といっても過言ではない、助動詞について勉強するよ。助動詞ごとに、「接続」「活用」「意味」の順に解説していくからね。

「せ、接続…？　早速意味がわからない…」

「そういえば古文読解に助動詞は欠かせないって、学校の先生も言ってたな」

助動詞がわかれば、古文が各段に読めるようになるよ。気合を入れて頑張っていこう！

3-1 なぜ「助動詞」を勉強するのか

第３章では「助動詞」と「助詞」について勉強していく。

特に「助動詞」は、古文の勉強で最重要ポジションを占めると言ってもいい。まずは「**助動詞」をマスターすることにすべてのパワーを注入**してもらいたい。

たしかに、学校でも「助動詞を覚えろ」って言われます。

「助動詞」を勉強しなくていいと言う古文の先生は、おそらくこの世にひとりも存在しない。なぜそこまで「助動詞」が重要かというと、**文の意味全体を最終的に決定する**のが「助動詞」の仕事だからだ。

では、１つ質問をしよう。「助動詞」とは、そもそもどんな役割を持つ言葉だろうか？　英語の授業でも、「助動詞」という言葉はよく出てくるよね。

「動詞」を「助ける」はたらきをするから、「助動詞」。
英語でも、「can／will／must」などの助動詞は、必ず後ろに「動詞」がくるし。

そうだね。日本語の「助動詞」は、動詞以外とくっつく場合もあるけど……やはり、たいていの「助動詞」は動詞につく形で使われる。

（例文）今夜は、夕食に肉を食べる。
動詞

この例文では、文末の「食べる」が動詞だよね。この「食べる」に、**多種**

多様な「助動詞」をくっつけることで、文全体の意味が大きく変わっていくんだ。現代語の場合だと、たとえば……

助動詞のバリエーション－現代語

食べよう（意志）	食べない（打消）	食べた（過去・完了）
食べたい（希望）	食べるそうだ（伝聞）	食べるようだ（推定）
食べるべきだ（当然）	食べさせる（使役）	食べまい（打消推量）

これを古文に直すと、こんな感じになる。

助動詞のバリエーション－古文

食はむ（意志）	食はず（打消）	食ひたり（過去･完了）
食ひたし（希望）	食ふなり（伝聞）	食ふめり（推定）
食ふべし（当然）	食はす（使役）	食ふまじ（打消推量）

「食べる」という動詞に「助動詞」をくっつけるだけで、このように多くの意味を使い分けられるようになる。

逆に言えば……「助動詞」を勉強しないまま受験を迎えてしまうと、こういう意味の違いがサッパリ理解できない状態で、長い文章を読むハメになるわけだ。

文の意味を正しく理解するために、**不可欠かつ最も効率のよい勉強法**が、「助動詞」をきちんと理解することだと言える。

Point 1 「助動詞」を何のために勉強するのか？

★助動詞＝動詞などにいろいろな意味をつけたす役割
→文の意味は、最終的に「助動詞」によって決まる！
「助動詞」を知らないと、単語をどれだけ覚えても
正しい訳は不可能……

★ High Level Lessons ★

日本語の「助動詞」は、必ず「動詞」とくっつくわけではない。たとえば……
・「白かりけり」→「白し＝形容詞」＋「けり＝過去の助動詞」（白かった）
・「暇ならず」→「暇なり＝形容動詞」＋「ず＝打消の助動詞」（暇じゃない）
・「夢なり」→「夢＝名詞」＋「なり＝断定の助動詞」（夢である）
・「龍《りゅう》がごとし」→「が＝助詞」＋「ごとし＝比況の助動詞」（龍のようだ）

では、細かい知識に入る前に、助動詞をマスターするための「基本方針」を伝授する。「A. 接続」「B. 活用」「C. 意味」の「３つの方針」にしたがって、すべての助動詞を勉強していくよ。

◇A「接続」

助動詞にはいろいろな種類があるけれど、その種類ごとに「**直前に来る言葉の形**」が決まっている。たとえば……

働か ず	働き たり	逃ぐ なり	逃ぐる なり	休め り
働か む	働き けり	逃ぐ べし	逃ぐる ごとし	
働か ぬ	働き ぬ	逃ぐ らむ		
未然形＋助動詞	連用形＋助動詞	終止形＋助動詞	連体形＋助動詞	已然形＋助動詞

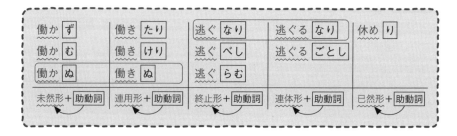

助動詞「ず」なら、**必ず**直前は「未然形」になる。

「けり」だったら、**絶対**直前は「連用形」。

これが逆になって「ず」の直前が「連用形」になったり、「けり」の直前に「未然形」が来ることはあり得ない。

そして「直前に何形が来るか」というルールを「**接続**」という。学校の授業で、先生が「接続」と言ったら、それはつまり「直前にどの活用形が来るか」という意味。

では、なぜ「接続」をイチイチ覚えないとダメなのか。□がついている部分に注目してほしい。同じ「ぬ」「なり」という形でも、直前の形がそれぞれ異なっていることに気づくはずだ。

ちなみに……「働かぬ」だと「働か**ない**」と訳して、「働きぬ」だと「働い**た**」と訳す。「逃ぐなり」だと「逃げる**ようだ**」と訳して、「逃ぐるなり」だと「逃げるの**である**」と訳す。つまり「接続」によって、その文の意味まで変わってしまうんだ！　だから「直前の形」を知らないと、正しく助動詞を見抜くことも、訳すこともできない、というわけ。

◇B「活用」

「直前に来る言葉の形」だけでなく、「助動詞」そのものも多種多様な形に「活用」していく。たとえば……

終止形	未然形	連用形	連体形	已然形	命令形
食は[ず]。	食は[ざら]む	食は[ざり]けり 食は[ず]、	食は[ざる]べし 食は[ぬ]人	食は[ざれ]ば 食は[ね]ど	食は[ざれ]

同じ打消の助動詞「ず」が、こんなふうに全く違う形に変わってしまうんだ。つまり「食は**ず**」の「ず」と、「食は**ね**ど」の「ね」が「同じ意味の、同じ助動詞」であることがわからないと、これまた助動詞を正しく見抜いて訳すことが不可能になる。

◇C「意味」

当然助動詞自体の「意味」を覚えなくてはならない。ただし……助動詞の中には、**意味が2つ以上ある**ものも多い。

★昨日、働き[けり]
・昨日は、働い[た]（過去）
・昨日は、働い[たなぁ]（詠嘆）

★時計、壁に掛け[たり]
　時計、壁に掛かり[たり]
・時計を、壁に掛け[た]（完了）
・時計が、壁に掛かっ[ている]（存続）

★魚、食は[む]
・魚を、食べ[よう]（意志）
・魚を、食べる[だろう]（推量）
・魚を、食べ[たほうがいい]（勧誘）
・魚を、食べる[なら]（仮定）
・魚を、食べる[ような]（婉曲《えんきょく》）

となると、**基本的な意味**を覚えると同時に、**意味の「見分け方」**も覚える必要が出てくるよね。

助動詞をマスターするためには、何よりも「**A. 接続**」「**B. 活用**」「**C. 意味**」の3本柱が大切。この3本柱を常に意識して、取りこぼしのないように理解して、アタマにたたきこむ必要があるんだ。

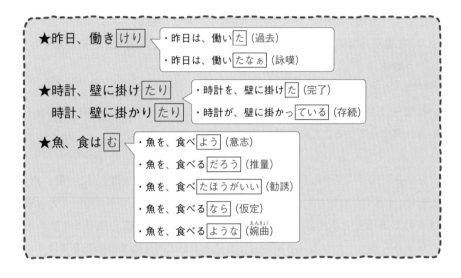

Point 2

「助動詞」を勉強する基本方針

A. 接続　助動詞の「**直前に来る形**」を覚える。

B. 活用　助動詞の「**語形変化**」を覚える。

C. 意味　助動詞の基本的「**意味**」を覚える。
意味が複数あるときは「**見分け方**」も覚える。

→すべての助動詞について、**A～C「3本柱」**を理解していけば OK ！

これで、助動詞を勉強する重要性、そして助動詞をマスターするための基本方針を理解してもらえたと思う。では、さっそく具体的な勉強に入っていこう。

3-2 打消の助動詞

「助動詞」の最初は、最も基本と言える「否定」からやっていこう。
（文法の世界では、伝統的に「否定」とは言わず、「**打消**《うちけし》」と言う。）

「肯定文／否定文」は、英語でもいちばん最初に習うよな。
「する」のか「しない」のかがわからないと、文を読んでも意味は理解できない。

そうだね。現代語では、「打消」を表すときに「ない」という助動詞を使う。古文では、「**ず**」という助動詞を使って「打消」を表現する。

【現代語】 → 【古文】
今日は、家に帰ら［ない］。　今日は、家に帰ら［ず］。
未然形＋ない　未然形＋ず

「ない」も「ず」も、その直前には「未然形」が来るんですよね。
第２章の「活用形」の勉強に出てきました！

そのとおり。そして**意味は「打消」だけ**だから、訳し分けをすることも特にない。

ここで、一度思い出そう。助動詞を勉強するときの「３本柱」は何？

「A．接続」「B．活用」「C．意味」。
このうち、AとCはもうクリアしたから……残すはB。
「ず」それ自体が、どのように形を変えるかを覚えればいい。

そうだね。「ず」は「形容詞の本活用」と同じく、「連用形／終止形／連体形／已然形」の４パターンに活用するのが基本。

（例題）空欄に、打消の助動詞「ず」を正しく活用させ、「家に帰らない」という意味の文を作れ。

未然形	連用形	終止形	連体形	已然形	命令形
×	家に帰ら□、	家に帰ら□。	家に帰ら□人	家に帰ら□ど	×

答えは、こうですね。

未然形	連用形	終止形	連体形	已然形	命令形
×	家に帰ら［ず］、	家に帰ら［ず］。	家に帰ら［ぬ］人	家に帰ら［ね］ど	×

そのとおりだ。まずは「**ず**／**ず**／**ぬ**／**ね**」という活用パターンを、徹底的にアタマにたたきこむこと。

「ず」から「ぬ」や「ね」って、もともと同じ言葉とは思えないぐらい、形が違うな……。

そうなんだよね。助動詞「ず」は不思議な変化をするから、**しっかりと暗記をしてもらわないと**困る。

ただ……「帰らず／帰らぬ人／帰らねど」のように、**実際に自分で文を作ってみる**と、現代人にも違和感の少ない、なじみある言い方になるよね。

万が一試験中に「ず」の活用を忘れてしまっても、自分で実際に文を作ってみれば、**その場でイチから活用表を作れる**はず。暗記はもちろん大切だけど、忘れたときに**自力で思い出せる方法**を身につけることも、同じくらい大切だ。

ただし、「ず」の活用パターンは、これだけでは終わらない。

「形容詞」の勉強を思い出してほしいんだけど……（p.106）

「形容詞」には、**活用パターンが２種類**あったことを覚えているかな？

下に「助動詞」が来ないとき（本活用）と、「助動詞」が来るとき（補助活用）ですよね。

そのとおり。この「本活用＆補助活用」という考え方は、助動詞「ず」にも全く同じように当てはまる。

たとえば……「帰ら**ず**」の後ろに、助動詞「けり」をつけてみよう。

「けり」の前は「連用形」になるのがルール。「ず」の「連用形」は「ず」のままだから……答えは「帰らずけり」？　なんか変な感じ。

理屈ではそうなるはずだけど、明らかに変な感じがするよね。

助動詞「ず」は「形容詞」と同じく、後ろにそのまま「助動詞」を持ってくることはできないんだ。「ず」の後ろに「助動詞」を持ってくるには、**ある１つの操作**が必要になる。……覚えてる？（p.102）

「be 動詞」的な意味の動詞「あり」を間にはさむ。
今回の例で言うなら、「帰らず」と「けり」の間に「あり」を入れてやればいい。

そのとおり、よく覚えているね。「けり」だけじゃなく、「む」「べし」など、ほかの助動詞でも全く同じ操作をしてやればいい。

★ High Level Lessons ★

已然形は後ろに助動詞が来ることがないので、本来は本活用「ね」を使って「帰らねど」と書く。ただし打消「ず」の場合は、例外的に補助活用「ざれ」を使って「帰らざれど」とも書く。つまり「帰らねど」「帰らざれど」両方とも正しい形。

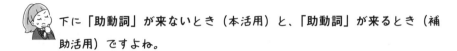

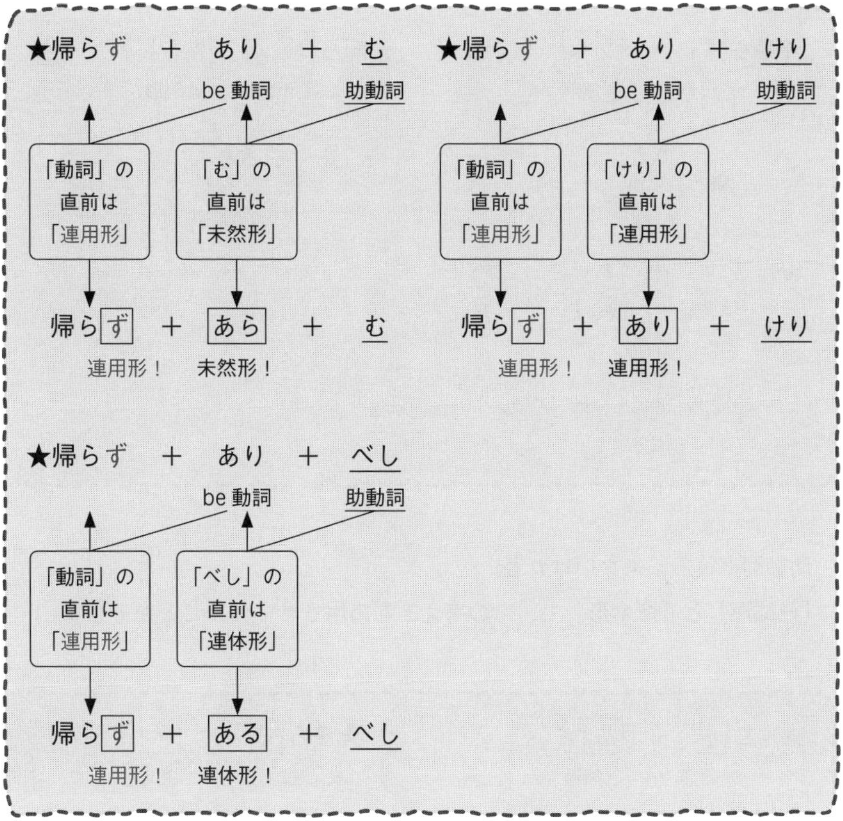

すると上の図のように、未然形なら「ず＋**あら**」、連用形なら「ず＋**あり**」、連体形なら「ず＋**ある**」の形が生まれることになる。

そして……この３つの形を、「早口言葉」で 20 回ほど唱えてみよう。

「ずあら、ずあら、ずぁら、ずぁら…………ざら」

「ずあり、ずあり、ずぁり、ずぁり…………ざり」

「ずある、ずある、ずぁる、ずぁる…………ざる」

そうなるよね。つまり「ず」の後ろに「助動詞」が来る場合、未然形＝「ざら」、連用形＝「ざり」、連体形＝「ざる」という形になるんだ。

★帰ら[ず] ＋ [あら] ＋ む
連用形 未然形
帰ら[ざら] ＋ む
未然形

★帰ら[ず] ＋ [あり] ＋ けり
連用形 連用形
帰ら[ざり] ＋ けり
連用形

★帰ら[ず] ＋ [ある] ＋ べし
連用形 連体形
帰ら[ざる] ＋ べし
連体形

助動詞は後ろに来ないけれど……

「已然形」と「命令形」も、今の考え方を応用させて作ることができる。

★帰ら[ず] ＋ [あれ] ＋ ど
連用形 已然形
帰ら[ざれ] ＋ ど
已然形

★帰ら[ず] ＋ [あれ] ！
連用形 命令形
帰ら[ざれ] ！
命令形

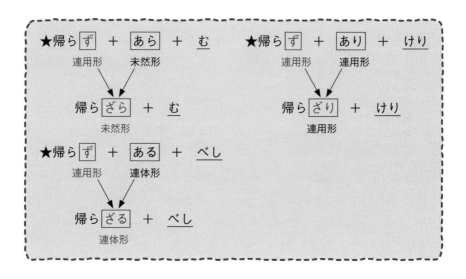

Point 1
打消の助動詞「ず」の基礎知識

A. 接続　直前は未然形！

B. 活用

① 本活用 =「助動詞」以外が直後に来るとき！

	未然形	連用形	終止形	連体形	已然形	命令形
書く	×	書かず、	書かず。	書かぬ人	書かねど	×

② 補助活用 =「助動詞」が直後に来るとき(+已然・命令)

	未然形	連用形	終止形	連体形	已然形	命令形
書く	書かざらむ	書かざりけり	×	書かざるべし	書かざれど	書かざれ！

C. 意味　打消(〜ない)のみ！

これで、「打消の助動詞」についてのレッスンはすべて終了。

「A. 接続」と「C. 意味」は簡単だから、とにかく「**B. 活用**」が大事。形をしっかり覚えたら、実際の古文で練習をしていこう。

練習問題 1

問1　各文中から（　）内の数だけ打消の助動詞「ず」を抜き出し、その活用形を答えなさい。

①　※1をかしきこと、取り立てて書くべきことならねど、かく言ひかはす※2気色どもは憎からず。（2）

②　「その※3要句を教へむ。※4ゆめゆめ忘れざれ。」（1）

③　…聞きにくからず、愛敬《あいぎやう》ありて、言葉多からぬこそ、※5飽かず向かは※6まほしけれ。（3）

問２　各文における［　　　］部の語を、適切な形に直しなさい。

①　京には見え[A]［ず］鳥なれば、みな人見[B]［知る］ず。

②　（召使いが、出した手紙を）「※7おはしまさ[C]［ず］けり」※8もしは、「※9御物《もの》忌《い》みとて[D]［取り入る］ず」と言ひて持て帰りたる、いと※10わびしく、※11すさまじ。

③　吉野山《よしのやま》※12こその枝折《しを》りの　道かへて　まだ[E]［見る］[F]［ず］方《かた》の花を尋ねむ

※1　をかし＝趣ある　※2　気色＝様子　※3　要句＝極楽往生のための、重要な文句
※4　ゆめゆめ＝決して～　※5　飽く＝満足する　※6　～まほし＝～したい
※7　おはします＝いらっしゃる　※8　もしは＝もしくは
※9　物忌み＝一定期間家にこもって身を清めること　※10　わびし＝つらい
※11　すさまじ＝興ざめだ　※12　こぞ＝昨年

練習問題１ 解説　　解答は p.148

まずは問１からですね。「ず」の前は「未然形」だから、未然形が出てくるところに注目すればいい。
①の１つめは「ならねど」の「ね」。後ろに「ど」があるから「已然形」。
２つめは「憎からず。」の「ず」、文末にあるから「終止形」ですね。

②は「忘れざれ」の「ざれ」。
文末にあるし、「絶対に忘れるな！」という意味だから、「命令形」。

③の１つめは「聞きにくからず、」の「ず」。後ろに「、」があるから「連用形」。
２つめは「多からぬこそ」の「ぬ」。後ろに「こそ」があるとき？
そんなの、勉強しましたっけ……？

　してないね。「活用形」は「後ろにつく言葉」で見分けるのが基本だけど、今回のように習っていないパターンが登場することもある。
　こういうときの対処法を、今回は２つ教えよう。

1つめは、**活用パターンそのものを暗記してしまう**ことだ。今回は、「ぬ」の形だよね？ 「ず」の活用パターンの中で「ぬ」が出てくるのは、そもそも1つしかない。

「連体形」だ。

そのとおり。つまり、活用パターンさえ頭に入っていれば、今回は「後ろにつく言葉」なんて考えるまでもなく、答えは「連体形」になる。

2つめは、「**名詞**」**の省略**を疑うこと。古文は、現代語に比べ「名詞」が省略される可能性が高い。変な形を見かけたら「**後ろに名詞が省略されているのでは？**」と疑ってみよう。

そうか、今回は、「言葉が多くない人こそ、ずっと向かい合っていたい」という意味。「ぬ」の後ろに「人＝名詞」を補える。

そうだね。「名詞」が省略されているということは、その**直前には当然**「**連体形**」がある、というわけ。

Point 2

「名詞の省略」に注意！

★古文では、現代語より「名詞」**が省略**されやすい！
→訳しにくいときは「こと・もの・人」などを補うと、うまくいくケースが多い。
★「名詞」が省略された場所の**直前は**「連体形」！

③の3つめは「飽かず」の「ず」。これは後ろに「**向かふ＝動詞**」があるから、答えは「**連用形**」だ。

そのとおり。「ず」という形から、つい「終止形」と答えてしまいがち。このように「連用形」になる場合もあるので、「後ろにつく語」をちゃんとチェックしてから答えを出そう。

では、問２をやってみます。
Aは後ろに「鳥＝名詞」があるから、連体形の「ぬ」。
Bは後ろに「ず」があるから、未然形の「知ら」。
Cは後ろに「けり」があるから、連用形。「けり」は「助動詞」だから……補助活用の「ざり」を使えばOK。
Dは後ろに「ず」があるから、未然形の「取り入れ」。
Eも後ろに「ず」があるから、未然形の「見」。
Fは後ろに「方＝名詞」があるから、連体形の「ぬ」。

いいね。全く問題ない。これで「打消」の助動詞「ず」についてはOK。

練習問題① 解答

問１　①「ならねど」の「ね」は已然形　／　「憎からず」の「ず」は終止形
②「忘れざれ」の「ざれ」は命令形
③「聞きにくからず」の「ず」は連用形　／
「多からぬ」の「ぬ」は連用形　／　「飽かず」の「ず」は連用形

問２　Aぬ　B知ら　Cざり　D取り入れ　E見　Fぬ

One Point Lessons ⑦ 「否定」と「疑問」の表現

長文を読むとき絶対に間違えられないのは、その文が「肯定」「否定」「疑問」どれに当てはまる文かということ。この3択を間違えてしまうと、文章全体のストーリーが根幹から破壊されてしまい、全く話の意味がわからなくなってしまう。そうならないためにも、古文で登場する「否定」と「疑問」の表現をここでまとめておく。これら「否定」「疑問」の表現が登場していなければ、その文は「肯定」であると考えればよい。

★「否定」の表現

否定表現	意味	例文
助動詞「ず」	～ない	水も飲ま**ず**。
「ざら／ざり／ざる／ざれ」 （「ず」の活用形）	～ない	水も飲ま**ざら**む。 水も飲ま**ざり**けり。 水も飲ま**ざる**べし。 水も飲ま**ざれ**ば、苦し。
「ぬ／ね」 （「ず」の活用形）	～ない	水も飲ま**ぬ**夜。 水は飲ま**ね**ど、酒は飲む。
助動詞「じ」「まじ」	～ないだろう etc.	水も飲ま**じ**。 水も飲む**まじ**。
接続助詞「で」	～しないで	水も飲ま**で**、走る。
形容詞「なし」	～ない	お茶どころか、水も**なし**。
「がてに」	～できないで	水も飲み**がてに**、夜まで働く。

①「**ざ・じ・ず・で・まじ**」を見たら、「打消・否定」で訳すのが基本！
ただし助動詞「むず」は推量の意味（3-6）なので注意！
①「**ぬ・ね**」は「完了」の場合もあるので、識別をしっかり覚える（p.174）

★「疑問」の表現

疑問表現	意味	例文
係助詞「や」「か」	〜か	山に**や**、登る？ 山に**か**、登る？
何	対象何 理由どうして、なぜ	**何に**登る？→「**山に**登る」 **何か**山に登る？→「**そこに山があるから**」
いかに	様子どう、どのように 理由どうして、なぜ	**いかに**山に登る？→「**楽しく**登る」 **いかに**山に登る？→「**そこに山があるから**」
いかで	方法どうやって 理由どうして、なぜ	**いかで**山に登る？→「**ロープウェイで**登る」 **いかで**山に登る？→「**そこに山があるから**」
いかが	様子どう、どのように	**いかが**山に登る？→「**楽しく**登る」
など	理由どうして、なぜ	**など**山に登る？→「**そこに山があるから**」
いづち	方向どちら 場所どこ	**いづち**の山に登る？→「**東の**山に登る」 **いづち**の山に登る？→「**山梨県の**山に登る」
いづれ	選択どの、どちら	**いづれ**の山に登る？→「**右側の**山に登る」
いづこ	場所どこ	**いづこ**の山に登る？→「**山梨県の**山に登る」
いづく	場所どこ	**いづく**の山に登る？→「**山梨県の**山に登る」
いくばく	数量どれくらい	**いくばく**か山に登る？→「**年 100 回**登る」

①「疑問」表現は、「**反語**」の意味になる可能性も大きい！
→「反語」の意味の場合は、「**否定**」の意味を持つ可能性大
（例）山に**やは**、登らむ？
→「山に登るだろうか？　**いや、登らない**」
などか、山に登らむ？
→「どうして山に登るか？　**登るわけがない**」

3-3 過去／完了グループの助動詞

「過去」「完了」といえば、現代語では「**〜た**」の形を使って表すのが基本。

（例）① 去年、この曲を聴いた。 （過去）
② この曲を３回 聴いた／聴いてしまった。 （完了）

英語でも「過去」は中１、「完了」は中３ですでに勉強しているよね。
過去は「〜 ed」、完了は「have ＋ 過去分詞」の形を使って表す。

（例）① I listened to this song last year. （過去）
② I have listened to this song three times. （完了）

では、このような「過去・完了」を、古文ではどのように表現するのか？
古文の世界では「**過去**」**を表す助動詞が２つ**、「**完了**」**を表す助動詞が４つ**、合計６つの助動詞によって「過去・完了」を表す。まずは、６つの助動詞を一覧にして紹介しよう。

Point 1 「過去／完了」の助動詞一覧

過去 ①**き** ②**けり** 完了 ③**つ** ④**ぬ** ⑤**たり** ⑥**り**
の６つ！
→これらが登場したときは「〜た」と訳すのが基本。

「打消」の助動詞は「ず」１つだけだから楽だけど、「過去／完了」はちょっと数が多くて大変。でも、やることは同じ。助動詞はいつでも「A. 接続」「B. 活用」「C. 意味」の３本柱（p.137）で理解する。

でも、やっぱり６つはちょっと多い気が……。
何か、丸暗記しなくて済むような、お手軽なワザとかは……。

実はお手軽ワザが１つある。

「A. 接続」は、次のルールを最初に覚えればいい。

Point 2

「過去／完了」の助動詞の接続

★「過去／完了」グループの助動詞は、**直前が「連用形」**！

※ただし、⑥「り」は例外。(p.183)　①「き」にも一部例外あり。(p.157)

「連用形」といえば……「ます」がつく形をイメージ！

★読む→読み（ます）　★借る→借り（ます）　★受く→受け（ます）
★来《く》　→来《き》（ます）　★おはす→おはし（ます）

そうだね。連用形は、現代語と同じように「ます」をつけて判断できる。そのほかに、p.65で勉強した「けり」をつける方法もあるよ。「読みけり・借りけり・受けけり」みたいに。

「連用形」の後ろに「き／けり／つ／ぬ／たり」をつければ、それだけで「過去／完了」の文ができる！

★本、読みき。　★金、借りけり。　★風、受けつ。
本を読んだ　金を借りた　風を受けた
★春、来《き》ぬ。　★帝、おはしたり。
春が来た　帝がいらっしゃった

これなら「A.接続」をいちいち覚えなくていい！
あとは「B.活用」と「C.意味」を理解すればOK。

◇過去の助動詞「き／けり」

まず「過去」の助動詞から。**「過去」の助動詞は「き」と「けり」の2つ。** 覚えるべきポイントを一覧表にしておこう。

Point 3 過去の助動詞「き／けり」の基礎知識

A. 接続　★どちらも直前は**連用形**！

⇒例外 High Level Lessons (1)

B. 活用

★「き」…特殊なパターン

未然形	連用形	終止形	連体形	已然形	命令形
（死に せ ば）	×	死に き 。	死に し 人	死に しか ど	×

★「けり」…ラ変と同じパターン

未然形	連用形	終止形	連体形	已然形	命令形
（死に けら ず）	×	死に けり 。	死に ける 人	死に けれ ど	×

C. 意味　★き　→　**過去**（～した）のみ！

★けり　→　**過去**（～した）／**詠嘆**（～だなぁ）の2つ！

「A. 接続」はもう説明済みだね。**「過去／完了」は、直前が「連用形」。**

次は「B. 活用」。助動詞は文中で形が変化するので、「き／けり」がどのように形を変えるか覚える必要がある。順番に見ていこう。

「き」の活用

これは「ず」と同様法則性のない変化をするから、頑張って覚えるしかないけど……「(せ)／**き**／**し**／**しか**」で、実質的には**3つしかない**から、すぐ覚えられるはず。

というのも、**「未然形」に（　）がついている**よね。活用表の（　）は「ほとんど使わない／特別な場合しか使わない」という意味。要するに「せ」の形

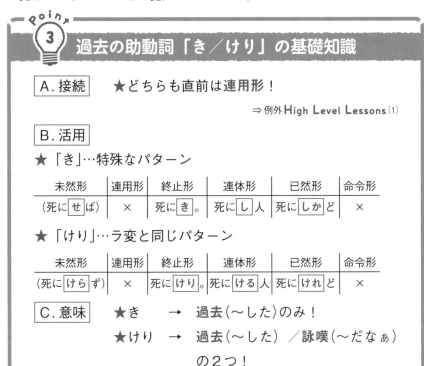

はほとんど使われないということ。

「終止形＝き」「連体形＝し」「已然形＝しか」ということは……
「本を読みき。」「本を読みし人」「本を読みしかど」の形になる。それぞれ「本を読んだ。」「本を読んだ人」「本を読んだけれど」と訳せばいい。

現代でも「結論ありきの議論」「導かれし勇者」のように使う場合がありますね。

「けり」の活用

まず「けり」以外の助動詞にも応用がきく、大切なポイントを先に教える。

Point 4 「り」で終わる助動詞の活用パターン

★「けり／たり／り／めり／なり」など、
「り」で終わる助動詞は
「ラ変」と同じ活用パターン！　⇒High Level Lessons (2)

①「ラ変」⇒「**ら**／**り**／**り**／**る**／**れ**／**れ**」の形

ということは……
「けり」も「けら／けり／けり／ける／けれ／けれ」
と活用する？

そうなんだけど、さっき説明したとおり、過去の助動詞は事実上「終止形／連体形／已然形」しか使わないから、実際は「けり／ける／けれ」の３つだけ覚えればいい。

★ High Level Lessons ★

（1）「き」については、直前に「カ変／サ変」が来るときに例外がある。

「カ変」（例：来《く》）

例1 助動詞「き」が連体形になる場合

「来《き》た方向」→「来《く》」を連用形に変えて「きし方」となるべきだが、この場合は未然形に変えて「こし方」にしてもよい。（どちらもOK）

例2 助動詞「き」が已然形になる場合

「来たので」→「来」を連用形に変えて「きしかば」となるべきだが、この場合は未然形に変えて「こしかば」にしてもよい。（どちらもOK）

「サ変」（例：おはす）

例3 助動詞「き」が連体形になる場合

「いらっしゃった方向」→「おはす」を連用形に変えて「おはしし方」となるべきだが、これは使えない。未然形に変えて「おはせし方」とするのが正解。

例4 助動詞「き」が已然形になる場合

「いらっしゃったので」→「おはす」を連用形に変えて「おはししかば」となるべきだが、これは使えない。未然形に変えて「おはせしかば」とするのが正解。

（2）「り」で終わる助動詞の活用パターンについて

断定の助動詞「なり／たり」は、正確には「形容動詞タイプ」というべきだが、「形容動詞タイプ」も連用形の「に／と」以外はラ変タイプの活用なので、広い意味でまとめて「ラ変タイプ」と考えておくと効率がよい。

「き／けり」の意味

最後の「C. 意味」は要注意。「き」の意味は「過去（〜した）」しかないから簡単。

「けり」もたいていは「過去」なんだけど……たまに「現在のこと／目の前で起こっていること」に「けり」が使われるケースがある。そのときの意味は「**詠嘆**」。つまり「**〜だなぁ**」と訳そう。

ここで１つ質問。「詠嘆（〜だなぁ）」という表現は、どんなときに使う言い方だろう？

感動したときや、気持ちをこめて言うときに使うと思います。

そうだね。では古文で「感動」を人に伝えるとき、いったいどんな方法が用いられるのだろう。

「和歌」か！
古文で人が感動したときは、たいてい「和歌」を詠む。

そのとおりだ。つまり、詠嘆の「けり」は、たいてい「**和歌」の中に登場する**んだ。まぁ和歌だけではなく、「手紙」「会話」などでも使われるけど……一番よく使われるのは和歌。

Point 5 「詠嘆」の「けり」

★「**和歌／会話／手紙**」の中に登場することが多い！

……ここからは、少しだけマニアックな話。

なぜ過去であるはずの「けり」が「感動」を表せるのだろうか。

それは、もともと「けり」に「**知らなかったことの発見**」という意味があるからだ。

「感動」とは、言い換えれば「知らなかった気持ちの発見」であるとも言える。「恋人よ、あなたが死んでしまったのは、本当に悲しいことだ**なぁ**」と詠嘆するのは、つまり「こんなに悲しいだなんて**知らなかった**。悲しみの大きさを**発見した**」とも言えるよね。

「過去」で訳す場合の「けり」も、実は「知らなかったことの発見」という意味を持つんだ。「男が江戸にいた」という文を「男江戸にあり**けり**」のように「けり」を使って書くと……

● （話し手が知らない）男が、江戸に昔住んでいた物語・うわさ話

● （話し手と時代が違う）男の、伝説や昔話

このように「**他人から聞いた**過去」「**自分と直接関係のない**過去」という意味になる。

逆に「き」を使って過去を表すと「自分で**直接経験した**／**見聞きした**過去」という意味が出る。たとえば「男江戸にあり**き**」と書かれていたら、

● （話し手の知る）男が、江戸に昔住んでいた思い出話　のような意味になるわけだ。こう考えると「なぜ同じ過去の助動詞が２つも存在するのか」が見えてくるよね。

Point 6

「き」と「けり」の違い

★「き」　→話し手が**直接経験・見聞きした**過去

★「けり」→話し手が**経験していない・別時代・別世界の**過去

では実際に問題を解きながら、これまでのポイントを定着させよう。

練習問題①

問1　下の①②について、次のⅰ～ⅲに答えよ。

ⅰ　各文から、助動詞「き」「けり」を（　）の数だけ抜き出せ。

ⅱ　ⅰで抜き出した「き」「けり」の活用形をそれぞれ答えよ。

ⅲ　ⅰで抜き出した「き」「けり」の意味をそれぞれ選べ。

ア　過去　　イ　詠嘆

①　京より下りし時に、みな人子どもなかりき。（2）

②　音も※せで 思ひに燃ゆる 蛍こそ 鳴く虫よりも あはれなりけれ（1）

※ せで＝しないで／せずに

問2　①～⑤内の語を適当な形に直しなさい。

A　いとあはれになむ①［おぼゆ］②［けり］。

B　都をば 霞《かすみ》とともに ③［立つ］④［き］ど 秋風ぞ吹く　白河の関

C　※かくてのみは、いと⑤［苦し］けり。　　※ かくて＝こうして

問3　下線部の中から、過去・詠嘆の助動詞「けり」を1つ選びなさい。

①　これは、龍《たつ》のしわざにこそありけれ。

②　風ふき、浪《なみ》荒ければ、船いださず。

③　（妻がいない状況で詠まれた歌）

秋の野を にほはす萩《はぎ》は 咲けれども 見る※しるしなし 旅にしあれば

※ しるし＝甲斐《かい》

練習問題① 解説

解答は p.192

まずは問1のⅰ。これは、活用表さえ頭に入っていれば簡単。

①「下り［し］時」／「なかり［き］」

②「あはれなり［けれ］」

［　］の部分が「き／けり」だ。全部直前が連用形だから、間違いない。

次は**問１のii**。「活用形」は、まず「後ろにつく言葉」をチェック。
①「下り[し]時」は、後ろが「時＝名詞」だから、[**連体形**]。
「なかり[き]。」は、後ろが「。」＝文末だから、[**終止形**]。
②「あはれなり[けれ]」も、文末だから、終止形だと思う。

はい、ここでいったん Stop。①は正解だけど……**②は、本当に終止形？**
p.116 で勉強した「係り結びの法則」を忘れているよ。

あっ、**②は文中に「こそ」がある。**
ということは、**文末が**[**已然形**]になるのがルール。

そういうこと。文末の「活用形」を聞かれたら、必ず「係り結び」の有無をチェック！
それに「活用表」からも判断できるよ。p.155 の[B. 活用]から探すと、「けれ」という形はそもそも「已然形」しかない。

では、**問１のiii**、意味の判断もやってみよう。

①は「き」だから、そもそも「過去」の意味しかない。
答えは、どちらもア。

②は……これは和歌！
和歌ということは「詠嘆」の可能性が高い。
「音もたてずに、思いをつのらせて火を燃やしている（＝光っている）蛍は、（音を立てて）鳴く虫よりも、あわれで趣深いものだなぁ」
たしかに、詠嘆で訳すといい感じ。答えはイ。

これで**問１**は大丈夫だね。**②について１つ補足**しておこう。
文末に「なり**けり**」という形で登場した場合、その「けり」は詠嘆となることが多い（係り結びがあると「なり**ける**／なり**けれ**」という形になる）。

Point 7 「～なりけり」に注意

★「～なりけり」の「けり」は、詠嘆の確率が高い！

★ High Level Lessons ★

②「思ひ」の「ひ」には、実は「蛍の火」という意味が同時にこめられている。このように、１つの単語に２つの意味をもたせた表現を「掛詞《かけことば》」と呼ぶ。すると、直後の「燃ゆる」は「(蛍の) 火が燃える」という意味になり、「火」と「燃える」という意味的に関連した２つの語が並ぶことになる。このように、意味が関連した語を２つ以上並べる表現を「縁語《えんご》」と呼ぶ。

次は問２。

①は……**直後が「けり」**。「けり」の直前は**連用形**だから、答えは「**おぼえ**」。

②は……文末だけど、文中に「**なむ**」があるから、係り結びの形を考える。「なむ」があるときは、文末は**連体形**。答えは「**ける**」。

③は……**直後が「き」**。「き」の接続は直前が**連用形**だから、答えは「**立ち**」。

④は……**直後が「ど」**。「ど」は**已然形**につくから、答えは「**しか**」。

⑤も、①と同じく直後が「けり」。

「けり」の接続は直前が連用形だから……

あれ？　「苦し」の連用形って、何だっけ？

「苦し」は、「**し**」で終わるし、「動作」ではなく「**状態**」の意味だから、これは形容詞！

つまり、⑤は「形容詞の連用形」が答え。

形容詞の連用形って、２種類あったよな。

「苦しく」 ＝ 本活用 ／ 「苦しかり」＝ 補助活用

「補助活用」は、後ろに「助動詞」が来るとき使う。今回も助動詞「けり」が直後にあるから、⑤の答えは「**苦しかり**」。

そのとおり。形容詞の活用は形が複雑で覚えにくいから、復習しておこう。

では、**問３**も続けてやっていこう。

あの…… 問３はみんな同じに見えるんですけど……。

パッと見るとそう感じるよね。ただ、今回は助動詞「けり」を発見する問題だから……直前との「接続」をヒントに考えると答えがわかるはず。

助動詞「けり」の接続は、直前が必ず「連用形」。そうか、傍線部の直前が「連用形」になっているものを選べばいいんだ。

そうすると……①「ありけれ」は、けりの直前に連用形が来ている。答えは①だ。

じゃあ、②③って、いったい何……？

②は、「浪が荒い」という意味だから……。

あ、「荒くて／荒し。／荒き時／荒けれど」形容詞の活用語尾だ！
③は「咲け」の部分が動詞だから、助動詞「けり」ではない。

そのとおり。②の形容詞は已然形が「けれ」の形（p.105）だから、過去の助動詞と間違えやすい。文中に「こそ」があるから、係り結びが発動して已然形が出てきた、というわけ。

③は動詞を見抜ければOK。残る「れ」はまだ勉強していないから、今は気にしなくていいけど……一応解説しておこう。

「咲け」＝「四段動詞の已然形」／「れ」＝「助動詞『り』の已然形」

助動詞「り」はp.182で勉強するので、「り」の勉強が終わったら、もう一度このページに戻ってくると理解できるはずだ。

◇完了の助動詞「つ／ぬ」

完了の助動詞は「つ／ぬ／たり／り」の４つ。ただ、その中で「つ／ぬ」の２つと「たり／り」の２つは、それぞれ意味や使い方がかなり似ている。

まずは「つ／ぬ」の２つから攻略しよう。

Point 8

完了の助動詞「つ／ぬ」の基礎知識

A．接続　★どちらも直前は**連用形**

B．活用

★「つ」は「**下二段**」と同じパターン！

未然形	連用形	終止形	連体形	已然形	命令形
飛び［て］む	飛び［て］けり	飛び［つ］。	飛び［つる］人	飛び［つれ］ど	飛び［てよ］！

★「ぬ」は「**ナ変**」と同じパターン！

未然形	連用形	終止形	連体形	已然形	命令形
飛び［な］む	飛び［に］けり	飛び［ぬ］。	飛び［ぬる］人	飛び［ぬれ］ど	飛び［ね］！

C．意味　どちらも　**★完了**　→「～した／してしまう」

★強意　→「きっと／今にも／必ず～だろう／しよう」

「A. 接続」はもう覚えたよね。「過去・完了」は、**直前が「連用形」**。
では、「B. 活用」「C. 意味」を順に見ていこう。

「つ」の活用

「つ」は「**下二段**」の動詞と全く同じ変化。

下二段は「e／e／u／uる／uれ／eよ」（p.83）。
ということは……助動詞「つ」は「て／て／つ／つる／つれ／てよ」と活用する。

そのとおり。例文を作るとこんな感じ。

未然形	連用形	終止形	連体形	已然形	命令形
本を読みてむ	本を読みてけり	本を読みつ。	本を読みつる人	本を読みつれど	本を読みてよ！

訳すと「完了＝本を読んでしまった」「強意＝きっと本を読むだろう／必ず本を読もう」のような意味になります。

そのとおり。「つ」のように「下二段」と同じ活用をする助動詞は今後いっぱい出てくる。「つ」の活用表や例文を何度も音読して、イメージをしっかりつかもう。
ちなみに……現代でも「行きつ戻りつ」「差しつ差されつ」のような表現として生き残っている。

★ High Level Lessons ★
「〜つ〜つ」の形は「並列」の意味。

「ぬ」の活用

「ぬ」は、ある動詞と全く同じ活用をする。

「ぬ」がつく動詞といえば……？

「死ぬ／往《い》ぬ（去ぬ）」……わかった！

「ぬ」は「**ナ変**」（→p.93）と同じ活用をするのでは？

そのとおり。ナ変＝「死**ぬ**／往**ぬ**（去ぬ）」と助動詞「**ぬ**」。「ぬ」つながりで覚えておけば、忘れずにすむだろう。

未然形	連用形	終止形	連体形	已然形	命令形
風 立ちなむ	風 立ちにけり	風 立ちぬ。	風 立ちぬる時	風 立ちぬれど	風 立ちね！

「風立ちぬ」は堀辰雄《ほりたつお》の有名な小説。

「風立ちぬ」の「ぬ」は、古文の助動詞だったんですね！

訳は「つ」と同じように「完了＝風が出てきた」「強意＝きっと風が出てくるだろう／今にも風が出てきそうだ」と訳せばOK。

いいね。では、最後「C.意味」を見ていこう。

「つ／ぬ」の意味

おそらく、みんなが気になるのは次のポイントだろう。

★「つ」と「ぬ」は何が違う？　★「過去」と「完了」は何が違う？

★「完了」と「強意」は何が違う？

これらの疑問に答えながら、助動詞「つ」と「ぬ」を理解していこう。

まず「つ」と「ぬ」の違いは、一般的に次のように説明される。

つ	ぬ
意思的に行った動作 ＝他動詞につく	自然に起こったこと ＝自動詞につく

「本を読む」は本人の意思で行う「他動詞」だから「本を読みつ」。

逆に「風立つ」は人の意思に関係ない、自然に起こる「自動詞」だから「風立ちぬ」。

ただ、このルールが試験で問われることはまずないし、そもそも例外が多く、厳密に見分けられるわけではない。結論を言えば「つ／ぬ」の違いは、あまり気にしなくてOK。

「完了」と「過去」は**どちらも「〜た」と訳す**けれど、その名のとおり「完了」は「**終わったこと**」という意味を持つ。つまり「今終わったこと」「昔終わったこと」「将来終わること」どれでも「完了」は「完了」なわけで、別に「過去」に限った話ではないんだ。たとえば次のように「今、終わったこと」を助動詞「つ／ぬ」を用いて表すことができる。

今、本を読んでしまった。 → 今、本読みぬ／今、本読みつ。

英語の「現在完了」みたいな感じだ。

まさにそのとおりだね。ということは……完了の助動詞に、さらに過去の助動詞（き／けり）を組み合わせれば「昔、終わったこと」を表現することができる。英語の「**過去完了**」のようなイメージ。

(去年)、本を読ん[でしまった]。
→去年、本読み[に](き)　／去年、本読み[て](き)。
去年、本読み[に](けり)／去年、本読み[て](けり)。
「ぬ」の連用形（に）／「つ」の連用形（て）

「き／けり」の直前は「連用形」だから、完了の助動詞「ぬ」が連用形「に」に変化してる。それに「つ」も連用形「て」に変化。

そのとおり。そして……「現在完了／過去完了」があるなら、当然「未来完了」もある。「今は終わっていないけど、**将来確実に終わる**」ことも「つ／ぬ」で表せるんだ。

たとえば英語で「未来」を表したいときには、どんな表現を使うだろう？

「will」。動詞の前に「will」をつければ「未来」の表現になる。

そうだよね。英語の「will」にあたる助動詞（**推量の助動詞**）は、3-6で勉強するけど、先取りで代表的なものを２つ教えておこう。

１つめは「**む**」。これは必ず直前が「**未然形**」になる（p.231）。

２つめは「**べし**」。これは主に直前が「**終止形**」になる（p.244）。

この２つの助動詞に「つ／ぬ」を組み合わせることができる。

(きっと)、本を読ん[でしまう](だろう)。
→本読み[な](む)　／本読み[て](む)
「ぬ」の未然形（な）／「つ」の未然形（て）
本読み[ぬ](べし)／本読み[つ](べし)。
「ぬ」の終止形（ぬ）／「つ」の終止形（つ）

そして、ここが超重要ポイント。このように「**will**」**にあたる推量の助**

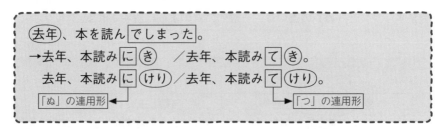

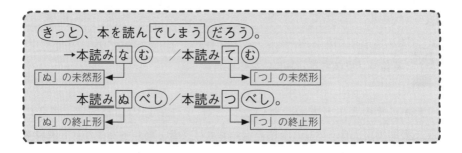

動詞が後ろについて、「**未来完了**」**の意味**を持つとき。このときの「つ／ぬ」を「完了」とは呼ばずに「**強意**」と呼ぶ。

未来に完了することだから、「～してしまうだろう／してしまおう」と訳すのが基本。「きっと／必ず／今にも／すぐに」などの言葉を補うと、ニュアンスがうまく伝わることが多いね。

「強意」って、係り結びのときにも出てきましたけど……（p.116）同じ「強意」でも全然意味が違うんですね。

まぎらわしいよね。だから「つ／ぬ」のほうを「強意」ではなく「**確述**」と教える先生もいる。「これから確実に起こることを述べる」から「確述」。

特に「読み**なむ**」「読み**てむ**」「読み**ぬべし**」「読み**つべし**」の形に注目。

この「**てむ／なむ／つべし／ぬべし**」が「強意」の基本。

あと、もう1つ。「つ／ぬ」が**命令形**になって「てよ／ね」の形になったときも同じく未来完了＝強意として扱う。

命令形…「帰りてよ／帰りね」など、「帰ってしまえ！」という意味。「帰ってしまえ」ということはまだ帰っていない状況だからこれも未来完了になるんだな。

Point 9 「強意」の「つ／ぬ」（確述用法）

★これから、確実に起こりそうなことを表す≒未来完了！

★①後ろに「will」にあたる助動詞（**推量の助動詞**）がつくときは強意

→連用形＋「てむ／なむ／つべし／ぬべし」の形を暗記！

②命令形のときは強意。

★「～してしまうだろう／してしまおう」と訳すのが基本。

→「きっと／必ず／今にも／すぐ」を補うとよい。

これで「つ／ぬ」の知識はすべて終了。演習問題を解いていこう。

練習問題 ２

問１　下の①〜④について、次のⅰ〜ⅲに答えよ。

ⅰ　各文から助動詞「つ」「ぬ」を（　）の数だけ抜き出せ。

ⅱ　ⅰで抜き出した「つ」「ぬ」の活用形をそれぞれ答えよ。

ⅲ　ⅰで抜き出した「つ」「ぬ」の意味をそれぞれ選べ。

ア　完了　　イ　強意（確述）

①　風強ければ、※1御《み》格子《かうし》下ろしてよ。（１）

②　日も暮れぬべしとて、御車うながしてむといふ（２）

③　いとねぶたし。昨夜《よべ》も※2すずろに起き明かしてき。（１）

④　わが待たぬ 年は来《き》ぬれど 冬草の 離《か》れにし人は 訪れもせず（２）

※１ 格子＝細い木を組み合わせて作った戸

※２ すずろに＝何とはなしに

問２　①〜⑧内の語を適当な形に直しなさい。

A　この歌にめでて、逢ひ①［ ぬ ］けり。

B　花もみな咲き②［ ぬ ］ど、音もせず。

C　かく③［ 逃ぐ ］ぬる由《よし》、おのづから言ひ出《い》で伝へば、負けじ魂にて追ひ来《き》④［ ぬ ］む。

D　我が身よりも高うもてなし※1かしづきてみむとこそ⑤［ 思ふ ］⑥［ つ ］。

E　「※2玄蕃頭《げんばのかみ》の国司の姿、⑦［ をかし ］⑧［ つ ］ものかな」

※１ かしづき＝大切に世話をし

※２ 玄蕃頭の国司＝役職名の一種。

練習問題 2 解説

解答は p.192

まずは問１のｉ。

p.164 の活用表と同じ形を見つければいいから……

①「下ろしてよ」　②「暮れぬべし」／「うながしてむ」

③「明かしてき」　④「来《き》ぬれど」／「離れにし」

□の部分が「つ／ぬ」が変化した部分。

……④は「待たぬ」じゃなくて？　これも「ぬ」だけど。

p.153 の「過去／完了」の助動詞の接続を忘れちゃダメでしょう。

「ぬ」の直前は何形？

そうか、直前は「連用形」か。「待たぬ」の「待た」は未然形だから、この「ぬ」は完了の助動詞ではないんだ。

そういうこと。メグミさんが答えた問１のｉは、全部直前が「連用形」つまり「けり」がつく形になっているよね。

ユウタ君が言った④の「待たぬ」は「未然形＋ぬ」だから、「打消」の助動詞だね。(p.145)

では、**問１のⅱ**。「活用形」はまず「後ろにつく語」のチェックから。

①「下ろしてよ。」は直後に「。」が来るし、係り結びもないから終止形では？

一度 Stop。直後に「。」が来たら、絶対に終止形？

あ。直後に「。」が来るときは、命令形の可能性もありますね。

「下ろしてよ」は終止形ではなく命令形。もし終止形だったら「下ろしつ」になるはず。

3章

命令形で訳しても「風が強いので、格子（戸）を下ろしてしまえ」だから、全く問題なし。①の答えは**命令形**。

②「暮れぬべし」は、直後に「べし」が来ている。
「べし」の直前は**終止形**になる。(p.168)

「うながしてむ」は、直後に「む」がある。
「む」の直前は**未然形**と決まっている。(p.168)

③「明かしてき」は、直後に過去の助動詞「き」(p.153) があるから**連用形**。
④「離れにし人」は、直後が「し」。……「し」って、何だっけ？

「し」の後ろには「人＝名詞」が来ているよね。
ということは、この「し」は間違いなく連体形なわけだ。
連体形になる「し」は、すでに勉強しているはずだけど……（p.155）

これも、③と同じ過去の助動詞「き」だ！
「(せ) ／×／き／し／しか／×」の「し」。
ということは、「き」の直前だから④の「に」も**連用形**。

「来ぬれど」は、後ろに「ど」があるから**已然形**。(p.65)

いいね、すばらしい。では、そのまま**問１のⅲ**へ進もう。

「will」にあたる言葉、つまり推量の助動詞「む／べし」が後ろに来るときは、強意 (p.169)。命令形のときも、強意。そうじゃないときは、完了。
そうなると……①下ろしてよ、②「暮れぬべし」と「うながしてむ」がどれも強意になるはずだからイ。残りの③④は、全部完了だからア。

①は「格子下ろしてしまえ」、②は「今にも日が暮れてしまうだろう。すぐ車を出発させてしまおう」という意味。訳も未来完了の意味になる「強意」でピッタリですね。

③④も、両方「完了」の訳をすれば意味が通る。

そのとおり。これで、問１は全部 OK だね。**このまま問２へ進もう**。

①は、**直後**が**「けり」**。「けり」の前は**連用形**。「ぬ」の連用形だから、答えは**「に」**。
②は、**直後**が**「ど」**。「ど」の前は**已然形**。「ぬ」の已然形だから、答えは**「ぬれ」**。

③の直後の「ぬる」は、「由＝名詞」の前にあるから連体形だよな。連体形が「ぬる」ということは、つまり完了の助動詞「ぬ」が変化したものだ（な／に／ぬ／ぬる／ぬれ／ね）。
「ぬ」の直前だから、③は**連用形**。答えは**「逃げ」**。

④は、**直後**が**「む」**。「む」の前は**未然形**。「ぬ」の未然形だから、答えは**「な」**。

⑤は、**直後**が**完了の助動詞「つ」**だから、答えは**連用形**の**「思ひ」**。
⑥は、**「こそ」**があるから、**係り結び**で文末は**已然形**。
答えは**「つれ」**。

⑦は、**直後**が**完了の助動詞「つ」**だから、**連用形**にする。「をかし」は動詞じゃなくて**形容詞**。形容詞の連用形だから……「をかしく＝本活用」か「をかしかり＝補助活用」のどちらか。

直後が**「助動詞」**だから、**補助活用**のほうを使うのが正しい。
答えは**「をかしかり」**だな。

⑧は、**直後**が「**もの＝名詞**」だから、**連体形**にする。答えは「**つる**」。

◇「ぬ／ね」の識別

p.145で勉強した「ず」の活用表と、p.164で勉強した完了の助動詞「ぬ」の活用表。この2つを見比べて、何か気づくことはないかな？

両方とも「**ぬ**」と「**ね**」が登場する。

★打消の助動詞「ず」と完了の助動詞「ぬ」

	未然形	連用形	終止形	連体形	已然形	命令形
ず	 ざら	ず ざり	ず	ぬ ざる	ね ざれ	 ざれ
ぬ	な	に	ぬ	ぬる	ぬれ	ね

そのとおり。つまり、同じ「ぬ／ね」という形でも「打消」の場合と、「完了」の場合に分かれるということ。「打消」は「～**ない**」という**否定**の意味、「完了」は「～**した**」という**肯定**の意味だよね。

これ、間違えて訳してしまうと、とんでもない事態に……。

……そうなんだ。たとえば「家建て**ぬ**」という表現。これは「家を建て**ない**＝打消」で訳す場合もあるし、逆に「家を建て**た**＝完了」で訳す場合もある。正反対の意味だから、本番の試験で「ぬ」の解釈を間違えてしまうと、**取り返しのつかない致命傷**になりかねない。

でも、心配することはない。打消の「ぬ」と完了の「ぬ」は文法的に見分けることができる。文法的にということは、前後の流れとか、文脈のような曖昧なものに頼る必要がないということ。その方法は具体的に**2つ**ある。

「ぬ／ね」を見分ける方法その1

まず1つめは「**直前の形をチェック**すること」だ。「打消」のときと「完了」のとき、直前の形がそれぞれ違っていたはずだ。

打消の助動詞「ず」は、直前が必ず「未然形」。(→ p.145)
完了の助動詞「ぬ」は、直前が必ず「連用形」。(→ p.164)

そのとおり。ということは……次の例を考えてみよう。

①「空、飛ばぬ　／　空、飛ばね」
②「空、飛びぬ　／　空、飛びね」

①は「ぬ」の直前が「飛ば＝未然形」ですよね。
ということは①は「**飛ばない**」と、**打消**で**訳す**のが正しい。

②の「飛び」は「ます」がつく形だから「連用形」だな。
「飛びます」とは言えるけど、「飛びない」とは言えないから「未然形」ではない。
ということは、②は「**飛んだ**」と**完了**で訳すのが正しい。

そのとおりだ。

Point 10 「ぬ／ね」の識別1 ― 接続で識別

★直前が「**未然形**」→「ぬ／ね」は「**打消**(〜**ない**)」
★直前が「**連用形**」→「ぬ／ね」は「**完了**(〜**した**)」

「ぬ／ね」の見分け方その２

残念ながら、接続だけではうまく見分けられないケースが多々あるんだ。次の例を見てみよう。

③「地に落ちぬ　／　地に落ちね」

「落ち」は「ない」がつく形ですよね。（落ちない）ということは……
「未然形」だから「打消」で訳せばよいのでは？

でも……「落ち」に「ます」をつけて「連用形」にしても通用するよな。（落ちます）
これだと「未然形」なのか「連用形」なのか判断がつかない。

そのとおり。③「落ち」のような「**未然と連用が全く同じ形**の言葉」もたくさん存在する。そういうケースに当たった場合、直前が未然形か連用形かを考えても当然何の意味もない。

では、どうすればいいか。その答えは助動詞「ず」と助動詞「ぬ」**それぞれの**「**活用表**」の中に隠されている。

打消の助動詞「ず」

未然形	連用形	終止形	連体形	已然形	命令形
	ず	ず	**ぬ**	ね	

完了の助動詞「ぬ」

な	に	**ぬ**	ぬる	ぬれ	ね
未然形	連用形	終止形	連体形	已然形	命令形

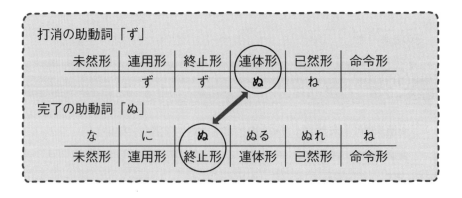

「打消」の場合、「ぬ」は「連体形」になるんですね。「連体形」ということは……**後ろに「名詞」が来るときの「ぬ」は「打消」だということ！**

「完了」の場合、「ぬ」は「終止形」になる。「終止形」ということは……**文末に来るときの「ぬ」は「完了」なんだ。**

④ 洗へども落ちぬ油汚れ　⑤ 評判、地に落ちぬ。
⑥ 穴にぞ、落ちぬ。

④は「油汚れ＝名詞」が後ろに来ているから、間違いなく「ぬ」は連体形で、意味は「打消」。「洗っても落ちない油汚れ」と訳す。

⑤は「。」の直前、文末に「ぬ」が来ているから……
「ぬ」は終止形で意味は「完了」。「評判が、地に落ちた」と訳す。

⑥も「。」の直前に「ぬ」が来ているから……終止形？

④⑤は OK だけど、**⑥は本当に「終止形」？**　何か忘れてない？

あっ、**「係り結び」**。⑥の文には**「ぞ」**が入っているから、文末にあるけど「ぬ」は**「連体形」**だ。

「連体形」ということは……⑥の「ぬ」は**「打消」**で訳す。**「穴には落ちない」**。

そのとおりだ。⑤⑥のような「文末」の「ぬ」は、すぐに「終止形＝完了」と決めつけず**「係り結び」に注意を払う**こと。
そして……全く同じ方法で「ね」も見分けられる。

打消の助動詞「ず」

未然形	連用形	終止形	連体形	已然形	命令形
	ず	ず	ぬ	**ね**	

完了の助動詞「ぬ」

な	に	ぬ	ぬる	ぬれ	**ね**
未然形	連用形	終止形	連体形	已然形	命令形

活用表のとおり「**打消**」の「ね」は必ず「**已然形**」。
そして「**完了**」の「ね」は必ず「**命令形**」になる。ということは……

⑦　納豆混ぜねば、まずし。　⑧　納豆混ぜねど、うまし。
⑨　納豆こそ、混ぜね。　⑩　納豆、100 回混ぜね。

⑦⑧は「ば／ど」がつくから**已然形**で意味は「**打消**」。
⑦「納豆を混ぜないので、まずい」、⑧「納豆を混ぜないけれど、うまい」と訳す。

⑨は係り結び。「**こそ**」があるから、文末だけど「**已然形**」。
これも「**打消**」で「納豆を混ぜない」と訳せば OK。

⑩は係り結びもないし、文末にあるから、これは「命令形」。
「納豆を 100 回混ぜてしまえ」と訳す。

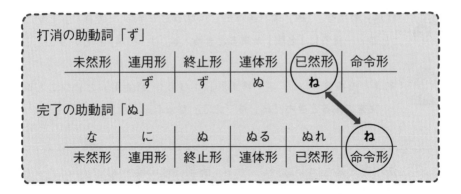

Point 11 「ぬ／ね」の識別２ ― 活用形で識別

★「**ぬ**」が**連体形** →「**打消**＝～ない」
・直後が「名詞」
・「ぞ／なむ／や／か」の結びになっている(係り結び)。

★「**ぬ**」が**終止形** → 「**完了**＝～した」
・文末ポジション(「。」「と」「も」「べし」の前)にある。

★「**ね**」が**已然形** →「**打消**＝～ない」
・「ど」「ども」「ば」がつく
・「こそ」の結びになっている(係り結び)。

★「**ね**」が**命令形** →「**完了**＝～した」
・文末ポジション(「。」の前)にある。

練習問題 3

下線部が「打消の助動詞」ならアと、「完了／強意の助動詞」ならイ、どちらでもなければウと答えよ。

A ※1御心《みこころ》のゆか①ねば、御船《みふね》もゆか②ぬなり。
B 鏡の宿といふ所にも着き③ぬ。
C 疾《と》く帰りたまひ④ね。いと※2さうざうし。
D 日数のはやく過ぐるほどぞ、ものにも似⑤ぬ。
E 黒き雲にはかに出《い》で来⑥ぬ。風吹き⑦ぬべし。
F 昔の※3直衣《なほし》姿こそ、忘られ⑧ね。
G ここよりやがて馳《は》せ散らして去《い》⑨ね。

※1 御心＝神の心　※2 さうざうし＝物足りない　※3 直衣＝貴族の普段着

練習問題 3 解説

解答は p.192

①②は、どちらも**直前**が**「ゆか＝未然形」**だから、未然形に接続する「ぬ／ね」は**打消**だ。**答えはア。**

そうだね。①は「**ねば**」の形で判断してもいい。「**ねば／ねど／ねども**」の「ね」は已然形だから、その時点で「**打消**」とわかる。

③は、**直前の「着き」**は、**連用形**。もし未然形なら「着かぬ」になるはず。ということは**完了**で、**答えはイ**だね。
④は、**直前の「たまひ」**も**連用形**。もし未然形なら「たまはぬ」になるはず。これも**完了**で、**答えはイ**。

③④どちらも「ぬ」「ね」の**直後に**「。」が来ているし、係り結びもないよね。つまり「ぬ」「ね」がそれぞれ「**終止形**」「**命令形**」になっている。「**終止形の『ぬ』だから完了**」「**命令形の『ね』だから完了**」という答えの出し方も、理解しておくように。

⑤は、直前が「似」……これ、未然形、連用形、どっちだ？
だって「似る」は上一段活用（p.89）だから、未然形と連用形は同じだ。

未然形と連用形が同じ形のときは……
「ぬ／ね」の活用形を考える！

今回は**文中に「ぞ」**があるから、**係り結び**だ！　「ぞ」があるときの文末は**連体形**だから、これは打消。⑤の**答えはア**だ。

そのとおり。何度も言うけど、文末の語形変化問題は、必ず係り結びの存在を check しよう。

⑥は直前が「来」だから……「来」って、何て読めばいいんだろう？
「**こ**」と読めば**未然形**（こず／こない）、「**き**」と読めば**連用形**（きて／きます）ですよね。これ、読み方がわからないと、**未然形か連用形か決められない**のでは……。

そのとおりだ。直前に「来＝カ変」が来るときは、「来」をひらがなで書いてくれれば簡単なんだけど……漢字で書かれた場合、その読み方によって活用形が変わってしまう。

ただ、やり方は何も変わらない。直前の活用形で判断できないときは、どうするの？

「ぬ」の活用形で判断する。「ぬ」の**直後に「。」**があるし、**係り結びもない**から、この「ぬ」は**終止形**。⑥の**答えはイ**ですね。
⑦は、**直前が「吹き＝連用形」**だから、**答えはイ**。もし未然形なら「吹かぬ」で**打消**になる。

そうだね。⑦は「**ぬべし**」**の形**だから、この「ぬ」は完了というより「**強意**」というほうがいいね（p.169）。

⑧は、直前が「忘られ」。「忘ら」の部分が動詞で「れ」はわからないけど……。
今回は、係り結びの「こそ」があるから、この「ね」は已然形の「ね」だ。
打消で答えはア。

直前の言葉で判断できないから、「ね」の活用形を考えることができたね。
ちなみにこの「れ」は 3-4 で勉強する。助動詞「る」が活用したものだ。

⑨は、直前が「去《い》」……これ、未然形でも連用形でもないような。

そのとおり。「去」の字で思い出してほしいんだけど……

「死／去（往）」の漢字を使う動詞って、何活用だったっけ？

「ナ変」ですね！（p.93）
「ナ変」は「な／に／ぬ／ぬる／ぬれ／ね」だから……
「去ね」は単なる「ナ変の命令形」。答えはウです。

正解。⑨のように助動詞ではなく、単語の中に偶然「ぬ／ね」の形が出てくることもあるからね。

◇完了・存続の助動詞「たり／り」

最後に「たり／り」。いつもどおり、覚えるべき知識を表にしておこう。

Point 12　完了・存続の助動詞「たり／り」の基礎知識

A.接続　★「たり」→直前は連用形
★「り」→サ変の未然形・四段の已然形

B.活用

★「たり」…「ラ変」と同じパターン！

未然形	連用形	終止形	連体形	已然形	命令形
持ちたらむ	持ちたりけり	持ちたり。	持ちたる人	持ちたれど	持ちたれ！

★「り」…「ラ変」と同じパターン！

未然形	連用形	終止形	連体形	已然形	命令形
持てらむ	持てりけり	持てり。	持てる人	持てれど	持てれ！

C.意味　どちらも　★存続→「～ている」
★完了→「～した／してしまう」

「たり」の接続

「たり」は「過去／完了」の原則どおり、直前は「連用形」。

「書く→書きたり」「説明す→説明したり」「死ぬ→死にたり」のような感じ。「ます」がつく形にすればいい。

「たり」はそれでOK。でも……「り」**は唯一の例外**で、直前に連用形が来ることはないんだ。「り」の接続は少しルールが複雑なので、いったんパス。p.185から説明することにして、今は「B. 活用」に進もう。

「たり／り」の活用

では、活用を見ていこう。「たり／り」どちらも「り」で終わるよね。

「り」で終わる助動詞は**「ラ変」**と同じ活用パターン！（p.156）
ということは……例文を作ると、こんな感じ。

未然形	連用形	終止形	連体形	已然形	命令形
この扉 閉ぢたらず	この扉 閉ぢたりけり	この扉 閉ぢたり。	この扉 閉ぢたる人	この扉 閉ぢたれど	この扉 閉ぢたれ！

「たり／り」の意味

「つ／ぬ」は「完了／強意」の２つの意味を持っていたけど、「たり／り」は「**完了**／**存続**」の２つ。紛らわしいように思うかもしれないけど、区別するのは大して難しくない。「たり／り」は、要するに**現代語「た」と同じ**ものだと思えばいい。

①昨日、壁にカレンダーを貼った。
②壁に貼られたカレンダーを見て。

①の「た」の場合、これまで同様「完了」の意味を持つ。

②の「た」のように「壁に貼られ**ている**」という意味のときを区別して「**存**

続」と呼ぶ。

「**〜ている**」と訳せるのが「存続」。「〜た」と訳すのが「完了」。

Point 13

「たり／り」の意味

★「**完了**」＝「**動作**」が完了したとき　→「〜した」と訳す
★「**存続**」＝「**今の状態**」を表す　→「〜ている」と訳す

たとえば、「この扉、閉ぢたり」という文は、文脈によって「完了」「存続」どちらにも訳すことができる。

「今、扉を閉める**動作**が**完了**した」という意味であれば「完了」。
「ずっと扉が閉まっ**ている**」という意味なら「存続」ですね。

そのとおり。このように、必ずしもどちらかの訳に決められないケースもあるから、あまり深刻に悩まなくてOK。ただ、実を言うと、「**たり／り**」**は**「**存続**」**で訳す可能性のほうが高い**から、まずは「存続」で訳してみたほうがうまくいくことが多いね。

★ High Level Lessons ★

「たり」は、もともと「て＋あり」の形が短く縮まって生まれた助動詞。つまり「〜ている」の意味のほうがむしろ基本なので、完了より存続で訳すべき場合が多い。ただし「〜ている」という訳は英語の「現在進行形」と勘違いしやすいので注意しよう。存続の「たり／り」は「今テニスをしている」のように「動作が行われている最中」という意味とは違い、あくまで「状態」を表す。

「り」の接続

では、さっきパスした「り」の接続を勉強しておこう。「り」だけは、直前に「連用形」が来ることなく、次のようなルールがある。

Point 14
「り」の接続 1

★完了／存続「り」の直前には
「**サ変の未然形**」か「**四段の已然形**」が来る！

→ リ（助動詞「り」） カ（完了） ちゃん、 さ（サ変） み（未然形） し（四段） い（已然形）

こういう難しいの、本当にやめてほしい。

「リカちゃん、さみしい」って、有名な覚え方ですよね。

そうだね。とりあえず「リカちゃん、さみしい」で暗記すればいい。

このルールはユウタ君が恐れるほど、難しいことじゃないんだよ。

難しそうなものは、「**例文を作ってみる**」のがわれわれの基本方針。

そうだな……「**四段**＝飛ぶ」「**サ変**＝す」「**その他**＝捨つ（下二段）」の３つを例として、例文を考えてみようか。

まず「たり」の文を作ってみよう。「たり」の直前は必ず「**連用形**」だから、

四段　空、飛ぶ。　→空、飛びたり。　（空を飛んだ／飛んでいる）
サ変　情報、共有す。→情報、共有したり。
（情報を共有した／共有している）
その他 ゴミ、捨つ。　→ゴミ、捨てたり。
（ゴミを捨てた／ゴミが捨ててある）

このようになる。

たまに勘違いしている人がいるけど「四段／サ変」はたりとり両方使えるのであって、りしか使えないわけではないからね。

この３つの例文を、それぞれ**助動詞りに書き換えてみたいんだ。**

四段動詞「飛ぶ」をりの直前に持ってくるには「已然形」にすればいい。「已然形」は「飛べ」だから、「飛べり」です。

サ変動詞「共有す」をりの直前に持ってくるには「未然形」にすればいい。「未然形」は「せ」だから、「共有せり」。

そうだね。「捨つ」は四段でもサ変でもないから、りの直前に持ってくることはできない。四段・サ変以外を「完了／存続」の意味にしたいときは「たり」を使うしかない。

まとめると次のようになる。

	たり	り
四段　空、飛ぶ。	空、飛びたり。	空、飛べり。
サ変　情報、共有す。	情報、共有したり。	情報、共有せり。
その他 ゴミ、捨つ。	ゴミ、捨てたり。	×

「四段の已然形」たとえば「飛べ、書け、泳げ、詠め、遊べ、動け」。

「サ変の未然形」たとえば「せ、説明せ、おはせ」。

こうやって実際に例を並べると、**ある１つの共通点**に気づくはず。

……全部「eの音」だ。

「サ変の未然形」「四段の已然形」は「eの音」が登場する場合なんだ。

そういうことなんだ。「サ変の未然形」「四段の已然形」と暗記することもたしかに必要だ。だけど、まずは両方とも「eの音」が出てくるというイメージをしっかり持ってほしい。

そして「り」は「ラ変」と同じく「ら／り／り／る／れ／れ」の形で活用するんだったよね。これらの情報をまとめると、次のようになる。

Point 15

「り」の接続２

★必ず「eの音」＋**ら／り／る／れ**の形！

①「ら／り／る／れ」の直前は「四段／サ変」だけ。

実際の試験で長文を読んでいるとき、いちいち「これは四段活用で、已然形だから……」などと考えているヒマはない。「eの音＋ら／り／る／れ」の形に素早く反応できるよう訓練をしておくこと。

「詠めらむ／書けり。／泳げる時／逢へれども」の形を見た瞬間に「完了／存続の『り』！」と反応できるようにすることが重要だ。

練習問題4

問1　下の①～③について、次のⅰ～ⅲに答えよ。

ⅰ　①～③の各文から、助動詞「たり」「り」を**1つずつ**抜き出せ。

ⅱ　ⅰで抜き出した「たり」「り」の活用形をそれぞれ答えよ。

ⅲ　ⅰで抜き出した「たり」「り」の意味をそれぞれ選べ。

ア　完了　　イ　存続

①　その男、しのぶ摺《ずり》の狩衣《かりぎぬ》をなむ着たりける。

②　中の庭には梅の花咲けり。

③　（犬が）走りかかりたれば、（猫は）おびえまどひて御簾《みす》のうちに入りぬ。

問2　①～⑤を適当な形に直しなさい。②はひらがなで書くこと。

A　柏《かしは》に①［書く］たる文をもて②［来］たる。

B　いたはしと思ひて立ち寄り見給《たま》へば、わが母にて③［おはす］り。

C　楫《かぢ》取りは舟歌うたひて、何とも④［思ふ］⑤［り］ず。

問3　次の各文の［　　］部に「たり」「り」のどちらかを、適切な形に直したうえで入れなさい。

A　うつくしきもの。瓜《うり》にかき［①］児《ちご》の顔。

B　ひそかに心知れ［②］人と言へ［③］ける歌。

C　※1言はで思ふぞ、言ふにまされ［④］。

D　金《こがね》はすぐれ［⑤］ども、鉄《くろがね》の益《やく》多きに※2しかざるがごとし。

※1　言はで＝何も言わずに　　※2　しかざる＝かなわない

練習問題4　解説

解答は p.192

まずは問1のⅰ。「たり」と「り」を探すと……

①「着［たり］ける」　②「咲け［り］。」　③「走りかかり［たれ］ば」。

そのとおり。では、続けて**問１のⅱ**。

活用形は、**直後の言葉チェック**から。

①は、直後が**過去の助動詞「けり」**。「けり」の前は**連用形**（p.153）。

②は**文末にあるし、係り結びもないから終止形。**

③は、直後に「ば」がある。「ば」の前は、未然形か已然形（p.69）。未然形だと「たら」、已然形だと「たれ」だから今回は**已然形。**

そのとおり。では、**問１のⅲ**。

「たり／り」の意味は、まず「存続」で考えてみるのが基本。

①は「狩衣を着ている」、②は「梅の花が咲いている」。どちらも問題なし。**答えはどちらもイ。**

「存続」は「**状態**」を表すから、意味的にもピッタリ（①服を着た状態／②梅の花が咲いている状態）。

③は「走って飛びかかる」だから、状態じゃなくて「**動作**」だよな。「動作」の場合は「完了」で訳してみればいい。

「**(犬が) 走って飛びかかった**」で何も問題なし。**答えはア**だ。

そのとおり。ちなみに、①は過去の「けり」が後ろにあるから、正確には「着ていた」と訳す。③は「たれば」が「已然形＋ば」（p.69）の形だから、「飛びかかったので」と訳すのが正しい。

それでは、**問２に進もう**。

語形変化は、まず**直後の言葉チェック**から。

①の**直後は「たる」**。「たる」は、完了の助動詞「たり」。「たり」の直前は**連用形**だから、答えは「**書き**」だ（書く＝四段）。

②も**直後が「たる」**だから、**連用形**。答えは「**き**」（来＝カ変）。

③は後ろに「り」がある。「り」の直前は……
「リカチャンサミシイ」＝「サ変の未然形 or 四段の已然形」！
要するに……直前に「eの音」が来る。

ということは、「おはす」の「す」を「eの音」に変えればいい。答えは「おはせ」。
「おはす＝サ変」だから、たしかに「おはせ」は「サ変の未然形」だ。

④の直後も「り」だから、「eの音」にすればOK。答えは「思へ」。
「思ふ＝四段」だから、たしかに「四段の已然形」になってる。
⑤は直後が「ず」だから、未然形にすればOK。「り」の未然形だから、答えは「ら」。

OK、ここまでは問題ないね。**最後に問３**だ。

まず「たり」を使うのか、「り」を使うのか決めないとダメですね。
意味は、両方とも全く同じだから……「**接続**」で判断。

直前が「サミシイ＝eの音」だったら「り」。
「**連用形**」だったら「たり」だ。
①「かき」は連用形だから、「たり」を使う。直後に「児《ちご》＝名詞」があるから、「たり」の連体形「たる」が答えだ。

②の直前「知れ」、③の直前「言へ」は「eの音」だから「り」を使う。
②は直後に「人＝名詞」があるから、「り」の連体形「る」が答え。
③は直後に「ける＝過去の助動詞」があるから、「り」の連用形が入る。
「ら／り／り／る／れ／れ」だから、終止形と形が変わらないんだな。
答えは「り」。
④の直前「まされ」も「eの音」だから「り」を使う。係り結び「ぞ」があるから、連体形にすればOK。答えは「る」。

⑤の直前「すぐれ」も「eの音」だから「り」を使う？

はい、いったんStop。①〜④までは、何の問題もない。
でも……⑤は本当に「り」を使うのだろうか？
もう一度「リカチャンサミシイ」の意味を思い出してほしいんだ。

「サミシイ＝サ変の未然形or **四段**の已然形」。
そうか、直前が「サ変」か「四段」じゃないと、「り」は使えない。
「すぐれ」に「ず」をつけると「すぐれず」……未然形が「eの音」ということは、**下二段活用**。「り」は下二段活用には接続しない。

ということは、⑤は「たり」を使う。**直後が「ども」**だから、**已然形**にして、**答えは「たれ」**。

そのとおりだ。直前に「eの音」があっても、100%「り」が来るわけではない。「四段／サ変」に接続するときだけ「り」を使うのがルール。
②「知る→知**ら**ず」、③「言ふ→言**は**ず」、④「まさる→まさ**ら**ず」で、未然形が「**a**の音」だから、どれも四段活用になっているよね。

これで、「過去・完了」の助動詞はすべて終了。

練習問題 1 解答

問１　ⅰ　①「下りし」の「し」　／　「なかりき」の「き」
②「あはれなりけれ」の「けれ」
ⅱ　①「し」…連体形　「き」…終止形　②「けれ」…已然形
ⅲ　①「し」…ア　「き」…ア　②「けれ」…イ
問２　①おぼえ　②ける　③立ち　④しか　⑤苦しかり
問３　①

練習問題 2 解答

問１　ⅰ　①「下ろしてよ」の「てよ」
②「暮れぬ」の「ぬ」　／　「うながしてむ」の「て」
③「明かしてき」の「て」
④「来ぬれど」の「ぬれ」　／　「離れにし」の「に」
ⅱ　①「てよ」…命令形　②「ぬ」…終止形　／　「て」…未然形
③「て」…連用形　④「ぬれ」…已然形　／　「に」…連用形
ⅲ　①「てよ」…イ　②「ぬ」…イ　／　「て」…イ
③「て」…ア　④「ぬれ」…ア　／　「に」…ア
問２　①に　②ぬれ　③逃げ　④な　⑤思ひ　⑥つれ　⑦をかしかり　⑧つる

練習問題 3 解答

①ア　②ア　③イ　④イ　⑤ア　⑥イ　⑦イ　⑧ア　⑨ウ

練習問題 4 解答

問１　ⅰ　①「着たり」の「たり」　②「咲けり」の「り」
③「走りかかりたれ」の「たれ」
ⅱ　①連用形　②終止形　③已然形
ⅲ　①イ　②イ　③ア
問２　①書き　②き　③おはせ　④思へ　⑤ら
問３　①たる　②る　③り　④る　⑤たれ

3-4 受身／使役グループの助動詞

「**受身**」は「怒られる」みたいに、人に何かを「**される**」という意味。「**使役**」は「行かせる」みたいに、人に何かを「**させる**」という意味。

これら「受身／使役」の助動詞を、まとめて攻略しよう。

「受身」と「使役」って、意味が全然違う気がするけど……
どうしてまとめて勉強するんですか？

それが**非常に効率のいい勉強法**だからなんだ。その理由は……いつもの「助動詞３本柱」。「Ａ.接続／Ｂ.活用／Ｃ.意味」をひとつずつ考えていけばわかる。

「受身／使役」の助動詞の接続

まずは現代語から考えてみよう。

（例題）次の動詞を現代語で「受身」「使役」の形に直しなさい。
①飛ぶ　②死ぬ　③下りる　④逃げる　⑤くる

現代語で「受身」を作る助動詞は「れる・られる」。
「使役」を作る助動詞は「せる・させる」。
これらを①～⑤にくっつければ、「受身」「使役」の文を作ることができる。

①は受身なら「飛ばれる」、使役なら「飛ばせる」。
②は受身なら「死なれる」、使役なら「死なせる」。
③は受身なら「下りられる」、使役なら「下りさせる」。
④は受身なら「逃げられる」、使役なら「逃げさせる」。
⑤は受身なら「こられる」、使役なら「こさせる」。
そうか、受身と使役は、直前の形が同じになるんだ。

①～⑤全部「**未然形**」ですよね。「飛ばない／死なない／下りない／逃げない／こない」……。

「ない」をつけた形と、「れる・られる／せる・させる」をつけた形が、全部同じ。

そのとおり。これは現代語でも古文でも同じで、「受身／使役」の助動詞の直前は「未然形」になるのがルールだ。

Point 1　「受身・使役」グループの助動詞の接続

★現代語でも古文でも、すべて直前は「**未然形**」！

ただし古文では、受身の場合「れる・られる」ではなく「**る・らる**」。

使役の場合「せる・させる」ではなく「**す・さす**」という助動詞を使う。

使役には「しむ」という助動詞もあるけど、その話はp.212から説明する。

【受身】現代語 →	古文	【使役】現代語 →	古文
飛ばれる →	飛ば**る**	飛ばせる →	飛ば**す**
死なれる	死な**る**	死なせる	死な**す**
下りられる	下り**らる**	下りさせる	下り**さす**
逃げられる	逃げ**らる**	逃げさせる	逃げ**さす**
こ　られる	こ　**らる**	こ　させる	こ　**さす**
未然形＋れる られる →	未然形＋**る** **らる**	未然形＋せる させる →	未然形＋**す** **さす**

受身は、「れる」の部分を「る」に置き換えて、「られる」の部分を「らる」に置き換えれば、それだけで古文の形を作れるんだな。

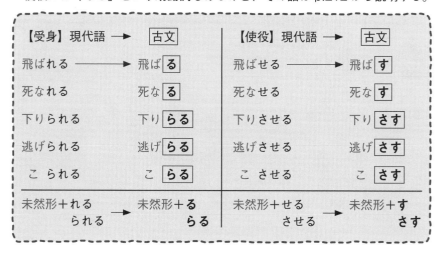

使役も「せる」を「す」、「させる」を「さす」に変えるだけ。

でも……同じ「受身」なのに、**なんで「る」と「らる」２種類もあるんだ？**「使役」だって、「す」と「さす」どっちか１つでいいのに。

そう思うのもムリないよね。「る・らる」「す・さす」の間に**意味の違いは何もない**。単純に**直前に来る「動詞の種類」**の違いで使い分ける。

まず……わざとわかりにくい説明をするよ。ほとんどの教科書・参考書では、「る・らる」「す・さす」の違いを次のように説明しているはずだ。

Point 2
「る」と「らる」／「す」と「さす」の違い１

直前に……
★**四段／ナ変／ラ変**が来るとき⇒「る」「す」　　を使う！
★**それ以外の動詞**　が来るとき⇒「らる」「さす」を使う！

本当にわかりにくい……

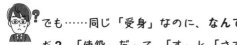

嫌だよね。でも……こういう難しそうなモノに出会ったとき、そこで思考をストップさせてはダメ。すぐ丸暗記しようとせず、「四段／ナ変／ラ変」と書いてあるんだから、**「具体例」を自分で考えてみよう**よ。

具体例…「四段動詞＝たたく」「ナ変＝死ぬ」「ラ変＝はべり」とか？

で、これらを「未然形」にすればいいんだよな。
「たたく→たたかァ」「死ぬ→死なァ」「はべり→はべらァ」。

そのとおりだ。そうすると、なぜ「四段／ナ変／ラ変」がワンセットになっているのか。その「**共通性**」が見えてくるはず。

「aの音」ですね！　「四段／ナ変／ラ変」は、要するに「未然形がaの音」になる動詞のこと。

たしかに、「四段／ナ変／ラ変」以外の未然形は「aの音」ではないよな。

そういうこと。つまり「四段／ナ変／ラ変」と覚えるのが難しかったら……「**aの音**」の後ろには「**る／す**」をくっつける。「**aの音以外**」には「**らる／さす**」をくっつける、と覚えてもいい。

Point 3　「る」と「らる」／「す」と「さす」の違い2

直前（未然形）に……
★aの音　　　が来るとき　⇒　「る」「す」　　を使う！
★aの音以外　が来るとき　⇒　「らる」「さす」を使う！

「受身／使役」の助動詞の活用

では、次は「B. 活用」へ進もう。これも、「受身／使役」の助動詞は、すべてをひとまとめにして覚えることができる！

Point 4 「受身／使役」グループの助動詞の活用

★すべて「下二段」と同じパターン！

「る」「らる」「す」「さす」のどれも**「下二段」と同じ変化**をするから、バラバラに覚えるだけ時間と労力のムダ。

「下二段」は……**「e／e／u／uる／uれ／eよ」**。(p.83)
ということは……

「る」は、**「れ／れ／る／るる／るれ／れよ」**。
「らる」は、**「られ／られ／らる／らるる／らるれ／られよ」**。
「す」は、**「せ／せ／す／する／すれ／せよ」**。
「さす」は、**「させ／させ／さす／さする／さすれ／させよ」**。

そのとおりだ。これで「A. 接続」「B. 活用」はクリア！

「受身／使役」の助動詞の意味

残る「C. 意味」はちょっと複雑なので、先にこれまでの知識も含めて一度表にまとめておこう。

Point 5

受身「る・らる」／使役「す・さす」の基礎知識

A. 接続　★すべて、直前は**未然形**！

①「る／す」は直前が**「a の音」**！

「らる／さす」は直前が**「a の音以外」**！

B. 活用　①すべて**「下二段」**と同じパターン！

★「る」

未然形	連用形	終止形	連体形	已然形	命令形
殴られず	殴られて	殴らる。	殴らるる人	殴らるれど	殴られよ！

★「らる」

未然形	連用形	終止形	連体形	已然形	命令形
答へられず	答へられて	答へらる。	答へらるる人	答へらるれど	答へられよ！

★「す」

未然形	連用形	終止形	連体形	已然形	命令形
殴らせず	殴らせて	殴らす。	殴らする人	殴らすれど	殴らせよ！

★「さす」

未然形	連用形	終止形	連体形	已然形	命令形
答へさせず	答へさせて	答へさす。	答へさする人	答へさすれど	答へさせよ！

C. 意味

★る／らる → ①**受身**（される）　②**尊敬**（お～になる）　③**可能**（できる）　④**自発**（自然と～してしまう）

★す／さす → ①**使役**（させる）　②**尊敬**（お～になる）

「る・らる」は、4つも意味があるのか……。

ちょっと多く感じるよね。でも……この4種類の意味は、基本的に**現代語「れる・られる」と何も変わらない**。だから、現代語の例文で考えれば、現代人のわれわれでも簡単に理解できるよ。

「受身」は「母に怒**られる**」「先生にほめ**られる**」みたいに、「誰かに、何かを**される**」という意味。
古文の形だと、「母に怒らる」「先生にほめらる」になる。

「尊敬」つまり「偉い人が何かするとき」も、「れる・られる」を使う。「お客様が話**される**」「部長が来**られる**」。
古文の形だと、「お客様、話さる」「部長、来らる」。

「可能」つまり「can」の意味も、「れる・られる」で表せる。
「朝早く起き**られる**」「納豆を食べ**られる**」。
古文の形だと、「朝早く起きらる」「納豆を食べらる」。

「自発」は……。「自発」って、どういう意味だ……？

「自発」だから、「自分から進んでやる！」って意味じゃないかな？
「自発的に勉強する」とか、「自発的にお手伝いをする」みたいな？

「自発」というネーミングを聞くと、普通はメグミさんのように考えるはず。でも、**残念ながら全然違う**。「る・らる」の「自発」は「自分から進んで行動する」という意味ではない！

ここで言う「自発」は、「**自然発生**」を略したものだと考えるといい。つまり、自分の意思とは関係なく「**自然と**」「**無意識に**」**考えてしまう**、という意味だ。

現代語で言えば、こんな感じ。

★（冬に亡くなった祖母の命日が近づいて）
「毎年冬になると、祖母のことが思い出される」
★（試合中、選手が転倒して）
「選手の状態が、心配されますね」

これらの例は、受身でも尊敬でも可能でもない。

「(意識しなくても) **自然と**つい祖母のことを思い出し**てしまう**」

「(考えようとしなくても) **自然と**つい選手のことを心配し**てしまう**」

という意味。自分では意識しない、という意味だから、「自発的に手伝う」の「自発」とはむしろ反対の意味とも言える。

そして、これらの意味を踏まえて、４つの意味の「**見分け方**」も説明してしまおう。

◇「る・らる」の意味の見分け方

「る・らる」には４つの意味があるけれど、まずは大きく２つのグループ。

「受身」なのか、「受身以外」なのかを見分けてしまおう。

「受身」と「受身以外」には、**決定的な意味の違い**があるからだ。

【受身】	【受身以外】
受身 **先生**、妻に怒**らる**。	尊敬 **先生**、生徒を怒**らる**。
	可能 **先生**、腹痛で何も食べ**られ**ず。
	自発 **先生**、病気の母を心配せ**らる**。
「**主語＝先生**」が、動作を「**される**」側	「**主語＝先生**」は、動作を「**する**」側

例にあげた４つの文は、どれも「先生」が主語になっているよね。

でも……「**受身**」の文は、「怒る」という動作を行っているのは、「妻」だよね。**主語である「先生」は、何もしていない。**

「**尊敬／可能／自発**」の文は、「怒る／食べる／心配する」という動作を、**主語である「先生」自身が行っている。**

つまり「主語」が、その動作を行っているのか行っていないのかを判断すれば、「る・らる」が「受身」かどうかを判定できるんだ。

その簡単な方法として、今の４つの文から「**る・らる」を取り外してみる**方法もあるよ。

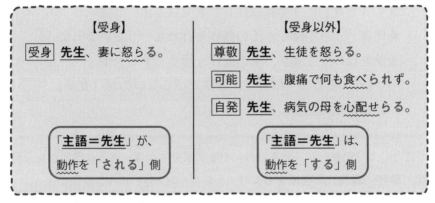

「受身」の文から「る・らる」を取ると……「先生、妻に怒る」。
あれ？　これだと、**意味が正反対**だ。

「受身以外」から「る・らる」を取ると……
「先生、生徒を怒る／何も食べず／母を心配す」。
ニュアンスはちょっと変わってしまうけど、**別に変ではない**よね。

そのとおり。つまり「る・らる」を取って、**意味が通る**なら「**受身以外**」。「る・らる」を取ると、**意味が反対になってしまう**なら「**受身**」と言えるんだ。

Point 6　「る」と「らる」の意味の見分け方１

まず**「受身」**か**「受身以外」**かを見抜く！
★受身　　→主語が、その動作を行わない「される」側！
★受身以外→主語が、その動作を行う「する」側！
①「る・らる」を取って、意味が通らないのが「受身」。
通るのが「受身以外」。

こうして「受身」か「受身以外」かを判断できれば、あとは残された「**可能／尊敬／自発**」**を判断する**だけ。そのポイントは、こんな感じ。

Point 7　「る」と「らる」の意味の見分け方２

★自発　→直前の動詞が**「気持ち」**に関係する！
★尊敬　→主語が、エラい人！
★可能　→直後に**「打消」**がある！

「自発」の「る・らる」

「自発」は、「自然としてしまうこと」と説明したよね。その「自然としてしまうこと」というのは、ほとんどが**「気持ち」に関係する**内容になるんだ。

◎ 太郎、好きな彼女のことぞ、考えらるる。
「気持ち」に関係する内容 **→自発！**
× 太郎、日記ぞ書かるる。
「行動・動作」 **→自発ではない！**

「気持ち」関係以外だと……「富士山のほうを見やらる」「花の香りを感じらる」のような視覚・聴覚・嗅覚に関係する動詞が来るときも、「自発」になる場合がある。ただ、圧倒的に試験に出るのは「気持ち」に関係する内容だから、まず**「気持ち」に「る・らる」がくっついたら「自発」**と覚えてしまおう。

3章

「尊敬」の「る・らる」

「尊敬」は、当然**「エラい人」の動作**に「る・らる」がくっつく。

◎ 殿様、公園を散歩せらる。
エラい人！ **→尊敬！**
× 犬、遠くにほえらる。
エラくない！ **→尊敬ではない！**

「可能」の「る・らる」

実は……古文では、「る・らる」を「can」の意味で使うとき、そのほとんどの場合**直後に「打消」**の言葉がくっつく。つまり、実際は「可能」ではなく**「不可能」**、「can」ではなく**「can't」**の意味でしか使わないんだ。

逆に言えば、後ろに「not」の意味を持つ言葉がない時点で、ほぼ「る・らる」が「可能」の意味にならないと判断できる。

◎　鍵を忘れて、家の中に入られず。
打消！　→可能！
×　大学に合格すれば、泣かる。
打消がない！　→可能ではない！

★ High Level Lessons ★

「る」「らる」の直後に打消がなくとも可能になる場合もある。次の例文は非常に有名なので覚えておきたい。

（例）家の作りやうは夏をむねとすべし。冬はいかなる所にも住まる。〈徒然草〉

訳　家の作り方は、夏を中心に（考えて）作るのがよい。冬はどのような場所にも住むことができる。

ただし、今教えた見分け方でうまく対処できないケースもある。

殿様、大声を出されず。

「殿様」の動作だから、「尊敬」で訳すのがよさそう。
「殿様は、大声をお出しにならない」。

でも……後ろに「打消」の「ず」もあるよな。
だったら、「可能」で訳すのがいいんじゃないか？
「殿様は、大声を出すことができない」。

今回の例だと、「尊敬」で訳すときの特徴と、「可能」で訳すときの特徴が、１つの文の中でダブってしまったんだ。こういうときは**前後のストーリーを理解して**、そのストーリーに合う訳を選ぶしかない。

たとえば、「殿様のノドの調子が悪い」という話なら「可能」で訳すべきだし、「大声は出せるけど、出さないよう我慢している」状況なら「尊敬」で訳すのがいいよね。

これで「る・らる」の基礎知識がすべて終了。一度練習をやろう。

練習問題 1

問1 ＿＿ に「る」「らる」のどちらかを適当な形に直して入れよ。

① ※1無下《むげ》のことをも仰《おほ》せ＿＿ものかな。

② ※2内裏《だいり》作りいださ[A]＿＿て、※3有職《ゆうそく》の人々に見せ[B]＿＿けるに…

③ 家居にこそ、ことざまはおしはから＿＿。

問2 下線部の助動詞の意味をそれぞれ選びなさい。

① 男※4はた、寝られざりければ、外の方を見いだして臥《ふ》せるに、…

② 大将、暇《いとま》申して、福原へこそ帰られけれ。

③ ありがたきもの。舅《しうと》にほめらるる婿。

④ 額《ぬか》をつきし薬師仏の立ち給《たま》へるを、見捨てたてまつる悲しくて、人知れずうち泣かれぬ。

ア 受身　イ 尊敬　ウ 可能　エ 自発

問3 ア〜キの中から「受身・尊敬・可能・自発」の助動詞を2つ選びなさい。

① いかなれば赦免《しやめん》の時、二人は召し返さ[ア]れて、一人ここにのこ[イ]るべき。

② 人をやりて見す[ウ]るに、おほかた逢《あ》へ[エ]る者なし。

③ …忽《たちま》ちにこの世を去らんとする時にこそ、初めて過ぎぬ[オ]る方《かた》のあやまれ[カ]る事は知ら[キ]るなれ。

※1 無下なり＝ひどい（「無下」は形容動詞の語幹） ※2 内裏＝皇居
※3 有職＝朝廷や公家《くげ》の儀式・行事、その専門家 ※4 はた＝〜もまた

練習問題１ 解説

解答は p.215

じゃあ、問１からやろう。

「る」は「aの音」に、「らる」は「a以外の音」にくっつくから……

①は、直前が「仰せェ＝a以外の音」だから、「らる」を使う。今回は後ろに「もの＝名詞」があるから、連体形の「らるる」が正解。

②－Aは、直前に「いださァ＝aの音」があるから、「る」を使う。後ろに「て」があるから、連用形の「れ」が正解。

②－Bは直前が「見せェ＝a以外の音」だから、「らる」を使う。後ろに過去の助動詞「けり」があるから、連用形の「られ」。

③は直前が「おしはからァ＝aの音」があるから、「る」を使う。今回は前に「こそ」があるから、係り結び。已然形の「るれ」。

問２は、意味の判断ですね。

①は、後ろに「ざり＝打消の助動詞」がありますね。「打消」があるときは「可能」になりやすいから……「男もまた、寝ることができなかったので」と訳す。文脈にもピッタリだから、答えはウ。

②は、主語が「大将」だから……エライ人っぽいですよね。じゃあ、「尊敬」で訳してみましょう。「大将は…お帰りなさった」、これも文脈にピッタリだから、答えはイ。

③は「舅にほめられるる婿」だから、「受身」ですね。答えはア。

④は、直前が「泣く＝気持ちに関わる動詞」。だから「自発」。「つい泣いてしまった」だから、文脈にも合います。答えはエ。

よくできたね。次の**問３**の中には「受身・尊敬・可能・自発」の助動詞もあれば、そうじゃないものもある。このように、同じ形に見えて、実は異なる言葉を見分けるタイプの問題を「**識別問題**」と言ったよね。**問３**に進む前に識別について説明しよう。

◇「る／れ」の識別

同じ「る」と「れ」の形であっても、その正体は**大きく４タイプに分かれる**。

タイプ①は、今勉強した**「受身・尊敬・可能・自発」の助動詞**。

タイプ②は、「リカチャンサミシイ」。**完了の助動詞「り」**だ（p.185）。

完了の助動詞「り」は、「ら／り／り／る／れ／れ」と活用するから、たしかに「る」と「れ」が出てきますね。

「リカチャンサミシイ」のパターンは、必ず**直前が「eの音」**だから、見抜くのは難しくなさそう。

そうか、タイプ①だと、前が必ず「aの音」になる。前が「a」なのか「e」なのかチェックすれば、どっちなのか簡単にわかりますね！

そのとおりだ。タイプ③は、p.83で勉強した「**上二段／下二段活用**」の**動詞**。「上二段／下二段」の活用パターンはアタマに入っている？

上二段は「i／i／u／uる／uれ／iよ」。
下二段は「e／e／u／uる／uれ／eよ」。
なるほど、たしかに「る」と「れ」が出てくる。

それと「助動詞」の中にも、「下二段」と同じ変化をするものがいくつかあったよね。それらの助動詞も、同じタイプ③と考えてOK。

最後、タイプ④。**たまたま偶然**単語の中に「る」「れ」が含まれているだけのもの。「あら**れ**／どう**る**い」みたいな……。このタイプは「**れ／る」の前でカット**すると、**中途半端な形の、単語の切れっぱし**が残ってしまうんだ。

「る／れ」の前でカットすると、「あら／どう」……たしかに。
どれも意味不明で、中途半端な形。

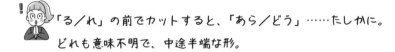

Point 8

「る／れ」の識別

①直前が「ａの音」 例 殿様、パンを焼かる。
→受身・尊敬・可能・自発の助動詞

②直前が「ｅの音」 例 殿様、パンを焼ける。
→完了・存続の助動詞(p.182)
「～した、～してしまった」「～している」

③直前が「ｕの音」 例 パンぞ、焼くる。
→上二段・下二段タイプの一部

④「る／れ」の直前が「中途半端な形」「単語の切れっぱし」
例 パンをきる前に、バターをとれ。
→その他の単語の一部

わかったところで、**問３に進もう**。

問３は、選択肢の中から「タイプ①」を見つければいいんですね。

アは、直前が「召し返さァ＝ａの音」だから、タイプ①。意味的にも「受身」だから、アは正解で間違いなし。

イは、直前が「のこォ＝ｏの音」だし、すごく中途半端な形だから、タイプ④。これは答えじゃない。

ウは、直前が「見すゥ＝ｕの音」だから、タイプ③。答えじゃない。

エは、直前が「逢へェ＝ｅの音」だから、タイプ②。これも不正解。

オは、直前が「過ぎぬゥ＝ｕの音」だから、タイプ③。答えじゃない。

カは、直前が「あやれェ＝ｅの音」だから、タイプ②。これも違う。

キは、直前が「知らァ＝ａの音」だから、タイプ①。「知る」は「気持ち・知覚」に関係する動詞だから、意味的にも「自発」になる。

問３の答えは、ア・キで決定！

そのとおり。これで「る／らる」が終わったので、次は「す・さす」を見ていこう。

◇「す・さす」の意味の見分け方

「す・さす」は「ある条件」を満たさない場合**すべて「使役」**だと思おう。

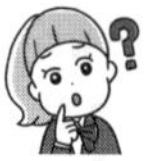

ある条件……。

その条件とは、「す・さす」の**直後に**「**給《たま》ふ**」のような「尊敬語」が来ることだ（p.384）。つまり「**せ給ふ／させ給ふ**」のような形になったとき、「す・さす」を「**尊敬**」**で訳す可能性が高い**。（「**おはします**」が後ろに来た場合も、全く同じ効果がある。）

逆に言えば「す・さす」の直後に「**給ふ**（**おはします**）」のような「尊敬語」がなければ、その時点で100％「使役」。

◎　天皇、パンを買いに行かせ<u>給ふ</u>。

「給ふ」あり！　→尊敬になるかも！

×　天皇、パンをぞ買いに行かする<u>。</u>

「給ふ」なし！　→100％使役！

ただ……誤解している生徒が多いんだけど、後ろに「給ふ」があっても、「使役」になる場合もよくあるからね。

〈天皇〉、パンを買いに行かせ**給ふ**。

→ 尊敬 「天皇は、パンを買いに行きなさる」

〈主語＝天皇〉が、自分で行う動作！

→ 使役 「天皇は、（家来に）パンを買いに行かせ**なさる**」

〈主語＝天皇〉は、命令するだけ！

「**尊敬**」の文だと、「パンを買いに行く」**動作を行っているのは、「天皇」本人**だ。でも、「使役」の場合は違う。

「**使役**」の場合は、家来に「パン買ってこい」と命令をしているだけで、「**天皇」本人は何もしていない**。つまり「主語」である本人が、その動作を「行っている」のか、それとも「何もしていない」のかで、「す・さす」の意味を最終的に判断することができる。

p.201で勉強した、「受身」の判定法そっくりですね。

そうだね。だから、「受身」同様、「**せ給ふ／させ給ふ」を取る**方法も使える。

使役　〈天皇〉、掃除をぞせさせ**給ふ**。

尊敬　〈天皇〉、冗談を聞いて笑はせ**給ふ**。

どちらも主語は「天皇」だし、形も「せ給ふ／させ給ふ」になっている。でも、「せ給ふ／させ給ふ」を取り払ってしまうと、どうなるだろう。

「天皇、掃除をぞする」になるな。……これだと、天皇本人が、自分で掃除をしているみたいだ。いくらなんでも、天皇が自分で御所を掃除するわけがない。

「天皇、冗談を聞いて笑ふ」。これなら、別に問題ないよね。

そのとおり。つまり「せ給ふ／させ給ふ」を取って、**それでも意味が通る**なら「**尊敬**」。

「せ給ふ／させ給ふ」を取ると**意味がおかしくなる**なら「**使役**」。

Point 9 「す・さす」の意味の見分け方

①まず、後ろに「給ふ(おはします)」があるかないかcheck！

★「給ふ」ナシ ⇒ 100%「使役」で訳す！

★「給ふ」アリ ⇒ ②へ

②「せ／させ給ふ(おはします)」の形のときは……

★「主語本人」が、**動作を行う** ⇒「**尊敬**」で訳す！

★「主語本人」は、**命令するだけ** ⇒「**使役**」で訳す！

★ High Level Lessons ★

「軍記物語」限定で、「す／さす」を「受身」として使うケースがある。たとえば、「敵に、10発殴られけり」と言うところを、軍記物語の場合「敵に、10発殴らせけり」と言う場合が多い。要するに「（本当は敵を倒せたけど）敵に、殴らせてあげた」と表現することで、「負け惜しみ」をしているのである。

◇使役の助動詞「しむ」

使役の助動詞は「す・さす」に加えて、「しむ」というのも存在する。でも、特に新しく覚えることはないから、心配は無用。

「A. 接続」「B. 活用」「C. 意味」、**すべて「す・さす」と同じ**。

直前には「**未然形**」が来るし、「**下二段**」**と同じ活用**をするし、意味は「**使役／尊敬**」。下に「給《たま》ふ」があれば「尊敬」の可能性があるし、「給ふ」がなければ確実に「使役」だ。

Point 10　使役の助動詞「しむ」

A. 接続　直前は**未然形**！

B. 活用　**「下二段」**と同じパターン！

未然形	連用形	終止形	連体形	已然形	命令形
殴ら しめ む	殴ら しめ て	殴ら しむ 。	殴ら しむる 人	殴ら しむれ ど	殴ら しめよ ！

C. 意味　**①使役　②尊敬**

(!)見分け方も、「す・さす」と同じ（p.211）！

１つ違いを言うと「す・さす」は直前に来る動詞の種類が決まっていたよね。直前の未然形が「ａの音」なら「す」を使うし、それ以外は「さす」だった。

でも「しむ」はそんなこと関係ない。**直前が何の音だろうと**全部「しむ」を使える。動詞だけじゃなく、形容詞や形容動詞が直前に来ても OK。

じゃあ「しむ」だけあればいいのでは……？

「す・さす」の存在意義は……？

「しむ」というのは、**漢字で書くと「使む」**。もう「漢文」の授業で聞いたことがあるかもしれないね。つまり「しむ」は、もともと「漢文」を日本語に訳すときに使う言い方なんだ。

だから……「**漢文っぽい文章＝当時の男性が書くようなジャンルの文章**」

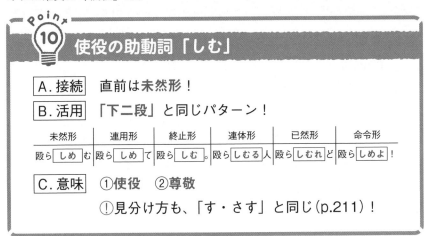

で、「しむ」は好んで使われる。具体的に言えば「軍記物語・歴史物語」とか。

逆に言えば「日記・和歌」のような「**当時の女性が書くようなジャンルの文章**」には、ほぼ「しむ」は使わない。

これで「受身／使役」の助動詞は完全マスター！　最後に総合問題だ。

練習問題 2

問１　［　　　］に、「す」「さす」のどちらかを適当な形に直して入れよ。

①　（碁を）打た[A]［　　　］給《たま》ふに、三番に数一つ負け[B]［　　　］給ひぬ。

②　山々に人をやりつつもとめ［　　　］ど、さらにかひなし。

③　しもべに酒飲ま［　　　］ことは、心すべきことなり。

問２　下線部の助動詞が「使役」ならア、「尊敬」ならイを選びなさい。

①　形見とて、脱ぎ置く衣《きぬ》に包まむとすれば、ある天人包ませず、…

②　関白殿、黒戸より出《い》でさせ給ふとて、…

③　手綱をくれて歩ませよ。

④　※1上《うへ》も聞こしめして、興ぜさせおはしましつ。

⑤　何によりてか目を喜ばしむる。

⑥　（少将は）声出《い》ださ[A]せて、※2随身《ずいじん》に（和歌を）歌は[B]せ給ふ。

※1　上＝天皇

※2　随身＝貴人の身辺警護を行う下級役人

練習問題 2 解説

解答は p.215

問１は語形。直前が「ａの音」か、そうじゃないかを見分ければOK。

①－Aは「打たァ＝**ａの音**」だから、「す」を使う。後ろに「給ふ＝動詞」があるから、連用形の「せ」が答え。

①－Bは「負けェ＝**ａ以外の音**」だから「さす」を使う。これも後ろに「給ひ＝動詞」があるから、連用形の「させ」が答え。

②は「もとめェ＝a以外の音」だから「さす」を使う。後ろに「ど」があるから、已然形の「さすれ」が答え。

③は「飲まァ＝aの音」だから、「す」を使う。後ろに「こと＝名詞」があるから、連体形の「する」が答え。

問２は意味。①は、後ろに「給ふ」がないから「使役」。答えはア。

②は、後ろに「給ふ」があるから、訳して判断。今回は「関白」本人が「出て行った」んだから答えは「尊敬」で、答えはイ。

③は、後ろに「給ふ」がないから、答えは「使役」で、答えはア。

④は、後ろに「おはします」があるから訳して判断。明らかに「上＝天皇」本人が「面白がっている」から「尊敬」で、答えはイ。

⑤は、後ろに「給ふ」がないから、「使役」で、答えはア。

⑥－Ａも後ろに「給ふ」がないから、「使役」で、答えはア。

⑥－Ｂは、後ろに「給ふ」があるから、訳して判断。今回は……「少将」が主語だよな。「少将」本人が歌を詠んだのか、それとも誰かに詠ませたのか……

直前に「随身に＝下級役人に」って書いてますよね。ということは、「少将」が「随身」に命令して歌を詠ませたから、⑥－Ｂの答えはア。

そのとおり。「使役」は、「誰かに命令する」ときに使うから、その直前に「**命令される相手**」が登場するケースが多い。つまり「す・さす・しむ」の前に「**人＋に**」**の形**が出ていたら、それは「**使役**」の可能性が高いと言える。

これで、「受身／使役」の助動詞はすべて終了！　……と言いたいところだけど、あと１つだけ、補足で説明しておきたいことがあるんだ。

◇「る・らる」に「給《たま》ふ」がつくとき

p.209 で、「す・さす」に「給ふ」がつくと「尊敬」になる可能性が生まれる、と言ったよね。

実は、前に勉強した「**る・らる**」**にも**「**給ふ**」**がつく**場合がある。

① 〈天皇〉、女に話しかけさせ給ふ。　　② 〈天皇〉、愛され給はず。
「す・さす」+「給ふ」　　「る・らる」+「給ふ」

こんな感じ。「**せ給ふ／させ給ふ**」の「す・さす」は、「**尊敬**」**の可能性があった**よね。①は「天皇は、女に話しかけ**なさる**」と訳せる。

でも「**れ給ふ／られ給ふ**」の「る・らる」は「**尊敬**」**にはならない**。②を「天皇は、(他人を) **お愛しなさらない**」と「尊敬」で訳してはいけないんだ。

Point 11
「る・らる」＋「給ふ」の形

★「給ふ」がつく「る・らる」は「尊敬」にならない！

ついでに言うと、「可能」になることもあまりない。

というこ とは「受身・自発」のどれかで訳せばOK。

そのとおり。「受身」なら「天皇は、(誰かに) 愛してもらえない」
「自発」なら「天皇は、(誰かに) 自然と愛情を感じてしまうことはない」
というような意味になる。どの意味で訳すかは、ストーリーに合わせて使い分けよう。

練習問題 1 解答
問1　①らるる　②　Aれ　Bられ　③るれ
問2　①ウ　②イ　③ア　④エ　　問3　ア・キ

練習問題 2 解答
問1　①　Aせ　Bさせ　②さすれ　③する
問2　①ア　②イ　③ア　④イ　⑤ア　⑥　Aア　Bア

3-5 断定の助動詞

「断定」というのは、「～**だ！**」「～**である！**」とハッキリ断言する言い方。3-2で勉強した「ず」が「否定文」なら、今回の「断定」は強い「肯定文」であるとも言える。では、いつもどおりの３本柱。「A. 接続」「B. 活用」「C. 意味」に分けて、１つずつ理解していこう。

◇断定の助動詞「なり」

「なり」の接続

では、「A. 接続」から。そうだな……まず現代語で、「～だ／である」という「断定の文」をいくつか作ってみよう。

「あれは、犬だ」「ここは、山である」「趣味は、本を読むことだ」

「犬／山／～こと」……これは、全部「名詞」だな。
「断定」の助動詞は、その直前に「名詞」が来るんだ。

そのとおり。そして古文で「断定」を表す助動詞と言えば、「**なり**」。
メグミさんが出した例で言うなら……

あれ、犬なり。／　ここは、山なり。／　趣味、本を読むことなり。
名詞　名詞　名詞

こんな感じ。ただし……**１つ注意**。古文は現代語に比べて「**名詞の省略**」が非常に多い。たとえば、３つめの例文。

趣味、本を読むことなり。 → 趣味、本を読むなり。
連体形＋名詞＋なり　名詞が省略されると…　連体形＋なり

このように、「名詞」、今回で言えば「こと」が省略された場合でも、断定の助動詞「なり」は問題なく使用できるんだ。

「連体形＋名詞＋なり」の「名詞」が省略されると、「なり」の**直前に「連体形」**が来ることになる。

★ High Level Lessons ★

断定の助動詞「なり」は、「助詞」や「副詞」に接続することもある。

助詞　腹が減るのは、何も食べねばなり。（腹が減るのは、何も食べないからだ。）

副詞　彼、魚を好む。彼の妻もしかなり。（彼は魚が好きだ。彼の妻もそうである。）

「なり」の活用

では、次は「B. 活用」。断定の助動詞「なり」は、「り」で終わっているよね。

「り」で終わる助動詞は、「ラ変」と同じパターン。（p.156）
つまり**「なら／なり／なり／なる／なれ／なれ」**と活用する。

そういうことだ。ただし……ここで、**もう１つ注意事項**がある。

「なり」という助動詞は、歴史的に見れば、もともと**「に」と「あり」が合体**してできた助動詞。p.109 で勉強した「形容動詞」の連用形と全く同じ理屈だ。

そして古文では、断定の助動詞「なり」が**もとの姿**、つまり**「に」と「あり」に分解された形**で登場するケースがあるんだ。

趣味、本を読むことなり。　　趣味、本を読むことにあり。
「なり」の形！ ━━━━▶「に＋あり」に分解！

断定「なり」が「に＋あり」に分解されるときは、**「係り結び」**(p.114)あるいは、**助詞「て」**が間にはさまるケースが多い。

趣味、本を読むことにあり。
⬇
趣味、本を読むこと{に[ぞ]ある　／に[なむ]ある　／に[や]ある　／に[か]ある　／に[こそ]あれ／に[て]あり}。

[係り結びを作る助詞]／[て]がセットになりやすい！

★ High Level Lessons ★

後ろの「あり」が省略されてしまうケースがある。(結びの省略 p.122)
例文で言えば、「趣味、本を読むことにぞ。」のような形で登場することもあるということ。また、「あり」が敬語になって「侍り」や「おはす」などの形になることもある。

「なり」の意味

「C.意味」は、基本的に「断定」つまり「〜だ／である」と訳せばそれでいいんだけど……１つ、特殊な使い方をするケースがある。

次の例に出てくる「なり」を「〜である」と訳してみてほしい。

（例題）次の文を現代語に訳しなさい。
①　箱の中なるミカン　　②　滋賀県なる琵琶湖《びわこ》　　③　庭なる犬

「箱の中であるミカン」「滋賀県である琵琶湖」「庭である犬」
この「なる」は、「～である」と訳すと明らかにヘン。

「箱の中にあるミカン」「滋賀県にある琵琶湖」「庭にいる犬」
「～である」じゃなくて**「～にある／いる」**と訳せばいい感じ。

そうだね。このような「～にある／いる」という訳し方を、文法用語では「**存在**」と呼ぶ。見分け方は簡単。「箱の中／滋賀県／庭」は、全部「**場所**」を表す言葉だよね。で、「ミカン／琵琶湖／犬」は、全部その**「場所」にあるモノ**たち。

つまり「**場所＋なる＋モノ」という形**が古文に出てきたとき。この形を「存在」のパターンとして見分けられれば大丈夫。

以上！　これで、断定の「なり」に関する知識はすべて終了。

今までの知識を一覧表にまとめておこう。

Point 1

断定「なり」の基礎知識

A. 接続　直前は**名詞／連体形**！

B. 活用　**ナリ活用**と同じパターン

未然形	連用形	終止形	連体形	已然形	命令形
男ならず	男なりけり 男にぞ**ある**	男なり。	男なる者	男なれども	男なれ！

「**なり**」⇒「に」＋「**あり**」に分解した形！

C. 意味　①**断定**（～である）　②**存在**（～にある／いる）

「場所なるモノ」の形で使う！

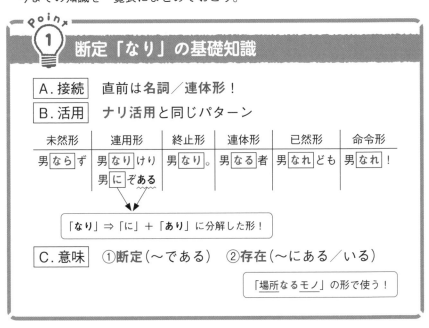

◇断定の助動詞「たり」

断定の助動詞にはもう1種類「たり」というのもある。

「たり」は非常に「**漢文っぽい**」言い方なので、「軍記物・歴史物」のような「漢文っぽい＝当時の男性が書くような」ジャンルで使うことが多い。

Point 2 断定「たり」の基礎知識

A. 接続　**直前は名詞**

B. 活用　**タリ活用**と同じパターン

未然形	連用形	終止形	連体形	已然形	命令形
男たらず	男たりけり 男とぞ**ある**	男たり。	男たる者	男たれども	男たれ！

「**たり**」⇒「と」＋「**あり**」に分解した形！

C. 意味　**断定**（〜である）

内容的には「なり」とほぼ同じだけど……微妙に違う点を、3つリストアップしておく。余裕があれば覚えておこう。

「なり」と「たり」の違い

◎「なり」は直前に「連体形」が来てもOK。「たり」の**直前は100%「名詞」**。

◎「なり」には「存在」の意味もある。「たり」に「**存在」の意味はない**。

◎「なり」は分解すると「に＋あり」。「たり」は分解すると「**と**＋あり」。

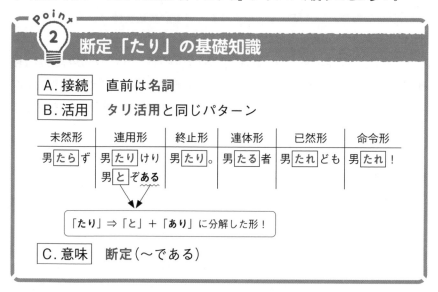

練習問題 1

問1　下線部が、**断定の助動詞ではない**ものを1つ選びなさい。

ア　今は亡き人なれば、かばかりのことも忘れがたし。

イ　羽根といふ所は、鳥の羽のやうにやある。

ウ　あらためて益《やく》なきことは、あらためぬを良しとするなり。

エ　忠盛《ただもり》備前守《びぜんのかみ》たりし時、鳥羽院《とばのいん》の御願《ごがん》、得長寿院《とくちょうじゅいん》を造進して、…

オ　その沢に、かきつばたいとおもしろく咲きたり。

問2　下線部のうち、「存在」の用法であるものを1つ選びなさい。

ア　身はいやしながら、母なむ宮なりける。

イ　※1つれづれなれば、はかなき※2すさびごとするにこそあれ。

ウ　かの隆海律師《りゅうかいりっし》の、魚釣りの童とありける時、…

エ　杖《つゑ》をつかせて、京なる医師《くすし》※3のがり率《ゐ》て行きける道すがら…

※1　つれづれなり＝退屈だ

※2　すさびごと＝慰みごと、遊び　※3　～のがり＝～の所へ

練習問題 1 解説

解答は p.223

まずは問１。「断定の助動詞でないもの」を選ぶということは……
とりあえず「断定」のものを選んでいって、残ったものを答えにすればよさそう。

アは直前に「人＝名詞」があるから、間違いなく断定。
イは直前が「やう（様）＝名詞」。それに「にやある」は「なり」が「に＋あり」に分解した形だから、これも断定。
ウは直前が「する」はサ変動詞「す」の「連体形」だから、これも断定。
エは直前が「備前守＝名詞」だから、これも断定。

オは直前が「咲き＝連用形」ですね。「連用形」ということは、「断定」の助動詞ではあり得ない。答えはオで間違いなし。

そのとおり。じゃあ、オの「たり」はいったい何だろう？
直前が「連用形」ということは……

直前が「連用形」と言えば、「過去／完了」グループの助動詞。
わかった、オの「たり」は、完了の助動詞。

そうだね。「たり」という助動詞には、「完了」と「断定」の２種類があるということ。直前の形で簡単に見分けられるから大丈夫だよね。

じゃあ、問２へ進みましょう。
「存在」は「場所＋なる＋モノ」の形だから……答えはエ「京なる医師」。
「京にいる医師」。うん、やっぱり存在で訳したほうがいい。

いいね！　これで「断定」の助動詞については終了。
次は「推定」の助動詞、つまり「〜だろう」のように訳す、推測するときに使う表現を勉強していこう。

練習問題 1 解答

問1 オ

問2 エ

3-6 推量グループの助動詞

ここからは「**推量**」の意味を持つ助動詞を攻略していく。

「断定」が100%断言する言い方なら、「推量」は100%とは言えない、その名のとおり「推《お》し量《はか》る」ときの表現。**英語で言えば「will」、現代語で言えば「〜だろう」**にあたる言葉だ。

ただ面倒なことに……古文の世界では、「推量」グループの助動詞が、なんと**11種類**もあるんだ。

11種類……覚えるのが大変そう……。

だから「推量」の助動詞は、古典文法の中でも挫折しやすいところ。われわれも気合いを入れて勉強しなきゃダメだ。

でも……いくら気合いを入れても、11種類の助動詞をいきなり暗記することなど不可能だ。だから、一度細かい話は置いておいて、まず11種類の助動詞**全体のイメージ**をつかんでしまおう。

なぜ11種類もあるのか？　どのような違いがあるのか？　まとめて覚えられる方法はないのか？　そういう全体像を先に理解して、後から細かい知識を補足していくほうが効率がいい。

推量グループの11の助動詞
①む　②むず　③じ　④べし　⑤まじ
⑥らし　⑦めり　⑧なり　⑨らむ　⑩けむ　⑪まし

◇「推量」グループの全体像を、ざっくり理解

まず、最も基本となる助動詞を１つ覚える。①「む」だ。

「む」が出てきたら、まさに**英語の「will」に近い**と思おう。「〜だろう／〜しよう」のように訳せばOK。（他の訳し方もあるけど、細かい話は p.231 で）

そして、**「む」と同じ意味**を持つのが、②「**むず**」。

「むず」は、「む」に比べて「会話」によく使われるなど微妙な違いもあるけど……そこまで気にする必要はない。**同じもの**と思っていい。

パンを焼かむ　＝　パンを焼かむず　英語で言う「will」のイメージ
<パンを焼くだろう／焼こう>

次に「む」の否定形、つまり「will not」を１文字で表す助動詞が③「じ」。

パンを焼かむ　⇔　パンを焼かじ
<パンを焼くだろう／焼こう>　<パンを焼かないだろう／焼かないようにしよう>
英語で言う「will not」のイメージ

そして、④「**べし**」は、「む／むず」の強化バージョン。

「じ」の強化バージョンが、⑤「**まじ**」だ。

「パンを焼か**む**」だと、パンを焼きたい気持ちは**60〜70%**ぐらいのイメージ。でも、「**べし**」を使うと**99〜100%**、絶対にパンを焼くぞ！という強い気持ちになる。

「パンを焼か**じ**」の場合は、パンを焼きたくない気持ちが**60〜70%**。「**まじ**」だと、**99〜100%**、絶対にパンを焼かない！という強い意味になる。

そしてもう１点。「べし／まじ」は「強い」意味を持つ助動詞。ということは……「べし／まじ」の**直前にも「強く断言する形」が来る**んだ。

活用形６種類の中で、「強く断言する形」は、何形だと思う？

「終止形」じゃないかな。「必ず行く／絶対やる。」みたいに、断言するときは終止形を使う。

だよね。だから、「強い」推量である「べし／まじ」の直前には、「終止形」をもってくるのが基本ルール。逆に言えば……「む／じ」は比較的「弱い」推量。だから、その直前にも**「弱々しい、自信なさげな形」**が来る。

活用形の中で、最も「弱々しい形」といえば……

「未然形」ですね。打消の「ず」は、直前が「未然形」だし。

そのとおり。「む／じ」　　⇒「弱い」推量／打消推量　⇒直前が「未然形」
　　　　　「べし／まじ」⇒「強い」推量／打消推量　⇒直前が「終止形」
とイメージで覚えておくと、「直前との接続」も忘れにくくなるはず。

①②パンを焼かむ（むず）　＜パンを焼くだろう／焼こう＞

直前は未然形！

③　パンを焼かじ　＜パンを焼かないだろう／焼かないようにしよう＞

強化！

④　パンを焼くべし　＜パンを焼くに違いない／必ず焼こう＞

直前は終止形！

⑤　パンを焼くまじ　＜パンを焼かないに違いない／絶対焼かない＞

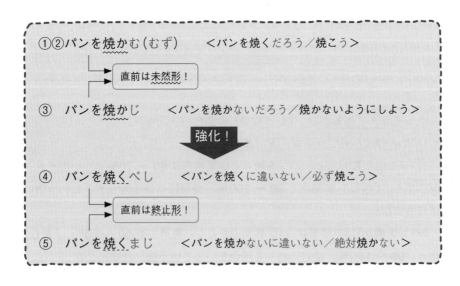

では、次へ進もう。次は「推量」ではなく、「推定」という名前がついたグループ。具体的には**⑥「らし」**、**⑦「めり」**、**⑧「なり」**の３つ。

「推量」と「推定」の違いは、「**ハッキリした根拠**」が必要かどうか。

「推量」の場合、特に「ハッキリした根拠」がなくても使うことができる。本人の思い込みや、なんとなくのカンで「推量」してしまっても別にかまわない（根拠があってもOK）。

でも「推定」の場合は、何らかの「ハッキリした根拠」がないと基本的に使うことはできないんだ。

ちなみに、⑥「らし」は、ほぼ「**和歌**」**の中でしか使わない**特別な表現。

⑦「めり」は、もともと「**見＋あり**」が短縮されてできた言葉と言われる。つまり「**何かを見て**」「**視覚的に**」推定するときの表現。

⑧「なり」は、もともと「**音《ね》＋あり**」が短縮されてできた言葉と言われる。つまり「**音を聞いて**」「**聴覚的に**」推定するときの表現だ。

⑥小麦粉と　イースト菌を　買う男　きっと今夜は　パンを焼くらし

ハッキリした根拠あり → 和歌に使う！

⑦小麦粉こねたる、男の姿ぞ見ゆる。　パン焼くめり。

目で見て推定！ → 「めり」を使う！

⑧生地をたたきつける、音ぞ聞こゆる。　パン焼くなり。

音を聞いて推定！ → 「なり」を使う！

直前は終止形！

「らし／めり／なり」どれも「ハッキリした根拠」を持つ「強い」表現なので、「べし／まじ」同様「強い形＝**終止形**」が直前に来る。

「なり」は、3-5で勉強した「断定」の助動詞にもありましたよね。
断定の「なり」と、推定の「なり」は別モノなんですか？

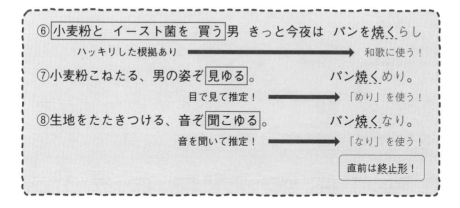

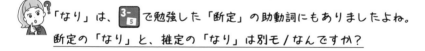

たまたま形が同じだけで、別の助動詞だ。その「見分け方」は p.259 で勉強するから、今はその話はいったんパス……。

次は、①「む」の親戚にあたる助動詞を２つ。
「む」は、英語で言う「will」だと説明した。
「will」は「**未来形／未来時制**」などと呼ばれることもあるよね。

「む」も同じですよね。「明日雨、降らむ＝明日雨が降るだろう」。

そうだね。で、「未来」があるんだから、当然「**現在**」**があるし、**「**過去**」**もある**んだ。「未来」のことを推量するのが、①「む」なら……
「**現在**」のことを推量するのが、**⑨「らむ」**。
「**過去**」のことを推量するのが、**⑩「けむ」**だ。

①明日、パン焼かむ。　<明日、パンを焼くだろう。>

未来 ➡「む」を使う！　直前は未然形！

⑨今ごろ、パン焼くらむ。　<今ごろ、パンを焼いているだろう。>

現在 ➡「らむ」を使う！　直前は終止形！

⑩昨日、パン焼きけむ。　<昨日、パンを焼いただろう。>

過去 ➡「けむ」を使う！　直前は連用形！

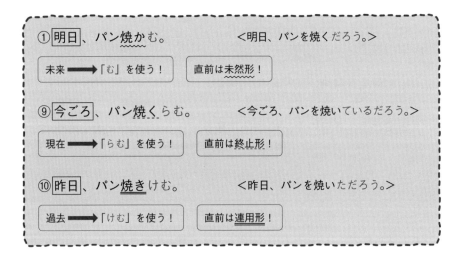

⑨「らむ」は、「今ごろ～しているだろう」のように訳せばいい。
「現在」の話だから、これが英語だったら「**現在形**」を使うはず。
「現在形」は、英語で最初に勉強する「**最も基本的な形**」と言えるよね。
「らむ」も、古文の動詞の中で「最も基本的な形」が直前に来るんだ。

「最も基本的な形」といえば……辞書に載る形の「終止形」。

そう。「らむ」の直前には、「終止形」が来るのがルール。

⑩「けむ」は、「過去」の意味をもち、「～だっただろう」と訳すのが基本。
「過去」の助動詞といえば、直前に来る形は決まっていたよね。(p.153)

「連用形」だ。

そのとおり。「けむ」の直前には「連用形」をもってくる。

最後は、⑪「**まし**」。
⑤「まじ」と形が似てるけど、全然意味が違うので混同しないよう注意。
⑪「まし」は、「**起こる可能性０％**」のことに使う助動詞だ。このように事実と反することを仮想するから、文法では「**反実仮想**」と呼ばれる。

⑪もし平安時代にパン屋があらましかば、パンを買はまし。

「現実」には、平安時代にパン屋はない
＝「事実ではないこと」に使う！

直前は未然形！

＜もし平安時代にパン屋があったら、パンを買ったのに。＞

「事実ではない」ことということは、ある意味「**打消**」**に近い**。だから、「まし」の直前には「打消」同様「**未然形**」が来る。

以上！　これで、11個の助動詞にどのような役割があるのか、ざっくりしたイメージを伝えることができた。次から、１つずつの助動詞について詳しく説明していこう。

Point 1

「推量」の助動詞　全体Map

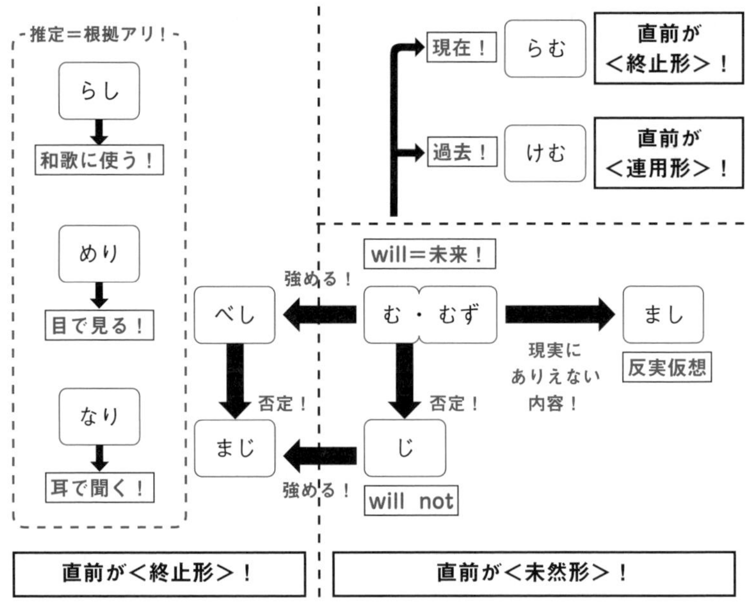

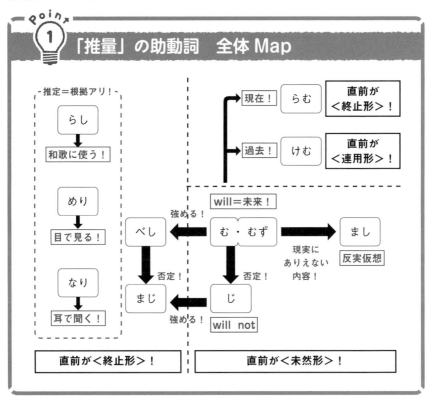

◇①「む」 ②「むず」 ③「じ」

推量グループで最も基本となるのが①「**む**」、②「**むず**」、③「**じ**」だ。

いつもどおり助動詞の重要な３本柱、「A. 接続」「B. 活用」「C. 意味」を順番にチェックしていけばいい。

①「む」、②「むず」、③「じ」は、どれも**直前**には「**未然形**」が来る。
「A　接続」は、特にこれ以上覚えることがない。

そうだね。あとは「B. 活用」と「C. 意味」を覚えればOK。

Point 2

推量「む／むず」＋打消推量「じ」の基礎知識

A. 接続　　すべて直前は**未然形**！

B. 活用

★「む」…四段活用のパターン

未然形	連用形	終止形	連体形	已然形	命令形
×	×	働か[む]。	働か[む]人	働か[め]ど	×

★「むず」…サ変のパターン

未然形	連用形	終止形	連体形	已然形	命令形
×	×	働か[むず]。	働か[むずる]人	働か[むずれ]ど	×

★「じ」…無変化(特殊なパターン)

未然形	連用形	終止形	連体形	已然形	命令形
×	×	働か[じ]。	働か[じ]人	我こそ、働か[じ]。	×

C　意味　　ス　イ　カ　買　え

★む／むず → ①**推量**(だろう)　②**意志**(しよう)　③**勧誘**(したほうがいい)　④**仮定**(〜なら)　⑤**婉曲**《えんきょく》(〜のような)

↓否定！　↓否定！

★じ → ①**打消推量**(ないだろう)　②**打消意志**(ないようにしよう)

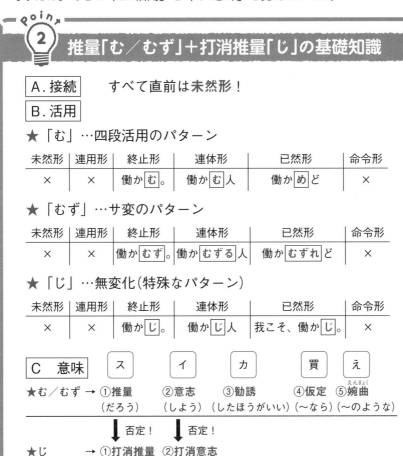

「む／むず／じ」の活用

「む／むず／じ」は、活用表のとおり「終止／連体／已然」の３種類しか使わない。これは、過去の助動詞「き／けり」(p.155) と似てるよね。

パターンで言えば、「む」は「**四段活用**」と同じ。「むず」は「**サ変**」と同じ。「じ」は「**変化しない**」。ただ……数が少ないので、理屈をこねず「**む／む／め**」「**むず／むずる／むずれ**」「**じ／じ／じ**」と何度も唱えて丸暗記したほうが、逆にラクかもしれない。各自覚えやすいようにすれば OK。

★ High Level Lessons ★

本来「助動詞」とは「形が変化する」付属語のことをいう。であれば「じ」は形が変化しないので、「助動詞ではなく助詞では？」と疑問に思う人もいるだろう。だが、次の例を見てほしい。

(例) 鶯《うぐひす》は月の内こそ声は聞こえじ。

この文は「こそ」があるので文末の「じ」は已然形ということになる。つまり、見た目上は形が変化していなくても、実は「終止形→已然形」への変化が起こっている。よって、「じ」もやはり「助動詞」の一種と考えられる。

「むず」についての注意点

「むず」は、「むず／むずる／むずれ」どの形に変化しても「ず」**の文字**が含まれる。われわれ現代人の感覚で、「ず」という文字を見ると、普通どんな意味を連想するだろう？

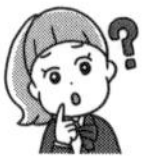

「否定・打消」ですよね。

でも……「むず」は「む」と同じ意味だから「**打消**」ではない。

そのとおり。具体的な例文でいうと……こんな感じ。

★太郎に
- 恋人　できむず。
- 恋人ぞ　できむずる。
- 恋人こそ　できむずれ。

➡ × 太郎に恋人はできない。
◎ 太郎に恋人ができるだろう。

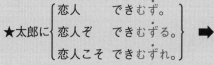

「恋人ができない」と「恋人ができるだろう」じゃ、意味がまるで正反対。

……入試本番で勘違いして、逆に訳してしまったら……怖っ。

Point 3　「むず」の注意点

「むず／むずる／むずれ」は、「打消」で訳してはいけない！

「む／むず」の意味

「む／むず」の意味は５種類もあるから、とりあえず**５種類の意味を全部暗記しよう**。見分け方も重要だけど、それ以前に意味がアタマに入っていなければ話にならない。

覚え方は、多くの参考書、多くの先生がこのゴロ合わせで教えるはず。

「**スイカ買え**」だ。

「**ス＝推量**」「**イ＝意志**」「**カ＝勧誘**」「**か＝仮定**」「**え＝婉曲**《えんきょく》」。

「推量」は、「**〜だろう**」と訳す。

「**推量**」で訳す場合の特徴は、「**主語が３人称**」になること。

★明日　＜**彼**＞　東京に行かむ。⇒ 推量　明日、＜**彼は**＞東京に行くだろう。
★明日　＜**雪**＞　激しく降らむ。　明日、＜**雪は**＞激しく降るだろう。
＜主語＝３人称＞

「私＝１人称」「あなた＝２人称」「それ以外＝３人称」だよな。

「彼が」行くだろう、「雪が」降るだろう。たしかに、「私」でも「あなた」でもないから、この例文は「３人称」です。

「３人称」が「推量」になるなら……
「１人称」と「２人称」のときは、何になるんだ？

「**主語が１人称**」のときは、「**意志**」つまり「**〜しよう**」と訳す。
この訳し方も、英語の「will」と同じだね。

★明日　＜**我**＞　東京に行かむ。
　　＜主語＝１人称＞
⇒ 意志　明日、＜**私は**＞東京に行こう／行くつもりだ。

そして「**主語が２人称**」のときが「**勧誘**」になる。「勧誘」は誘ったり、提案する表現だから、「**〜したほうがよい／しませんか**」と訳せばOK。

★明日　＜**あなた**＞　東京に行かむ。
　　＜主語＝２人称＞
⇒ 勧誘　明日、＜**あなたは**＞東京に行ったほうがよい
　　／行きませんか。

★ High Level Lessons ★

「勧誘」のことを「適当」と呼んだり、あるいは「勧誘・適当」と併記する教科書・参考書もあるが、どれも基本的に同じと考えてOK。

「主語」さえ押さえてしまえば、そんなに難しい話ではないよね。

ただ……今説明したルールが「絶対」かと言うと、そこまでは言い切れない。「私は、もうすぐ死ぬだろう」のように、主語が「１人称」なのに「推量」で訳すこともあるし、「彼は、早く就職したほうがいい」のように、主語が「３人称」なのに「勧誘」で訳すケースもある。このルールはあくまで目安であって、**例外も存在する**ことは忘れないでほしい。

それに、日本語、特に古文は「主語」の省略が多い。「主語」がわからないのに「主語の人称」で意味を判断するのは無理だから、最終的には文脈・ストーリーをもとに、自分で訳して意味を判断しなくてはならない。

Point 4
「む／むず」の訳し分け１

「主語」**をチェック**する！

★「１人称＝私」 ⇒「**意志**」(**〜しよう**)

★「２人称＝あなた」⇒「**勧誘**」(**〜したほうがよい**)

★「３人称＝その他」⇒「**推量**」(**〜だろう**)

① 例外もあるので、必ず**文脈に当てはめてチェック**することが大事。

「ス＝推量」「イ＝意志」「カ＝勧誘」はわかりましたけど、残りの「か＝仮定」「え＝婉曲」は、どうするんですか？

「仮定・婉曲」は、今勉強した「推量・意志・勧誘」とは**全く違う使い方**をする。「推量・意志・勧誘」の意味の場合、「む・むず」は「**文末**」**のポジション**に来る。つまり「む・むず」が「。」**の前**に来るか、あるいは**カギカッコ内の最後**に来る。

ス　＜彼＞　東京に行か**む**。
　⇒推量　＜彼は＞東京に行く**だろう**。
イ　「＜我＞　東京に行か**む**」と言ふ。
　⇒意志　「＜私は＞東京に行こ**う**」と言う。
カ　＜あなた＞　東京に行か**む**と言ふ。
　⇒勧誘　＜あなたは＞東京に行っ**たほうがよい**と言う。

「む」が
文末ポジション

か　東京に行か**む**は、地図を買え。
　⇒仮定　**もし**東京に行く**なら**、地図を買え。
え　東京に行か**む**とき、地図を買え。
　⇒婉曲　東京に行く**ような**ときは、地図を買え。

「む」が
文中ポジション

逆に言えば、「む／むず」が**文のド真ん中**、具体的には名詞や助詞の前に来るとき、それは「仮定」か「婉曲」の意味になる。

「**仮定**」の意味はわかるよね。「**もし〜なら**」と訳せばいい。

「**婉曲**」というのは、「意味をハッキリさせず、遠回しに言う表現」のこと。「**〜のような**」と訳すのが基本だけど、特に**訳さなくてもいい**場合も多い。

なるほど。「**仮定**」と「**婉曲**」はどう区別するんですか？

正直に言うと、「仮定」と「婉曲」は**厳密に区別できない場合が多い**。

もう一度さっきの例文を見てほしいんだけど……「もし東京に行くなら」と、「東京に行くようなときは」って、ほぼ同じ意味でしょ。だから、入試問題でも「仮定・婉曲」は区別せずに出題されるケースが多い。

「む／むず」の意味については、これですべて終了だ。

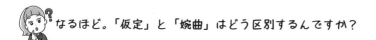

Point 5
「む／むず」の訳し分け２

「む／むず」の「ポジション」**をチェック**する！

★文末ポジション ⇒「推量／意志／勧誘」のどれか！

★文中ポジション ⇒「仮定／婉曲」になる！

★ High Level Lessons ★

「む」の直後に「名詞」が来るときは婉曲、「助詞」が来るときは仮定で訳すとうまく訳せるケースが多い。

「じ」の意味

「じ」の意味は、「む／むず」に「**not**」**をつけるだけ**。ただ、実際には「**推量**」か「**意志**」**どちらか**でしか使われることはないんだ。

「not」がつくので、「**打消推量／打消意志**」と呼ぶ。

つまり「主語が２人称・３人称＝打消推量」「主語が１人称＝打消意志」。ただ、これを見抜けばいいだけ。

Point 6
「じ」の訳し分け

「主語」**をチェック**する！

★「１人称」⇒「**打消意志**」で訳す！（～するつもりはない）

★「２・３人称」⇒「**打消推量**」で訳す！（～ないだろう）

練習問題①

問１　［　　　］を適切な形に直しなさい。（形が変わらない場合もある）

①　わづかに二つの矢、師の前にて一つを※1おろかにA［す］むとB［思ふ］むや。

②　思ふとも 離《か》れなむ人を いかがせむ ※2飽かず散りぬる
花とこそC［見る］D［む］

③　…大勢の中を打ち破りてこそ、後代の※3聞こえもE［あり］F［むず］。

④　榊《さかき》葉《は》の 色かはるまで あふ事は 賀茂の社《やしろ》も
※4えこそG［許す］H［じ］

問２　下線部を現代語訳しなさい。

①　右衛門督《うゑもんのかみ》沈まば、我も沈まむ。

②　銭あれども用ゐざらんは、全く貧者と同じ。

③　さも言はれたり。今はほどなく夜も明けなむず。

④　「さらば、ただ心にまかせよ。我は『（歌を）詠め』とも言はじ」。

⑤　ある人の、「月ばかり※5おもしろきものはあらじ」と言ひしに、…

※1　おろそかに＝いいかげんに　※2　飽かず＝満足せず　※3　聞こえ＝評判
※4　え～打消＝～できない　※5　おもしろき＝すばらしい

練習問題① 解説

解答は p.278

まずは問１から。

ＡＢＣは、全部後ろに「む」があるから、未然形にすればOK。

Ａ「す」はサ変だから、未然形は「せ」。

Ｂ「思ふ」は四段だから、未然形は「思は」。

Ｃ「見る」は上一段だから、未然形は「見《み》」。

Dは前に**「こそ」**があるから、係り結びで**已然形**になるパターン。「む」の已然形だから、答えは**「め」**。
Eは後ろに**「むず」**があるから、**未然形**にする。「あり」はラ変だから、未然形は**「あら」**。
Fは前に**「こそ」**があるから**已然形**。「むず」の已然形は**「むずれ」**。

Gは後ろに**「じ」**があるから**未然形**。「許す」は四段だから、未然形は**「許さ」**。
Hは前に**「こそ」**があるから**已然形**。でも……「じ」は**形が変わらない**から、「じ」のままでOK。

いいね。形に関してはこれでOK。

問2。①は「む」が**文末**にあるから「仮定・婉曲」ではない。主語が「我」だから**1人称**。ということは、**「意志」**で訳せばよさそう。答えは**「私も沈もう」**。

そうだね。①の下線部の前は、「人物」＋「沈ま＝未然形」＋「ば」だから、「もしその人物が沈んだら、自分も沈もう」で文脈にも合う。

②は「ん＝む」の後ろに「助詞」があるから、これは**文中ポジション**。**「仮定・婉曲」**で訳せばOK。答えは**「もし使わないなら」***or***「使わないような者は」**。
……別に、どっちで訳しても同じですよね。

③は「むず」が**文末**にあるし、主語が**「夜＝3人称」**だから、**「推量」**で訳せばよさそう。**「夜も明けるだろう」**が答え。

③の「むず」が推量なのはOK。ただ……その直前の「な」が何か、わかる？

「明けなむず」の「明け」は、未然形か連用形のどちらかですよね。
未然形にくっつく「な」の形なんて習ってないから……
これを連用形と考えると、この「な」は完了・強意の「ぬ」じゃないかな？（p.169）
（な／に／ぬ／ぬる／ぬれ／ね）

そうか、「むず」の直前には未然形が来るから、「な」を「ぬ」の未然形だと考えると理屈に合う。

すばらしい！　完了・強意の助動詞に「推量」がくっつくときは「強意」で訳す、と教えたよね。だから③は「**きっと**夜が明けるだろう」「**今にも**夜が明けるだろう」のように「きっと／今にも」のような言葉を補って訳すのもいいよね。

④⑤は「じ」が入っている。
④は、主語が「**我＝１人称**」だから、**打消意志**。**「私は『歌を詠め』と言うつもりはない」**と訳せばOK。
⑤は「**おもしろきもの＝３人称**」が主語だから、**打消推量**。**「すばらしいものはないだろう」**という意味。

◇④「べし」 ⑤「まじ」

「べし／まじ」は、「む／むず／じ」とどういう関係だったか覚えてる？

「む／むず」を**強化**したものが「べし」。
「じ」を**強化**したものが「まじ」です。

「べし」に**「not」**をつけて、否定したものが「まじ」。

「べし／まじ」は**「強い意味」**を持つ助動詞だから、直前にも「強く断言する」形をもってくる。

つまり、「べし／まじ」の直前には**「終止形」**が来る。

OK、すばらしい。ただし……
「終止形」接続の助動詞には、常に**1つの例外**がつきまとう。
それは、**直前に「ラ変」**が来るとき。「ラ変動詞」は、もう覚えたよね？

「あり／をり／はべり／いまそかり」。(p.93)
活用パターンは**「ら／り／り／る／れ／れ」**。
動詞の「終止形」は普通「uの音」なのに、**「ラ変」だけは「ｉの音」**になるんですよね。

そのとおり。そして、今メグミさんが言ったことがポイント。
「ラ変」だけ「終止形＝ｉの音」だから、他の動詞のように「終止形」をそのまま「べし／まじ」の前に置くと変な形になってしまうんだ。

たしかに「ありべし」「ありまじ」とは言わないよな。
「あるべし」「あるまじ」のほうが自然だ。

★ラ変以外の動詞

死ぬ［べし］　許す［まじ］　説明す［べし］　蹴る［まじ］　射る［べし］

→ 終止形が「uの音」⇒「べし／まじ」の直前に置いても、自然！

★ラ変

あり［まじ］　をり［べし］　はべり［まじ］　いまそかり［べし］

→ 終止形が「iの音」⇒「べし／まじ」の直前に置くと、不自然！

↓

ある［まじ］　をる［べし］　はべる［まじ］　いまそかる［べし］

だったら、「uの音」に変えてしまえば自然！

「べし／まじ」のような「終止形接続」の助動詞は、言い換えれば「**uの音に接続すると自然な響き**」の助動詞とも言える。だから、「ラ変」のような「終止形がuの音にならない」言葉は、そのまま直前に置くことができない。図のように「**uの音**」**に変える**必要があるんだ。

「ラ変」の（uの音）にするということは……

「ら／り／り／（る）／れ／れ」だから、要するに（連体形）にするということ！

Point 7

「終止形」接続の例外事項

「終止形」接続の語の直前に「**ラ変**」**タイプ**が来るとき

⇒ラ変の「**uの音＝連体形**」に接続する！

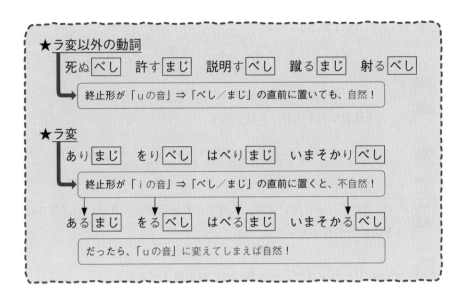

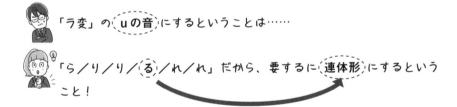

これは、「ラ変動詞」だけではなく、「ラ変と同じ活用をするもの」すべてに適用されるルールだ。これまで勉強したものの中から例をあげてみよう。

★形容詞	×	早かりべし	◎	早かるべし	（補助活用）
★形容動詞	×	暇なりべし	◎	暇なるべし	
★打消「ず」	×	書かずべし	◎	書かざるべし	（補助活用）
★完了「たり」	×	書きたりべし	◎	書きたるべし	
★完了「り」	×	書けりべし	◎	書けるべし	
★断定「なり」	×	書くなりべし	◎	書くなるべし	

このように「ラ変」と同様、「ら／り／り／る／れ／れ」で変化する言葉は、「uの音」つまり「連体形」に変えてから、「べし／まじ」の前に置かなければならない。

これで「べし」について、３本柱のうち「A. 接続」は終了。

「べし」の活用

「べし」「まじ」ともに「**し／じ」で終わる言葉**だよね。

今まで勉強してきた中で、「し／じ」で終わる言葉といえば……

「形容詞」ですね。「美し／古し」「すさまじ／いみじ」とか。

そういうこと。だから、「べし／まじ」も、「**形容詞」と同じ**活用パターンになる（ただし「命令形」はなし）。また、形容詞と同じように「**本活用**」と、助動詞が後ろにつく「**補助活用**」がある。

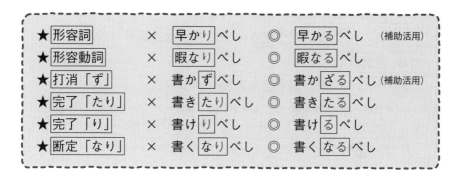

Point 8

推量「べし」／打消推量「まじ」の基礎知識

A. 接続　基本的に、直前は終止形

！直前がラ変タイプのときは連体形＝ｕの音

B. 活用

★「べし」…形容詞ク活用と同じパターン

未然形	連用形	終止形	連体形	已然形	命令形
×	打つべく、	打つべし。	打つべき人	打つべけれど	×
打つべからず	打つべかりけり	×	打つべかるめり	×	×

★「まじ」…形容詞シク活用と同じパターン

未然形	連用形	終止形	連体形	已然形	命令形
×	打つまじく、	打つまじ。	打つまじき人	打つまじけれど	×
打つまじからず	打つまじかりけり	×	打つまじかるめり	×	×

C. 意味

★べし

①推量 ス（だろう）　②意志 イ（しよう）　③可能 カ（できる）　④当然 止（当然～はず／べき）　⑤命令 め（しなさい）　⑥適当 て（したほうがよい）

否定！

★まじ

①打消推量（ないだろう）　②打消意志（ないようにしよう）　③不可能（できない）　④打消当然（当然～ないはず／べきでない）　⑤禁止（するな）　⑥不適当（しないほうがよい）

「べし／まじ」の意味

「べし／まじ」の意味は、見てのとおり６つもあるから、「見分け方」以前にまずは６つの意味をとにかく覚えてしまおう。

覚え方は、多くの古文の先生が「**スイカ止めて**」と教えると思う。

「**ス＝推量**」「**イ＝意志**」「**カ＝可能**」「**ト＝当然**」「**メ＝命令**」「**テ＝適当**」。

「む」のときは、「スイカ買え」と覚えたよな。

「ス＝推量」「イ＝意志」「カ＝勧誘・適当」「か＝仮定」「え＝婉曲《えんきょく》」。

そうだね。１つ注意すべきは、「スイカ」の「カ」の意味が、「む」と「べし」で違うこと。

「む」のときは「**カ＝勧誘／仮定**」だったけど、「べし」の場合は「**カ＝可能**」になる。ここをゴチャ混ぜにしないよう注意だ。

では、６つの意味を覚えたら、次はその「見分け方」に進んでいくんだけど……先にハッキリ伝えておこう。

今から教える見分け方は、あくまで「一応の目安」にすぎない。

「べし」の意味は、**そもそも厳密に見分けられないケースがものすごく多い**んだ。

たとえば……「明日は雨が降るだろう＝推量」「明日は雨が降るはずだ＝当然」この２つの訳、ほとんど意味が変わらないよね。

「勉強しろ＝命令」「勉強したほうがいい＝適当」「勉強するべきだ＝当然」この３つも、どれで訳したって大して意味は変わらない。

このように、「べし」の意味は「ぶっちゃけ、どっちでもOK」という場合が非常に多いので、キッチリ厳密に見分けようとするのはそもそも無理な話なんだ。当然、厳密に見分けられない**「べし」の意味が入試で問われることもほとんどない**。だから、あまり難しく考えず「６つのうち２～３コに絞ればOK」ぐらいの、気楽な気持ちで取り組んでいこう。

「べし」の見分け方は、さっき勉強した「む」とセットで覚えると効率的。

主語が「１人称→意志」「２人称→勧誘」「３人称→推量」でした。

そうだね。「べし」も「む」同様、**主語に注目**して見分ければいい。
主語が１人称のときは、「む」と同じく「**意志**」になりやすい。

む　明日＜**我**＞東京に行かむ。 ⇒ べし　明日＜**我**＞東京に行くべし。
＜**主語＝１人称**＞　＜**主語＝１人称**＞

意志で訳す！
（明日、私は東京に行こう）

意志で訳す！
（明日、私は東京に行こう）

主語が２人称のとき、「む」の場合だと「勧誘・適当」になった。「勧誘」だから、「～しませんか／～したほうがいい」と訳す。

そうだね。「べし」も同様に「適当＝～したほうがいい」と訳すことができる。ただし「べし」は「む」よりももっと意味が強いから、「命令＝～しろ」と訳したほうがいい場合もある。

む　明日＜**貴殿**＞東京に行かむ。⇒ べし　明日＜**貴殿**＞東京に行くべし。
＜**主語＝２人称**＞　＜**主語＝２人称**＞

勧誘で訳す！
（明日、東京に行きませんか）

命令で訳す！
（明日、東京に行け）

適当で訳す！
（明日、東京に行ったほうがよい）

「２人称」のときは、「命令」と「適当」２タイプあるんですね。
「命令」と「適当」は、どうやって区別するんですか？

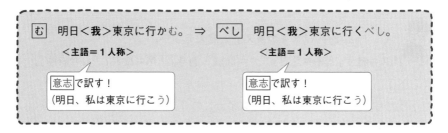

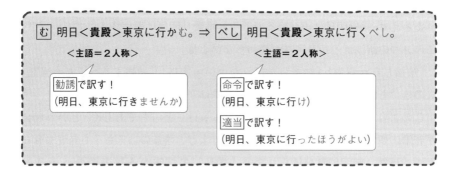

それは、「**相手のエラさ**」で決まると思えばいい。

「命令」というのは、ものすごく「上から目線」の言い方だよね。つまり「身分の高い人間」が「身分の低い人間」に向かって話しているなら、「命令」で訳すのがピッタリ。逆に言えば「適当」は、「身分が同じ」か「身分の高い人間」を相手に話すとき。

主語が３人称のとき、「む」の場合だと「推量」になった。

そうだね。「べし」で主語が３人称の場合も同様に「**推量**」で訳すことが多い。

む　明日＜**彼**＞東京に行かむ。
＜主語＝３人称＞
推量で訳す！
（明日彼は東京に行くだろう）

べし　明日＜**彼**＞東京に行くべし。
＜主語＝３人称＞
推量で訳す！
（明日彼は東京に行くだろう）

残りは「当然」と「可能」ですね。

「当然」は「～すべき」あるいは「～はずだ」と訳す。

実を言うと、「べし」の最も中核、基本となる意味がこの「当然」なんだ。だから「べし」の訳し方に困ったときは、**まず「当然＝～べき／はず」で訳す**とうまくいくことが多い。

推量	明日、雨が降る**だろう**	→	明日、雨が降る**はずだ**
意志	明日、宿題を**やろう**	→	明日、宿題をやる**べきだ**
可能	彼は納豆を食べ**られる**	→	彼は納豆を食べる**はずだ**
命令	必ず、仕事を**しろ**	→	必ず、仕事をす**べきだ**
適当	早く帰っ**たほうがいい**	→	早く帰る**べきだ**

当然
幅広く
使える!!

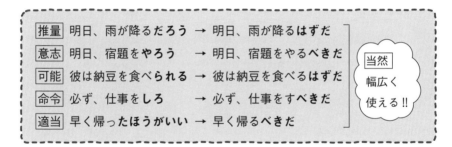

「可能」は、「る・らる」のときにも登場したよね。(p.203)

後ろに「打消」が来ると、「可能」になる可能性が高い。

そのとおり。「べし」も「る／らる」同様、「打消」がセットで使われていると、「可能」で訳す可能性が高まる。

る・らる　財布なければ、コーヒー買はれず。
可能＋打消！
べし　財布なければ、コーヒー買ふべからず。
可能＋打消！

以上、「べし」６通りの意味の見分け方はこれで終了。

ただ、何度も言うように「べし」の意味は、パターン通りにキレイに見分けられないことが非常に多い。どんなに考えても答えが１つに決まらないケースがいくらでもあるので、**「訳して意味が通ればまぁ OK」「意味が１つに絞れなくてもまぁ OK」**ぐらいの、気楽な気持ちを忘れないこと。

そして「まじ」の意味は、**「べし」に「not」をつけるだけ**だから、これ以上覚えることは何もないけど……「推量→打消推量」「意志→打消意志」「可能→不可能」「当然→打消当然」「命令→禁止」「適当→不適当」という、名前だけは覚えておこう。

Point 9 「べし」の訳し分け

★「主語」をチェックする！

主語が 1人称 → 「意志」(〜しよう)

2人称 身分が低い相手

→「命令」(〜しろ)

身分が低くない相手

→「適当」(〜したほうがいい)

3人称 → 「推量」(〜だろう)

★「打消」とセット →「可能」(〜できる／できない)

★最も幅広く使える →「当然」(〜はず／べき)

① 例外も多いので、必ず文脈に当てはめてチェックすることが大事。

① 厳密に見分けられないケースが多いので、あまり「訳し分け」にこだわりすぎないこと！

★ High Level Lessons ★

「む」の場合、「文中」に登場したときには「婉曲（仮定)」の意味になったが、その使い方は「べし」には存在しない。

「婉曲」というのは、「意味を弱めて、曖昧にする」はたらきを持つ。「べし」は「む」よりも強い意味を持つ助動詞なので、「弱い意味」である「婉曲」の意味はもちようがない。つまり、「べし」の場合「文末 or 文中」のように、文中のポジションで見分ける必要性はない。

練習問題 2

問1　［　　　］を適当な形に直しなさい。（形が変わらない場合もある）

①　恐れの中に恐る［べし］けるは、ただ地震《なゐ》なりけり…

②　さる君を見置きたてまつりてこそ、え$_A$［行く］$_B$［まじ］。

③　御疑ひ$_C$［あり］$_D$［べし］ず。

④　さることあるらん。その人ならば［苦し］まじ。

問2　下線部を現代語訳しなさい。

①　羽なければ、空をも飛ぶべからず。

②　「潮満ちぬ。風も吹きぬべし」とさわげば、舟に乗りなむとす。

③　（かぐや姫は）「宮仕へに出《い》だしたてなば、（私は）死ぬべし」と申す。

④　冬枯れのけしきこそ、秋には※1をさをさ劣るまじけれ。

⑤　妻《め》といふものこそ、男《をのこ》の持つまじきものなれ。「いつも独り住みにて」など聞くこそ、※2心にくけれ…

※1　をさをさ～打消＝ほとんど～ない

※2　心にくけれ＝奥ゆかしい

練習問題 2 解説

解答は p.278

じゃあ、**問1**をやります。

①は後ろに「**ける（けり）**」があるから、**連用形**。「けり」は助動詞だから、本活用じゃなくて**補助活用**を使います。答えは「**べかり**」。

②－Aは後ろに「**まじ**」があるから終止形。答えは「**行く**」のまま。

②－Bは前に「**こそ**」があるから**已然形**。答えは「**まじけれ**」。

③－Cは、後ろに「べし」があるから、普通は終止形のはずだけど……「あり」はラ変だから、今回は「**uの音＝連体形**」に変える。答えは「**ある**」。

③－Dは後ろに「**ず**」があるから**未然形**。「ず」は助動詞だから、補助

活用の「**べから**」が正解。

④も、後ろに「**まじ**」があるから、普通は終止形だけど……「苦し」は形容詞。形容詞の補助活用も「**ラ変タイプ**」だから、やっぱり**連体形**を使う。答えは「**苦しかる**」。

そうだね。④は「苦し＝形容詞」の後ろに「まじ＝助動詞」が来ている。形容詞も、助動詞が後ろに来るときは「補助活用」を使うルールだった（p.105）。

じゃあ、**問2**へ進みましょう。

①は、「べから」の後ろに「**ず**」があるから「**可能**」で訳すのがよさそう。答えは「**空を飛ぶこともできない**」。

②は「**風＝3人称**」が主語だから、「べし」は「**推量**」で訳すのがよさそう。「吹き＝連用形」の後ろに「ぬべし」の形だから、「ぬ」は「強意」（p.169）。「**きっと風も吹くだろう**」と訳せばOK。

③は、主語が「**私＝1人称**」だから、「べし」は「**意志**」で訳そう。答えは「**私は死ぬつもりだ**」。

…「推量」でもいいかも。「**私は死んでしまうだろう**」。

④は主語が「冬枯れのけしき＝**3人称**」だから、「**打消推量**」。答えは「**劣らないだろう**」。

⑤も主語が「男＝3人称」だから「打消推量」でやってみると……「妻というものは、男は持たないだろう。」かな？

待って……その訳だと、当時の男の人がほぼ全員結婚しないことになる気が……少子化どころの話じゃなくなりますよ。

メグミさんの言うとおりだね。⑤は、「主語」で意味を決めつけようとすると失敗するケース。「べし」はルールどおりに訳し分けられない場合も多いから、訳して明らかに変な場合は、すぐに他の訳し方も試してみて、いちばんうまくいくものを答えるしかない。

文の後ろに「独り暮らしと聞くと、奥ゆかしく思う」と書いてあるから……⑤の筆者は、結婚しないで独身でいるのが良いことだと思ってるはず。だったら**「不適当」**か**「当然」**が合いそう。**「男が持たないほうがよいもの」「男が持つべきでないもの」**と訳す。

そうだね。「べし」に限った話ではないけど、必ず文脈・ストーリーを踏まえて、それに合う訳になっているかどうか、チェックすることを忘れないようにしよう。

◇⑥「らし」 ⑦「めり」 ⑧「なり」

「らし／めり／なり」の接続

「推定」の意味を持つ「らし／めり／なり」は、どれも**「根拠がハッキリある」**ときに使う。

「根拠をもって言う」強い言い方だから、その直前にも「強い形」＝「終止形」が来る。

「らし」は、ほぼ**「和歌」**でしか使わない特別な助動詞。
「めり」は、もともと「見＋あり」。**「目で見て」**推定するときに使う。
「なり」は、もともと「音《ね》＋あり」。**「耳で聞いて」**推定する表現。

そのとおりだね。「A. 接続」は、ユウタ君の言うとおり「終止形」が来る。ただ……「終止形」接続のときには、１つ例外事項があったよね。

直前に**「ラ変」**タイプが来るとき。「ラ変」タイプは、終止形が「ｉの音」だから、そのまま接続すると変。

だから**「ｕの音」**つまり**「連体形」**に接続する。

そうだね。これで「A. 接続」については終了。

「らし／めり／なり」の活用

「B. 活用」については、特に難しいポイントはない。次のページの一覧を見てもらおう。

まず「らし」は、「じ」と同じく**「一切変化しない」**タイプの助動詞。
「めり／なり」は、「り」で終わっているよね。
「り」で終わる助動詞は、常に**「ラ変」と同じ**活用パターンだ。（p.156）

Point 10
推定「らし／めり／なり」の基礎知識

A. 接続　基本的に、直前は終止形！

!直前がラ変タイプのときは、連体形＝uの音

B. 活用

★「らし」…無変化のパターン

未然形	連用形	終止形	連体形	已然形	命令形
×	×	ゴミ、捨つらし。	ゴミぞ、捨つらし。	ゴミこそ、捨つらし。	×

★「めり」…「ラ変」と同じパターン

未然形	連用形	終止形	連体形	已然形	命令形
×	ゴミ、捨つめりき。	ゴミ、捨つめり。	ゴミ捨つめる男	ゴミ、捨つめれど	×

★「なり」…「ラ変」と同じパターン

未然形	連用形	終止形	連体形	已然形	命令形
×	ゴミ、捨つなりき。	ゴミ、捨つなり。	ゴミ捨つなる男	ゴミ、捨つなれど	×

C. 意味

★らし → **推定**のみ！（〜ようだ）

★めり → ① **目で見て**　**推定**（〜ようだ）　② **目で見ないで** **婉曲**《えんきょく》（〜ようだ）

★なり → ① **耳で聞いて** **推定**（〜ようだ）　② **うわさで聞いて** **伝聞**（〜そうだ）

「らし／めり／なり」の意味

では「C. 意味」へ進もう。「**らし**」は「**推定**」以外の意味はないので、特に問題ないはず。「**〜のようだ**」と訳す。

「めり」と「なり」は、それぞれ2通りの意味がある。

「**めり**」は「**目で見て**」何かを「**推定**」する意味。

ただ実際は「**目で見ていないこと**」でも「めり」を使うケースがある。

たとえば「世の中の出来事」について、自分の意見を言うとき。

「私の見たところ、日本の治安が悪化しているようだ」

「私には、環境問題は全く解決していないように見える」

こんな感じで、実際は見てもいないのに、「世の中全体」を上から見るような言い方は、現代語でもよく使われる。このような場合に「めり」を使うと、「**婉曲**」の意味になるんだ。

ただ……現代語に訳すときは、「推定」でも「婉曲」でも、結局「**ようだ**」と訳せばそれでOK。

推定　駅のほうから、先生が歩いて来《く》めり。

直接目で見ている　⇒　推定！

＜駅の方から、先生が歩いて来るようだ。＞

婉曲　日本は、高齢化が進むめり。

直接目では見ていない　⇒　婉曲！

＜日本は、高齢化が進んでいるようだ。＞

訳し方は、どちらも「ようだ」でOK！

「**なり**」は、「**耳で聞いて**」何かを「**推定**」するときに使う。

推定　隣の部屋で、母がコップを割りけるなり。

直接耳で音を聞く　⇒　推定！

＜隣の部屋で、母がコップを割ったようだ。＞

伝聞　最近、太郎、友人作りたるめり。

他人から話を聞く　⇒　伝聞！

＜最近、太郎が友人を作ったそうだ。＞

「推定＝ようだ」
「伝聞＝そうだ」
で訳す！

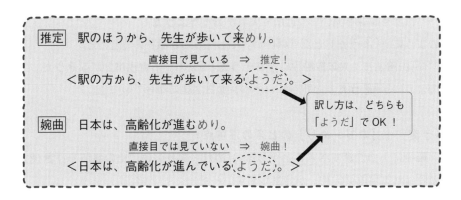

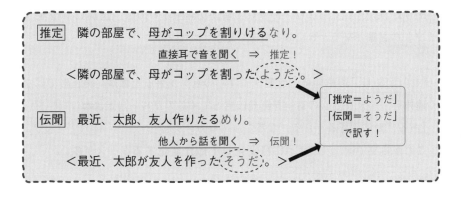

例文のように、「**物音／声を聞く**」ような場合が「**推定**」、「**人のうわさ話**」などを聞く場合は、「**伝聞**」として意味を区別する。

「物音・声」でも、「うわさ話」でも、「耳で聞く」という点では同じことですよね。どうしてわざわざ区別するんですか？

それは、「物音・声」を聞く場合と、「うわさ話」を聞く場合で**現代語訳が違ってくる**から。「物音・声」の場合だと……

「（羽音を聞いて）この部屋に蚊がいる**ようだ**」

「（サイレンを聞いて）近所で火事があった**ようだ**」

のように、「**ようだ**」と訳せばいい。でも「うわさ話」の場合だと……

「山田部長、来年取締役になる**そうだ**」「来年、消費税が上がる**そうだ**」

のように、「**そうだ**」と訳さないとヘンな日本語になってしまう。

「ラ変」＋「なり／めり」のときの注意点

最後に１つ注意すべきことがある。「めり／なり」は、その直前で「**音便**」と呼ばれる現象（p.30）が発生しやすいんだ。

「音便」は、発音しやすくするために言葉の形を変化させること。

そうだね。そして「なり／めり」で音便が発生するのは、**直前に「ラ変タイプ」**の言葉が来るときに限られている。

「なり／めり」の直前に「ラ変タイプ」の言葉が来るときは、終止形ではなく連体形、つまり「ｕの音」を直前に持ってくるのがルールだよね。

「ある／かる／ざる／たる／なる」＋「なり／めり」

これが古文では、次のように**音便化して形が変化する**ケースが多い。

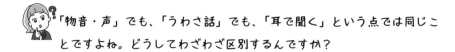

ラ変「あり」	形容詞	打消「ず」	完了「たり」	断定「なり」
あるなり	楽しかるなり	書かざるなり	書きたるなり	男なるなり
あるめり	楽しかるめり	書かざるめり	書きたるめり	男なるめり
↓	↓	↓	↓	↓
あんなり	楽しかんなり	書かざんなり	書きたんなり	男なんなり
あんめり	楽しかんめり	書かざんめり	書きたんめり	男なんめり
↓	↓	↓	↓	↓
あなり	楽しかなり	書かざなり	書きたなり	男ななり
あめり	楽しかめり	書かざめり	書きためり	男なめり
<あるようだ>	<楽しいようだ>	<書かないようだ>	<書いたようだ>	<男であるようだ>

「なり／めり」の直前の「る」が、**「ん」に変化**してしまいました。

そうだね。「ラ変タイプ」の言葉が「なり／めり」の前に来ると、直前の「**る**」**が音便化して「ん」に変化してしまう**ことが多いんだ（**撥音便**）。その結果……

「あんなり／あんめり」「かんなり／かんめり」「ざんなり／ざんめり」

「たんなり／たんめり」「なんなり／なんめり」

という形が生まれることになる。頭文字を取って、「**あ・か・ざ・た・な**」＋「**んなり／んめり**」と覚えてほしい。この形が出てきたら、その「なり／めり」は間違いなく「推定の助動詞」だ。

さらに、古文の世界で「ん」の文字はそもそも**書かれないことが多い**（**無表記**）。

「あなり／あめり」　「かなり／かめり」　「ざなり／ざめり」

「たなり／ためり」　「ななり／なめり」

このような「**あ・か・ざ・た・な**」＋「**なり／めり**」の形を見つけたときも、その「なり／めり」は「推定の助動詞」で間違いなし。

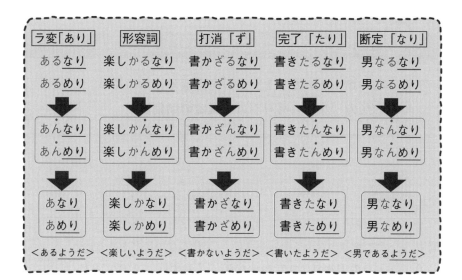

Point 11

推定の助動詞「なり／めり」の音便ルール

★「あ・か・ざ・た・な」＋「(**ん**)**なり**／(**ん**)**めり**」

⇒この形の「なり／めり」は、**推定の助動詞**！

練習問題 3

問1 [ ]を適当な形に直しなさい。(変化しないこともある)

① ※波かけの 見やりに立てる 小松原 心を寄する ことぞ[A][あり][B][らし]

② あはれに言ひ語らひて[C][泣く][D][めり]ど、涙落つとも見えず。

問2 下線部ア〜コのうち、「伝聞／推定」の助動詞を4つ選びなさい。

① 十三に[ア]なる年、(京に) のぼらむとて、…

② みな人泣きて、え詠まず[イ]なりにけり。

③ をかしげ[ウ]なる女子《をんなご》ども、若き人、童《わらは》べなむ見ゆる。

④ 人々あまた声して来《く》[エ]なり。国守の御子の太郎君のおはする[オ]なりけり。

⑤ また聞けば、侍従の大納言の御むすめ、亡くなり給《たま》ひぬ[カ]なり。殿の中将の思《おぼ》し嘆く[キ]なるさま、我がものの悲しき折《をり》[ク]なれば、いみじくあはれ[ケ]なりと聞く。

⑥ 駿河《するが》の国にあ[コ]なる山の頂《いただき》に持てつくべきよし仰せたまふ。

問3 下線部を現代語訳しなさい。

① 深山《みやま》には あられ降るらし 外山《とやま》なる まさきの葛《かづら》 色づきにけり

② 秋の野に 人まつ虫の 声すなり 我かと行きて いざとぶらはむ

※ 波かけの見やりに＝波打ち際の向こうに見渡されるあたりに

練習問題③ 解説

解答は p.276

じゃあ、問1から。Aは、**直後に「らし」**があるから、普通は終止形だけど……「あり」は**ラ変**だから、**連体形**。正解は「**ある**」。

Bは、**前に「ぞ」**があるから**連体形**。ただ、「らし」は**変化しない**から、答えはそのまま「**らし**」。

Cは**直後に「めり」**があるから**終止形**。答えは「泣く」のまま。

Dは、**直後に「ど」**があるから、**已然形**の「**めれ**」にする。

◇「なり」の識別

問2は……選択肢が、全部「なり」ですね。ということは、同じ「なり」でも、1種類ではなく、いろんなタイプの「なり」があるということ。これ、識別問題ですね。

そうだね。「なり」という言葉は主に**4タイプ**存在して、その見分けを要求される問題が非常によく出る。

まずタイプ①。これは「35歳になる／医者になる」のように、「**変化**」を**表す動詞**。英語でいう「become」の意味だね。

タイプ②は、「**形容動詞**」の一部。「静かなり／あはれなり／にぎやかなり」のように、「状態」や「様子」を表す。

タイプ③は、p.216で勉強した「**断定」の助動詞**。「～である」と訳す。

そしてタイプ④が、今勉強している「**伝聞・推定」の助動詞**。音・声・うわさ話などを聞いたときに使う、「～ようだ／そうだ」の意味。

これら4種類の見分け方を一覧表にしておくから、それに従って問2を分析してみよう。

Point 12 「なり」の識別１

①「**変化**」の意味を持つ→**四段動詞**「**なる**」**の連用形**

★大人になり／性格が良くなり／盗みも働かずなり／真人間となりけり

「なり」の直前が「に・く・ず・と」のことが多い！

②「**とても／少し**」を補える→**形容動詞の一部**

★この肉、柔らかなり。

③直前が「**名詞・連体形**」→**断定の助動詞**「〜である」(p.216)

★ここは警察なり。悪人を逮捕するなり。

名詞　連体形

④直前が「**終止形**」→**伝聞・推定の助動詞**「〜そうだ／ようだ」

★この国の警察は、善人でも逮捕すなり。

終止形

「伝聞・推定」を答えるんだから、タイプ④のものを選べばいい。アは「13歳になる」という意味だから、タイプ①「変化」の意味を持つ動詞ですね。これは答えじゃない。

そうだね。「変化」の意味を持つ動詞の場合、直前が「**に・く・ず・と**」のどれかになるケースが多い。

ということは、イも直前に「ず」があるからタイプ①だ。「みんな泣いてしまって、歌を詠めなくなった」という意味。

そうだね。直前に「ず」が来るパターンは、現代では使わない言い方。見抜きにくいから、特に注意して覚えておくといいだろう。

ウ「をかし」は「**趣がある**」という意味ですよね。「**とても**」を補えるから、これはタイプ③「**形容動詞**」の「をかしげなり」です。答えではない。

エは、直前に「来《く》」＝カ変がある。カ変の動詞は「こ／き／く／くる／くれ／こよ」だから、これは間違いなく「終止形」。ということはこの「なり」は「**伝聞・推定**」の助動詞。正解の１つめは**エ**だ。
オは、直前に「おはする」がある。「おはす」はサ変で「せ／し／す／する／すれ／せよ」と活用するから、これは間違いなく「連体形」。ということはこの「なり」は「**断定**」の助動詞だ。

カは、直前に「ぬ」がありますね。「ぬ」の直前が「給ひ＝連用形」だから、この「ぬ」は「**完了の助動詞**」で間違いなし（p.162）。「な／に／ぬ／ぬる／ぬれ／ね」と活用するから、この「ぬ」は「終止形」。「終止形」の直後の「なり」はタイプ④「**伝聞・推定**」の助動詞で決定！答えの２つめは**カ**です。

キは、直前に「嘆く」がある……これ、**終止なのか、連体なのか、見分けがつかないパターンでは**……？

そうだね。「なり」の識別でいちばん厄介なのは、直前に「**終止形／連体形**」**の見分けがつかない**言葉が来たとき。この場合は内容で判断するしかない。「伝聞・推定」の「なり」は、「**音・声・うわさ話**」を聞いたときに使う助動詞だよね。だから、「音・声・うわさ話」に関係する内容だったら「伝聞・推定」。そうじゃなければ「断定」で訳せばいい。

Point 13 「なり」の識別２

「終止形／連体形」の区別ができない言葉＋「なり」

→ 「音・声・うわさ話」に関係する話→「**伝聞・推定**」
　 「音・声・うわさ話」に関係ない話→「**断定**」

⑤は「また聞けば」や「～と聞く」があるから、これは「**うわさ話**」ですよね。ということは、キの「なる」は「断定」ではなく「**伝聞・推定**」で訳すのがよさそう。キが、３つめの答え。

クは、直前が「折＝名詞」だから、「断定」の助動詞。答えではない。
ケは、「とても」を補えるから、「形容動詞」。これも答えではない。

コは「あなる」の形だから、間違いなく「**伝聞・推定**」のパターン。
問２の答えはエ・カ・キ・コで決定！

いいね、すばらしい。では、このまま**問３**もやってしまおう。

①は「**らし**」があるから、「**ようだ**」と訳せばいい。
答えは「**あられが降っているようだ**」。
②は「なり」の直前が「す＝サ変の終止形」だから「伝聞・推定」で訳す。「虫の声を聞く」話だから、「伝聞」ではなく「推定」。
答えは「**声がするようだ**」。

◇⑨「らむ」 ⑩「けむ」

⑨「らむ」と⑩「けむ」は、①「む」の親戚みたいなもの。

「む」は、英語でいう「will」、つまり「**未来**」を表す助動詞。
それに対して、「**らむ**」は「**現在**」のことを推量する。
「**けむ**」は「**過去**」のことを推量する。

「らむ」は「現在」だから、「現在」を表す形、つまり「**終止形**」が直前に来る。
「けむ」は「過去」だから、「**連用形**」が直前に来る。「過去・完了」の助動詞は直前が「連用形」(p.153) の法則。

そうだね。「らむ」は「終止形接続」なので「ラ変タイプ」が前にくるときは「連体形＝ u の音」になる (p.242)。「A. 接続」はこれだけ。
「B. 活用」は、「む」と全く同じ。四段活用のパターン。

「む」の活用は、終止形から「**む／む／め**」だった。

ということは……「らむ」は、終止形から「**らむ／らむ／らめ**」。
「けむ」も、「**けむ／けむ／けめ**」。

そうだね。「四段活用のパターンと同じ」と覚えるより、3つしかない活用形を覚えたほうが早いかも。

Point 14

現在推量「らむ」／過去推量「けむ」の基礎知識

A. 接続

★らむ → 直前は終止形！

!直前がラ変タイプのときは連体形＝ｕの音

★けむ → 直前は連用形！

B. 活用

★「らむ」…四段活用のパターン

未然形	連用形	終止形	連体形	已然形	命令形
×	×	働く［らむ］。	働く［らむ］人	働く［らめ］ど	×

★「けむ」…四段活用のパターン

未然形	連用形	終止形	連体形	已然形	命令形
×	×	働き［けむ］。	働き［けむ］人	働き［けめ］ど	×

C. 意味

★らむ　［ス］　［ゲ］　［エ］　［で］

①現在推量（今頃〜だろう）

②原因推量（〜なのだろう／どうして〜なのだろう）

③婉曲《えんきょく》（〜のような）

④伝聞（〜という／とかいう）

★けむ　↓　↓　↓　↓

①過去推量（〜ただろう）

②過去の原因推量（〜たのだろう／どうして〜たのだろう）

③過去の婉曲（〜だったような）

④過去の伝聞（〜だったという／だったとかいう）

「らむ／けむ」の意味

では、最後「C. 意味」。「らむ／けむ」には、それぞれ４つの意味がある。ゴロ合わせで覚えるなら、両方とも「**スゲェで！**」と覚えればいい。

では、「らむ」から意味の見分け方をやっていこう。

まずは４つの意味を、**大きく２つに分ける**ことからスタートする。

やり方は、「む」のときと同じ。「らむ」が「**文中ポジション**」に来るか、「**文末ポジション**」に来るかを見抜けばOK。

「らむ」が「助詞」や「名詞」の前、つまり「**文中ポジション**」に来るときは、「**婉曲**」か「**伝聞**」どちらかの意味になる。「婉曲」は基本「ような」と訳すけど、訳さずに無視したほうが自然な場合も多い。

文脈的に「他人から聞いた話」なら「伝聞」、そうでなければ「婉曲」。

文中ポジションの「らむ」…「**婉曲／伝聞**」

★今、彼が食ふ**らむ**物、いとうまし。

⇒ 現在の婉曲　今彼が食べている(ような)物は、とてもうまい。

★彼が肉食ふ**らむ**ぞ、うらやましき。

⇒ 現在の伝聞　彼が肉を食べているというのは、うらやましい。

一方、「らむ」が「。」や「と」の前、つまり「**文末ポジション**」に来ると、「**現在推量**」か「**原因推量**」どちらかの意味になる。

「**現在推量**」になるのは「**今、目の前にないもの**」の話をしているとき。

「今、目の前にあるもの」を、わざわざ「推量」する必要がないよな。
目の前にあるならハッキリ「断定」すればいい。

そのとおり。目の前の人に「今あなたは勉強をしているだろう」と言われても、「見ればわかるだろ！」と言いたくなるよね。例をあげるとこんな感じ。

文末ポジションの「らむ」…**現在推量**（今頃〜ているだろう）

★実家では、母、テレビを見るらむ。

「今、自分がいない場所」の話

⇒ 現在推量　実家では、今頃母はテレビを見ているだろう。

「実家では」とわざわざ書くということは、書いた人は、今「実家」にはいないということ。このように「**今、自分がいない場所**」の話に「らむ」が使われていたら、その「らむ」は「**現在推量**」だ。

ただ……「目の前にあるもの」にも、「らむ」を使えるケースもあるんだ。

確かに「今目の前で、勉強していること／テレビを見ていること」それ自体を推量することはできない。そんなのは、見ればわかるからだ。

でも……「**なぜ**、今勉強しているのか」「**なぜ**、今テレビを見ているのか」その「原因・理由」は、他人の目から見えるものではない。つまり「目の前で起こっていること」であっても、**「原因・理由」を推量**する場合であれば、助動詞「らむ」を使うことができるんだ。

文末ポジションの「らむ」…原因推量（〜だろう）

★仕事に飽きたれば、ここで母はテレビを見るらむ。

「今、目の前」の出来事！

⇒ 原因推量　仕事に飽きたから、
ここで母はテレビを見ているのだろう。

★我が目の前で、母やテレビを見るらむ。

⇒ 原因推量　私の目の前で、なぜ母はテレビを見ているのだろう。

「なぜ／どうして」を補って訳すケースもある

「原因推量」の場合、基本的に「**〜だろう**」と訳せばOK。ただし、「**なぜ／どうして」を補って**訳さないとうまくいかないケースもある。

Point 15 「らむ」の訳し分け

「らむ」の「ポジション」をチェック！

★文中ポジション　人から聞いた話 ⟶「伝聞」
人から聞いてない話 ⟶「婉曲」
★文末ポジション　目の前のものの話 ⟶「原因推量」
目の前にないものの話 ⟶「現在推量」

これで、「らむ」４つの意味の見分け方は終わり！

「けむ」も、基本「らむ」と同じなんだけど……「けむ」は「過去」の話だから、そもそも「目の前のもの」に使うことがない。だから「らむ」のような「目の前にある or ない」という見分け方が通用しなくなるから、純粋にストーリー・文脈から訳で判断するしかない。

Point 16 「けむ」の訳し分け

「けむ」の「ポジション」をチェック！

★文中ポジション　人から聞いた話 ⟶「過去の伝聞」
人から聞いてない話 ⟶「過去の婉曲」
★文末ポジション　文脈から「過去推量」「原因推量」を判断

あと、「原因推量」のときは「理由」を表す表現がいっしょに使われることも多い。「已然形＋ば」（p.69）のような理由表現が近くにあるときは、「原因推量」を疑っていこう。

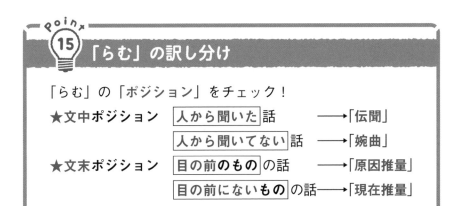

練習問題 4

問１　□部の語を、適当な形に直しなさい。

返し、上手なれば[A] よし [B] けむ ど、え聞かねば書かず。

問２　ア～カのうち、「現在推量」の助動詞を４つ選びなさい。

① あたら夜の 月と花とを 同じくは あはれ知れ[ア]らむ 人に見せばや

② あが仏、何事思ひ給《たま》ふぞ。おぼす[イ]らむこと何事ぞ。

③ さても、うちうちにのたまはせよな。かの人も、いかに思ひつ[ウ]らむ。

④ 憶良《おくら》らは 今は※1まか[エ]らむ 子泣く[オ]らむ それその母も 吾《わ》を待つ[カ]らむぞ

問３　下線部を現代語訳しなさい。

① 駒並《な》めて いざ見にゆかむ 故里《ふるさと》は ※2雪とのみこそ 花は散るらめ

② 鸚鵡《おうむ》、いとあはれなり。人の言ふらむことを※3まねぶらむよ。

③ 吹くからに 秋の草木の しをるれば ※4むべ山風を 嵐と言ふらむ

④ いかばかり心の内※5涼しかりけん。

※1　まかる＝退出する　※2　雪と＝雪のように　※3　まねぶ＝まねる

※4　むべ＝なるほど、もっともなことに　※5　涼し＝すがすがしい

練習問題 4 解説

解答は p.278

では、**問１**をやりましょう。

Aの形容詞「よし」は、後ろに**連用形接続**の「けむ」があるから**連用形**にすればOK。「けむ」は助動詞だから、**補助活用**にしなきゃダメ。答えは「**よかり**」です。

Bは、後ろには「ど」があるから、**已然形**。答えは「**けめ**」。

◇「らむ」の識別

問２は、傍線部がすべて「らむ」。また識別問題……。

そうだね。「らむ」の識別は、大きく**３タイプ**に分けられる。

タイプ①は、今勉強している「**現在推量**」の助動詞。直前が「終止形＝u の音」になるのが大きなポイント。

タイプ②は、**完了の助動詞**「**り**」が関係するタイプ。もし忘れてしまっていたら、もう一度p.182で基本の形・意味を確認しておくとよいだろう。直前が必ず「e の音」になるのがポイントだったね。

タイプ③は、**偶然**他の単語に「ら」の形が入ってしまったタイプ。「む」は推量の助動詞で、未然形接続だから、未然形の活用語尾「ら」＋「む」だ。

これら３タイプの見分け方を、一覧表にしておこう。

Point 17 「らむ」の識別

①直前が「**u の音**」 → **現在推量**

例 娘、図書館で本を読**む**らむ。

②直前が「**e の音**」 → **完了・存続「り」＋推量「む」**

例 娘、図書館で本を読**め**らむ。

③「ら」が「動詞・形容詞・形容動詞」などの一部

→ **活用語尾「ら」＋推量「む」**

例 娘、そろそろ家に**戻ら**む。

動詞「戻る」の未然形

基本的には、直前が「**uの音**」なのか、「**eの音**」なのかを判断すればいいんですね。

ということは、アは直前が「知れェ＝**eの音**」だから、タイプ②「**完了『り』＋推量『む』**」のパターン。これは答えじゃないですね。

そうだね。「**eの音**」**の後ろに**「**ら**」が来てるから、これは p.185 で勉強した「**リカチャンサミシイ**」の形だ。

「**eの音**」＋「**ら・り・る・れ**」の形が出てきたら、それは完了の助動詞「り」のサインだった。

イは、直前が「おぼすゥ＝**uの音**」だから、これがタイプ①「**現在推量**」のパターン。

ウも、直前が「つゥ＝**uの音**」だから、これもタイプ①。

「思ひ＝連用形」だから、「つ」が連用形に接続してる。ということは、この「つ」は「完了の助動詞」ですね（p.164）。

エは、直前が「まかァ＝aの音」……そんなパターン、あったか？

ないよね。だから、エはタイプ③で決定。今回の和歌は、「憶良（＝私）は、もう退出しましょう。子も妻も私を待っているので」という意味。この意味を踏まえて、「まからむ」の部分を分解してみてほしい。

「退出する」という意味だから、これは「まかる（罷る）」という動詞ですよね。「まかる」が未然形になって、「まか**ら**」に変化して、**たまたま偶然「ら」の形が出てきてしまっただけ。**

オとカは、直前が「泣くゥ／待つゥ＝**uの音**」だから、タイプ①「**現在推量**」のパターン。

問２の答えはイ・ウ・オ・カの４つで決定。

OK、問題ないね。では、このまま**問３**もやろう。

①は「らめ＝らむ」が入っていますね。直前が「散るゥ＝uの音」だから、タイプ①「現在推量」で間違いなし。
でも……同じ「らむ」でも、訳し方は**４パターン**ありましたよね。

今回は「らむ」が**文末ポジション**だから、「現在推量」か「原因推量」。「目の前にないもの」の話をしているなら「現在推量」、「目の前にあるもの」の話をしているなら「原因推量」。

「馬で、これから故郷の花を見に行こう」ということは、**今はまだ「故郷」に到着していない**から……これは「**現在推量**」！
①は「**今頃、花は散っているだろう**」と訳せばOK。

②は、「らむ」の後ろに「こと＝名詞」があるから**文中ポジション**。「伝聞・婉曲」で訳せばいい。
答えは「**人が言う（ような）こと**」。

③は**文末ポジション**だから、「現在推量」か「原因推量」のどちらか。
下線部の前に「しをるれば」＝「已然形＋ば」があるから、これは「**原因・理由**」の話ですよね。「**原因推量**」にするのがよさそう。
「（だから）**山風のことを、嵐と言うのだろう**」と訳す。

④の「けん＝けむ」も**文末ポジション**だから、「過去推量」か「過去の原因推量」。今回は「**過去推量**」で訳したほうが合いそう。
答えは「**すがすがしかっただろう**」。

◇⑪「まし」

⑪「まし」は、「現実とは異なること」に使う助動詞。「打消」の助動詞と同じく、直前には「**未然形**」が来るのがルール。

いいね。これで「**A. 接続**」は OK。「B. 活用」「C. 意味」の細かい説明は後にして、まずは一覧表を見てもらおう。

Point 18　反実仮想「まし」の基礎知識

A. 接続　直前は**未然形**！

B. 活用　特殊なパターン

未然形	連用形	終止形	連体形	已然形	命令形
働かましかば 働かませば	×	働かまし。	今ぞ、働かまし。	今こそ、働かましか。	×

C. 意味

①反実仮想
（もし〜ならば…だろうに）

②反実願望
（〜ならよかったのに）

③ためらい
（〜しようかなぁ／しようかしら）

「まし」は「**反実仮想**」と呼ばれる。文字どおり「現実に反すること」を「仮想」するときに使う。

英語の授業で「仮定法」という文法を習ったことがあるよね。英語でいう「仮定法」と、古文でいう「反実仮想」は、ほぼ同じ意味と考えていい。

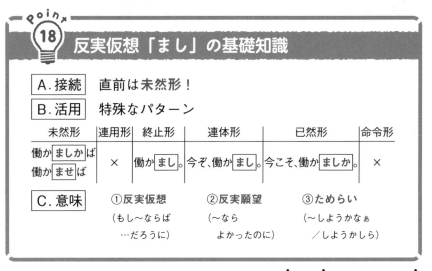

もし私が鳥であれば、君の所へ飛んで行くだろうに。
If I were a bird, I would fly to you.

たとえば、こんな感じだね。天地がひっくり返っても、100％「私」が「鳥」になることはありえない。このような非現実的な文を、英語では「仮定法」という文法を使って表現するし、古文では「反実仮想」の助動詞「まし」を使って書き表す。

現代語に直すと、「**もし□ならば＿＿＿だろうに**」と訳すのが鉄則。ちなみに……古文で「もし□ならば」と言いたいときは、どんな形を使うんだっけ？

「未然形＋ば」です。（p.69）

そうだよね。つまり「反実仮想」で訳すときの「まし」は、「**未然形＋ば」が前に来る**。さっきの例文を古文に直すと、こんな感じ。

もし私が鳥であればば、君の所へ飛んで行くだろうに。
→　我、鳥ならば、君の所へ飛んでゆかまし。
「未然形＋ば」が「まし」より前に来る！

そして、特に「反実仮想」の文では、**次のような構文**が好んで使われる。次の①～④は、意味はどれも同じ。大事なのは、その「**形**」だ。

①我、鳥ならば、君の所へ飛んでゆかまし。
↓
②我、鳥ならましかば、君の所へ飛んでゆかまし。
③我、鳥ならませば、君の所へ飛んでゆかまし。
④我、鳥なりせば、君の所へ飛んでゆかまし。

①は、さっきの例文と全く同じ。②③は、「ば」の直前に、「まし」の未然形＝「**ましか／ませ**」をくっつけた形だ。

たしかに、

の活用表の未然形に「ましか／ませ」がある。

そうだね。このように、「［　　　］**ましかば**＿＿＿**まし**」あるいは、「［　　　］**ませば**＿＿＿**まし**」の形が出てきたら、すぐに「反実仮想」の構文であることに気づこう。

文末の「まし」だけじゃなくて、「ば」の前にも「まし」を置くんですね。「まし」をダブルで使用する形。

④は「なり＝**連用形**」の後ろに「**せ**」という助動詞が来ている。

……「連用形」の直後に来て、「せ」という形で、「未然形」である助動詞。だいぶ前に１回だけ登場したことがあるんだけど、覚えてるかな？

連用形接続ということは、「過去・完了」の助動詞。

「過去・完了」グループの中で、「せ」の形で、「未然形」……。

もしかして、「せ／×／き／し／しか／×」では？（p.155）

「過去」の助動詞「き」の「未然形」は、たしかに「せ」の形！

そのとおり。過去の助動詞「き」を説明したとき、「未然形＝せ」は、特殊なケースでしか使わないレアな表現だと言った。その「特殊なケース」とは、この「反実仮想」の構文のことだったんだ。

Point 19 反実仮想「まし」の構文

「未然形＋ば」 が、「まし」より前に来たら**反実仮想**！

→ 特に「未然形 **ましかば** ＿＿＿ **まし**」の形がよく出る！

「未然形 **ませば** ＿＿＿ **まし**」

「未然形 **せば** ＿＿＿ **まし**」

★ High Level Lessons ★

「ましかば」の形が最もよく出る。「ませば」は古い時代に限定されて使われた形。

また、「未然形＋ば」以外でも、「仮定表現」を伴っていれば反実仮想になりうる。

（例１）恋せずは人は心もなからまし物のあはれもこれよりぞ知る

（「ずは」が「もし〜ないなら」という仮定表現）

（例２）「引き籠められなむは、からかりなまし。…」（「む」が仮定の助動詞）

3
章

ただし助動詞「まし」を「未然形＋ば」なしで使うケースもある。

反実仮想　我、鳥**ならば**、君の所へ飛んでゆかまし。

「未然形＋ば」アリ！

⬇

＜もし私が鳥であれば、君の所へ飛んでいくだろうに＞

反実願望　君の所へ飛んでゆかまし。

「未然形＋ば」ナシ！

⬇

＜君の所へ飛んでいけたらいいのに＞

「反実仮想」の文に比べて、反実願望の文は「**〜できたらいい／〜したい**」

という「**希望・願望**」、英語でいう「**want**」の意味が加わっているのがわかるだろう。

ただし、「まし」の場合は単に「want」の意味ではなく、「**現実にありえなさそうな**」希望・願望、いわば「**反実願望**」の意味を持つんだ。

★ High Level Lessons ★

「まし」が「む」のような「ただの推量」として使われる場合もある。

最後に、もう１つ。「まし」が、「**疑問文」の中**で使われた場合。

ためらい　君の所や、飛んでゆかまし。

誰の所に、飛んでゆかまし。

いづくに、飛んでゆかまし。

「疑問文」！

↓

<君の所へ／誰の所へ／どこへ

飛んでいこうかなぁ／飛んでいこうかしら>

係り結びを作る「や／か」、あるいは「疑問詞」といっしょに「まし」が使われた場合は「**どうしようかなぁ**……」という気持ちを表す、「**ためらい**」の文になる。

「反実仮想」と「反実願望」には、あまり大きな意味の違いはない。でも、「ためらい」の文は、ほかの２つとは大きく意味が異なる。「ためらい」の意味を知らずに「反実仮想・反実願望」で訳してしまうと、文章のストーリーを大きく読み違えてしまう可能性が高い。地味なわりに危険度が高い文法なので、キッチリと覚えておくことをオススメする。

練習問題 5

下線部を現代語訳しなさい。

① また、鏡には色、かたちなき故に、よろづの※1影来たりて映る。鏡に色、形あらましかば、映らざらまし。

② 思ひつつ 寝《ぬ》ればや 人の見えつらむ 夢と知りせば 覚めざらましを

③ 「…その（ほととぎすの声を）聞きつらむ所にて、※2きとこそは（歌を）詠ままましか。」

④ なほ聞こえしやうに、法師にやなりなまし。

※1 影＝姿 ※2 きと＝素早く

練習問題 5 解説

解答は p.278

①は「〜ましかば…まし」の形だから**「反実仮想」**ですね。

「もし鏡に色や形があったなら、映らないだろう」と訳せばOK。

②も「〜せば…まし」の形だから、これも**「反実仮想」**。

「もし夢と知っていたなら、目覚めなかっただろうに」ですね。

③は、「if」を表す「未然形＋ば」も「ためらい」を表す「疑問語」もないから「反実願望」だな。「こそ」は単なる強意だから、訳す必要なし。

答えは**「素早く歌を詠んだらよかったのに」**。

④は「や」があるから疑問文だ。「ためらい」で訳せばいい。

答えは**「法師になってしまおうかしら」**。

OK、しっかりと訳せているね。

さて、長かった「助動詞」も残りわずか。残りは一気に片づけていくよ。

練習問題 1 解答

問１　Ａせ　Ｂ思は　Ｃ見　Ｄめ　Ｅあら　Ｆむずれ　Ｇ許さ　Ｈじ

問２　①私も沈もう　②もし使わないなら／使わないような者は
③夜も明けるだろう　④私は「歌を詠め」と言うつもりはない
⑤すばらしいものはないだろう

練習問題 2 解答

問１　①べかり　②　Ａ行く　Ｂまじけれ　③　Ｃある　Ｄべから
④苦しかる

問２　①空を飛ぶこともできない　②きっと風も吹くだろう
③私は死んでしまうだろう　④劣らないだろう
⑤男が持たないほうがよいもの／男が持つべきでないもの

練習問題 3 解答

問１　Ａある　Ｂらし　Ｃ泣く　Ｄめれ

問２　エ・カ・キ・コ

問３　①あられが降っているようだ　②声がするようだ

練習問題 4 解答

問１　Ａよかり　Ｂけめ　　問２　イ・ウ・オ・カ

問３　①今頃、花は散っているだろう　②人が言う（ような）こと
③（だから）山風のことを、嵐と言うのだろう
④すがすがしかっただろう

練習問題 5 解答

①もし鏡に色や形があったなら、映らないだろう
②もし夢と知っていたなら、目覚めなかっただろうに
③素早く歌を詠んだらよかったのに　④法師になってしまおうかしら

3-7 願望／比況の助動詞

助動詞もここまでで、古典文法最大のヤマ場とも言える「推量」の助動詞を攻略した。

残りはあと少し！

最後に「願望」「比況」と呼ばれる助動詞を攻略しよう。

◇願望の助動詞「たし」「まほし」

「願望」の意味を持つ助動詞を２つ。

「願望」ということは、つまり「したい」「ほしい」「want」の意味。

「まほし」は初めて聞く言葉ですけど……

「たし」って、現代語の「〜たい」と似てますよね。

そのとおり。今われわれが使う「〜たい」の先祖にあたるのが、この「たし」なんだ。

「たし」「まほし」の接続

現代語の「〜たい」と同じと考えれば、「A. 接続」は暗記しなくてもすぐ導き出せるはず。「〜たい」の直前には何形が来るだろう？

「やりたい」「書きたい」「したい」……

「たい」の直前は、「**連用形**」だな。全部「ます」がつく形と同じだ。

そのとおり。古文の「たし」の直前にも「**連用形**」が来る。

「まほし」の勉強をする前に１つ、古文単語を覚えてほしい。

「**あらまほし**」という形容詞で、「理想的な」という意味だ。

もとは、ラ変の「あり」に助動詞の「まほし」がついてできた言葉。

「あり＋まほし」＝「そうあってほしい」だから「理想的な」ですね。

そういうことだ。で、「あらまほし」という単語さえ覚えてしまえば、「まほし」の直前の形もすぐ導き出せるはず。

「あら」は、ラ変の「未然形」だよな。

そのとおり。「まほし」の直前は「**未然形**」が来る。

「たし」「まほし」の活用

「B. 活用」は「たし／まほし」両方「**し**」**で終わる**から……

当然、「形容詞」と同じ活用パターンになる。

そのとおりだ。ただし命令形はなし。

「たし」「まほし」の意味

「C. 意味」に関しては、「たし」も「まほし」も「**願望**」の意味しかない。「～したい」と訳すか「～（して）ほしい」と訳すかどちらか。

★今日ゲームをやりたし　／　やらまほし。〈今日はゲームをやりたい。〉
★美しき恋人、ありたし　／　あらまほし。〈美しい恋人がいてほしい。〉

連用形＋たし　　未然形＋まほし

Point 1 願望「たし／まほし」の基礎知識

A. 接続　★たし→直前は**連用形**！

★まほし→直前は**未然形**！

B. 活用

★「たし」…形容詞「**ク活用**」と同じパターン

未然形	連用形	終止形	連体形	已然形	命令形
×	持ちたくて	持ちたし。	持ちたき人	持ちたけれど	×
持ちたからず	持ちたかりけり	×	持ちたかるなり	×	×

★「まほし」…形容詞「**シク活用**」と同じパターン

未然形	連用形	終止形	連体形	已然形	命令形
×	持たまほしくて	持たまほし。	持たまほしき人	持たまほしけれど	×
持たまほしからず	持たまほしかりけり	×	持たまほしかるなり	×	×

C. 意味　どちらも　**願望**！（～したい／てほしい）

◇比況の助動詞「ごとし」

「比況」とは簡単に言えば「**比喩《ひゆ》**」のこと。現代語だと「**〜ようだ**」。

「ごとし」の接続

「ごとし」は、古臭い言い方として現代語にも残っているから、自分で例文を考えてみれば、「A. 接続」は、ある程度予測がつくはずだ。

「龍がごとく」「動かざること、山のごとし」「光陰、矢のごとし」……「ごとし」の前には、「助詞」が来るのか。

そのとおり。ただ「助詞」と言っても、「**が**」「**の**」**だけ**だけどね。

「お前ごときが」みたいに「名詞」に接続するのもアリ。

そうだね。ただ、「名詞」は省略される場合が多い。そのときは「**連体形**」が「ごとし」の前に来る。

★ 人が、ゴミのごとし。
助詞＋ごとし

★ お前ごとき弱き者には負けまじ。
名詞＋ごとし

★ 水が流るるごとく、車は走る。
連体形＋ごとし

「ごとし」の活用

「B. 活用」は、もう予想がつくんじゃないかな？

これも「〜し」で終わるから「形容詞」と同じ活用パターン？

そのとおり。ただし……「ごとし」は、実質「連用形／終止形／連体形」の３つしか使われることがないから「**ごとく／ごとし／ごとき**」の形を暗記すればOK。

「ごとし」の意味

「C. 意味」は、「**ようだ**」と訳せばOKなんだけど……厳密に言うと、2種類に分かれる。

まず「人がゴミのようだ」と「水が流れるように走る」、この2つは「**比況・比喩**」だ。「比喩」というのは、何かを「**似ている別のモノ**」に「喩《たと》える」表現。

「人」を「ゴミ」にたとえて、ゴチャゴチャ集まっている様子を表現していますよね。
「車」も「流れる水」にたとえて、滞《とどこお》りのない様子を表している。

そうだね。「人」は「ゴミ」ではないし、「車」も「水」ではない。「比況・比喩」は、「**本物ではないモノ**」を使った表現なんだ。

でも……「お前のような弱い者」の場合はどうだろう？

「お前」は、本当に「弱い」よな。

そうだよね。今回は「ホンモノの弱い者」が出てきたから、「比況・比喩」とは言えない。これは「**例示**」と呼ばれる使い方になる。

「弱い者」は、「お前」以外にもいっぱいいるよね。世の中にたくさんいる「弱い者」の**ひとつの「具体例」**が「お前」だということ。

Point 2 比況「ごとし」の基礎知識

A. 接続　直前は **助詞／名詞／連体形**！
　　①助詞は「が」と「の」だけ

B. 活用　形容詞「ク活用」と同じパターン

未然形	連用形	終止形	連体形	已然形	命令形
×	龍がごとく、	龍がごとし。	龍がごとき人	×	×

C. 意味　①**比況**（まるで〜ようだ）→「**似たモノ**」を使った表現
　　②**例示**（たとえば〜ようだ）→「**ホンモノ**」を使った表現

練習問題 1

問題　下の①〜④について、次のⅰ〜ⅲに答えよ。

ⅰ　下線部中の太字の助動詞について、その活用形を答えなさい。

ⅱ　ⅰで答えた助動詞の意味を答えなさい。

ⅲ　下線部を現代語訳しなさい。

①　乳母《めのと》の名、母など、うち言ひ出《い》でたるも、誰ならむと知ら**まほし**。

②　家にあり**たき**木は、松、桜。

③　かくて見る間もあらぬに、舟は矢を射る**ごとく**、遥《はるか》に川下へ下る。

④　遠国《をんごく》へ流され給《たま》ふに、※土産粮料《とさんらうれう》**ごとき**の物をも乞ひ給へかし。

※ 土産粮料＝土産物と食料。

練習問題1 解説

まずはｉ。①「まほし」は**文末**にあるし、命令文ではないから「**終止形**」。
②「たき」は後ろに「**木＝名詞**」があるから、「**連体形**」。
③「ごとく」は後ろに「**、**」があるから、「**連用形**」。
④「ごとき」は後ろに「の」があるとき……なんて習ってないけど、活用は「ごとく／ごとし／ごとき」だから「**連体形**」以外ありえない。

次にⅱ。①「まほし」②「たき」は願望しかないから**願望**。
③は「舟」が下る様子を「矢」にたとえている。「**ホンモノの矢**」ではないから、これは**比況**。
④の「土産物と食料」はホンモノの「土産物と食料」だから、**例示**だ。

最後にⅲ。①は「**知りたい**」、②は「**家にあってほしい木**」、③は「**矢を射るかのように**」、④は「**たとえば、土産物や食料のような物**」と訳せばOK。

完璧だね。これで助動詞はすべて終了！　お疲れさまでした。

練習問題1 解答

ⅰ　①終止形　②連体形　③連用形　④連体形

ⅱ　①願望　②願望　③比況　④例示

ⅲ　①知りたい　②家にあってほしい（ような）木

③矢を射るかのように

④たとえば、土産物や食料のような物

3-8 「助詞」を一気に総整理

3-7までで「助動詞」が終了したので、次は「助詞」の話をしていこう。
まず確認。「助詞」と「助動詞」の違いはなんだっけ？

どちらも「付属語」で……
「助動詞」は活用するけど、「助詞」は活用しない。

そうだね。助動詞は「A. 接続／B. 活用／C. 意味」の３本柱を覚える必要があった。でも**助詞は活用しない**から、「A. 接続／B. 意味」の２つを覚えるだけでOK。その意味では、助詞のほうがラクと言える。

ただ助動詞に比べて、助詞のほうが**倍ぐらい数が多い**。
（助動詞30個ぐらい　vs　助詞60個以上）
だから、すべての助詞を完璧に暗記しようとしても難しいし、非効率的。すべてを平等に扱うのではなく**必要なものを効率よく勉強する**姿勢が大切。
そのために、今から助詞マスターに向けた「**２大方針**」を伝授したい。

方針その１。助詞は、その多くが「**現代語と同じ**」使い方をする。
現代語と同じなら、イチイチ暗記する必要なんてない。
だから、われわれが覚えるべきは「**現代語にない使い方**」の助詞の中で、さらに「**試験によく出るもの**」だけだ。すると、一見数が多く見える助詞も、実はそれほど覚えるべき量は多くないことがわかってくる。

方針その２。細かい助詞の意味を覚える前に、まず「**助詞の６分類**」を理解しよう。すべての助詞は「**格助詞／副助詞／接続助詞／終助詞／係助詞／間投助詞**」のどれかに分類されるんだ。この６分類の意味が理解できると、単に助詞を丸暗記するより、はるかに効率的に勉強を進められる。

Point 1

助詞を勉強する「２大方針」

★「現代語と違うもの」「よく出るもの」に焦点をしぼる！

★「助詞の６分類」を理解する

1 格助詞　2 副助詞　3 接続助詞

4 終助詞　5 係助詞　6 間投助詞

◇助詞の６分類　1 格助詞

「格助詞」は、全部で 10 コ存在する。数が多くないうえに、ゴロ合わせで一発で覚えられるので、まずは理屈抜きに格助詞 10 コを丸暗記してしまおう。

覚え方は「**より煮てから、煮への音がして**」。

つまり「**より・にて・から・に・へ・の・を・と・が・して**」。自分で覚えやすい覚え方を開発してしまってもいい。やり方は何でもいいから、この 10 コを何も見ずに言えるようにすること。

……では、格助詞10コを暗記したところで、その中身を説明していこう。

「格助詞」の大きな特徴は、原則として**直前に**「**名詞**」が来ること。

ただ、古文で「名詞」は省略されることが多い。

「名詞」の直前には「連体形」があるはずだから……

「名詞」が省略された場合、「格助詞」の直前には「連体形」が来る。

そのとおり。「**A. 接続**」については、これだけでOK。

次に「**B. 意味**」を見ていこう。

「格助詞」は、文を作るのに**不可欠な、基本的な意味**を作る重要な存在。たとえば「格助詞」が一切使われない文を見てみよう。

（例題）次の空欄の中に格助詞を入れて、文を作りなさい。

私［　　］母［　　］犬［　　］家［　　］見せた。

結論を言うと、この問題に決まった正解は存在しない。

「私**が**、母**に**、犬**を**、家**で**、見せた」

「私**に**、母**が**、犬**を**、家**から**、見せた」

「私**は**、母**と**、犬**に**、家**を**、見せた」

などなど、意味が通る範囲であれば、たくさんのパターンが成立する。

「格助詞」が入れ替わると、文の意味がまるっきり変わってしまう。

そうだよね。主語は誰か？　目的語は何か？　何が何を修飾しているのか？日本語の文の基本的な意味は、「格助詞」が決めるんだ。

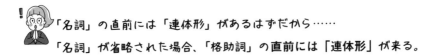

たとえば英語の場合は、「語順」が文の基本的な意味を決める。

「I showed my mother a dog at home.」という語順であれば、間違いなく「私が、母に、犬を、家で、見せた」という意味に決まる。

でも日本語の場合、「語順」に英語ほど大きな意味はない。

「家で、私は、母に、犬を、見せた」

「私は、犬を、家で、母に、見せた」

「母に、私は、見せた。犬を、家で」

どの順番に変えても、「格助詞」が同じであれば、基本同じ意味になる。

Point 2

「格助詞」とは？

より／にて／から／に／へ／の／を／と／が／して

★直前には「**名詞／連体形**」が来る！

★「主語・目的語・修飾語」など文中での「**基本的な役割**」を決める！

では、ここからそれぞれの「格助詞」についてポイントを整理していく。「2大方針」のとおり、現代語と全く変わらないものは軽く扱う。現代人には理解しにくい重要なものに、焦点をしぼって覚えていこう。

◇格助詞「が」「の」

Point 3 格助詞「が」「の」の意味・用法

① この日記、（妹が／妹の）書きたり。→ 主格

「主語＋が／の＋述語」の形！

② あれは、（妹が／妹の）日記なり。→ 連体修飾格

「修飾語＋が／の＋名詞」の形！

③ あの傘は、（妹が／妹の）なり。→ 準体格

（妹が／妹の）は、白き傘なり。

（妹が／妹の）に、シールを貼るなり。

（妹が／妹の）も、一緒に買ひけり。

★「　　のもの」→英語で言う「**mine, yours**」など、独立所有格のような意味。

★後ろに、助動詞「なり」／助詞「は・に・も」が来ることが多い！

④ 若き女が／女の、髪短き、妹なり。→ 同格

★「の／が」直前に**名詞／連体形**が来る！　後ろに「**連体形**」が来る！

★訳「若い女で、髪の短い人が、妹だ」→「の／が」は「で」と訳す！

⑤ たらちねの　母が産みたる　妹は

はがねの強き　女なりけり　→ 比喩

★訳「妹は、はがねのように強い女だ」　★**和歌**でよく使われる。

→「～のような／ように」と訳す！

※⑤の用法は「の」だけ。⑤の用法は「連用修飾格」とも呼ばれる。

まず、1つの原則を覚えよう。「が」と「の」は、用法⑤を除いて「**入れ換えが可能**」だということ。①〜④の例文は、すべて「が」を使っても「の」を使ってもOK。

Point 4

「が」⇔「の」交換法則

古文で、格助詞「**が**」と「**の**」は、ほぼ**同じ意味**。
→訳しにくいときは、「が」と「の」を**交換**してみるとよい。

①の例文「妹**が**書いた」と、「が」で訳したほうが現代人にとっては自然だよね。でも、古文では「の」の形で登場する場合も多い。「が」で登場したときはそのまま訳せばいいし、「の」で登場したときは「が」に置き換えて訳す。

②③は、反対に「の」で訳したほうが自然ですよね。
もし「が」の形で登場したら、自分で「の」に直して訳せばOK。

そのとおり。「の」と「が」の交換法則さえ知っていれば、**①〜③の用法は現代語と同じ**だから、それ以上覚えることはない。

ということは、現代語にない用法は④と⑤。

そうだね。特によく出るのは④「**同格**」と呼ばれる用法だ。

用法④は、その**形に大きな特徴**がある。今から言う**3つの条件**がそろったとき、そのときの「が／の」は「同格」であると判断しよう。

条件その1。「が／の」の**直前には「名詞」**が来る。(連体形のときも)

条件その2。「が／の」の**後ろに、必ず「連体形」**が来る。直後に来ることもあるし、ちょっと離れた位置に来ることもある。

若き女　の、　髪短き、　妹なり。

直前に名詞！
（or 連体形）

後ろに連体形！

条件その３　「が／の」の直前にある「名詞」を、直後にある「連体形」の**後ろに当てはめる**ことができる。つまり直前の名詞と、連体形の後ろに省略されている名詞が、**全く同じモノを表す**。

「が／の」の直前の「**若き女**」と、直後の「**髪の短い（人）**」は、**同一人物**。

そのとおり。だから「同格」という名前がつけられたというわけ。
直前の「名詞＝若き女」を、「連体形＝髪短き」の後ろに当てはめてみて、意味が通れば「同格」だし、意味が通らなければ「同格」ではない。

たしかに「髪短き 若き女」の順番にしても意味が通る。

Point 5　「同格」の見抜き方 － 3つの条件

① 「の／が」の**直前に名詞**(or 連体形)がある
② 「の／が」の後ろに**連体形**がある
③ ①の**名詞**を②の**連体形**の後ろに当てはめて意味が通る

⇒　名詞 ＋ ［**の、** / **が、**］……連体形(名詞) ～

そうだね。この３つの条件がそろったときに、「これは同格のパターン！」と見抜けるようにすることが重要。そして「同格」を現代語に直すときは「若い女で、髪の短い**の**」「若い女で、髪が短い**人**」のように訳す。「の／が」の部分を「**で**」に直すこと。後ろの「連体形」の部分に「**人・もの・こと**」のような名詞を補うこと。この２つがコツだ。

Point 3 の⑤の用法「比喩」は、出てくる数も少ないし、要点だけ覚えておこう。

- **「ような／ように」と訳すこと。**
- **「和歌」に登場すること。**
- **和歌以外では「例の（＝いつものように）」「玉の（＝宝石のように）」の形で登場すること。**

以上３点を覚えておけば十分だろう。

◇格助詞「にて」

Point 6 格助詞「にて」の意味・用法

① 多摩川にて、白き犬にほえらる。 → 場所
② 9月24日にて、53歳になる。 → 時間
③ ピアノにて、曲を弾きけり。 → 手段
④ 風邪にて、旅行中止になりけり。 → 原因

①〜④すべて「で」と訳せばOK！

「にて」には４つの用法があるけど、どれも「で」**と訳せば通用する**ことがほとんど。①「場所」や②「時間」のときは「〜**において**」、③「手段」のときは「〜**を使って**」、④「原因」のときは「〜**のせいで・によって**」のように訳すのもわかりやすくていいね。

◇格助詞「して」

Point 7　格助詞「して」の意味・用法

① ピアノ して、曲を弾きけり。 ──→ 手段「〜で」

② 後輩 して、パンを買ひに行か**しむ**。→ 使役相手「〜に」
（しむ：使役の助動詞）

③ 友達５人 して、教室へ行きけり。 ──→ 共同「〜とともに」
（友達５人：人数）

「して」は現代人になじみのない言い方が多いので、３つの用法があること、特に**訳し方の違い**をぜひ覚えておきたいところ。

①は「にて」にも全く同じ用法があった。直前が「道具・手段・方法」であれば、①の用法。

②は、使役の助動詞「**す・さす・しむ**」（3-4）といっしょに使われた場合。使役する・命令する「相手」が誰かを示すときに使う。

③は、**直前に「人数」**が来るとき。筆者・話し手が、**他の人と一緒に**何かをやるときに使う。

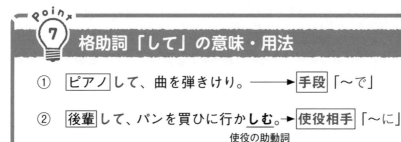

◇格助詞「より」「から」

Point 8 格助詞「より」「から」の意味・用法

① 九州より／から来にけり。 場所
先週より／から、体調悪し。 時間
彼より／から聞きけり。 人
→ 出発点「〜から」

② 九州**より／から**出て、大阪より／から、東京に来けり。
└→用法① 出発点 ──→ 中継点「〜を通って」

③ 徒歩《かち》／馬より、海へ行く。──→ 手段「〜で」
交通手段

④ 戸を開くるより匂《にほ》ひけり。──→ 即時「〜するとすぐに」
連体形

⑤ 柿より桃が食ひたし。 ──→ 比較「〜より／比べて」

①は、ほぼ現代語どおりだから、特に問題ないだろう。「時間・場所・人」が直前に来るときは、①の意味になりやすい。

②は、必ず**直前に「場所」**が来る。「場所」は、①②どちらで訳すべきか、文脈・ストーリーの流れから判断しなくてはならない。

例文で言えば、「九州」も「大阪」も「場所」を表しますよね。

でも、東京に来るには「九州＝出発する場所」で、「大阪＝通過する場所」という流れだな。

そうだね。ということは「九州」の後ろの「より／から」は用法①、「大阪」の後ろの「より／から」は用法②になるよね。

③は**直前に「交通手段」**が来るとき。ただ③の用法で「から」を使うことはほぼない。また、圧倒的によく出るのは「**徒歩《かち》より**」「**馬より**」の２つ。

平安時代の交通手段と言えば、まぁ徒歩か馬ぐらいなのかな……。

そうだね。あと、「**徒歩」の読み方**が問われることもあるので、「とほ」ではなく「かち」と読めるようにしておこう。

④は、直前に「名詞」ではなく「**動詞」が来る**のがポイント。「戸を開ける**とすぐに**匂いがした」「戸を開ける**やいなや**匂いがした」と訳せばOK。これも、③同様「から」ではなく「より」を使うケースがほとんど。

⑤は、現代語と同じ用法だから、あえて暗記する必要はないだろう。ちなみに、「から」に⑤の用法はない。必ず「より」を使う。

◇格助詞「へ」「を」「と」「に」

この４つの助詞は、ほぼ現代語と同じなので、特に暗記する必要はない。

ただ、どのような使い方があるかイメージを持つことは大切なので、例文とともに用法の一覧表を載せておく。ひととおり目を通しておこう。

Point 9 格助詞「へ」の意味・用法

① 香川へ、うどんを食ひに行きけり。 → 方向

Point 10 格助詞「を」の意味・用法

① 壁をたたきけり。 → 対象

② 宿を立ちけり。 → 出発場所「〜から」

③ 国道を走る。 → 通過場所「〜を通って」

Point 11 格助詞「と」の意味・用法

① 母と食事を作りけり。 → **共同者**「〜と一緒に」

② 来年で、17歳となる。 → **変化の結果**

③ 兄の身長、我と変わらず。 → **比較相手**「〜と比べ」

④ 父、やめろと言ひけり。 → **語句の引用**

⑤ 先生、鬼とぞ見ゆる。 → **比喩**「〜のように」

Point 12 格助詞「に」の意味・用法

① 部屋に、机あり。 → **存在する場所**
② ようやく、会社に着きけり。 → **到着する場所**
③ ３時に、駅で会はむ。 → **時間**
④ ついに、医者になりけり。 → **変化の結果**
⑤ 温泉旅行に来けり。 → **目的**「〜のために」
⑥ 友に、グチを言ひけり。 → **対象**「〜を相手に」
⑦ プロに劣らぬ腕前なり。 → **比較相手**「〜と比べ」
⑧ 母に、毎日ぞ怒らるる。 → **受身相手**「〜によって」
⑨ 夫に、荷物を持たしむ。 → **使役相手**「〜に命じて」
⑩ 指輪を見るにぞ、妻思ひ出す。 → **原因**「〜によって」
⑪ 栓抜きに、フタを開けけり。 → **手段**「〜を使って」
⑫ 帝《みかど》には、魚の研究せさせ給《たま》ふ。
→ **尊敬**「〜におかれては」
⑬ 腹減れば、食ひに食ひけり。
→ **強調**「ひたすら〜する」

⑬は「食ひ」という動詞が２回繰り返される形で使われている。この形が出てきたときに「強調」になることを理解しておこう。

★ High Level Lessons ★

用法⑫の「尊敬」は、「敬主格」とも呼ばれる。直前に皇族など、非常に高貴な人物が来て、その人物を主語にするはたらきがある。

以上！　これで「格助詞」の勉強は終わり。練習問題をやって、次は「副助詞」に進んでいこう。

練習問題 1

問1　下線部の文法的意味として最も適当なものを選びなさい。

① 博士どもAの書けるものも、古《いにしへ》Bのはあはれなること多かり。

② 日暮るるほど、例の集まりぬ。

③ 清げなる男《をのこ》の細《ほそ》やかなるが、※立文《たてぶみ》持ちて急ぎ行く…

④ 祇園精舎《ぎをんしやうじや》の鐘の声、諸行無常の響きあり。

ア　主格　　イ　同格　　ウ　準体格　　エ　連体修飾格　　オ　比喩

問2　下線部を、それぞれ現代語訳しなさい。

① ある時思ひ立ちて、ただ一人、徒歩《かち》より詣《まう》でけり。

② 名を聞くより、やがて面影は推しはからるる心地するを…

③ 「げに」など宮の御前にも笑ひ聞こえさせ給《たま》ふも…

④ 盗人、泣きに泣きて言ふことなし。

※ 立文＝縦長に畳んで上下を折り返した形の、正式な書状。

練習問題① 解説

解答は p.335

では、問１からやりましょう。

①－Aは「博士どもが書いた」という意味。つまり「博士ども」が主語で、「書ける」が述語。答えはアです。

①－Bは、「古いものは」と訳すのがピッタリだし、直後に助詞の「は」がある。答えはウ。

②は、「例の」だから、「いつものように」と訳します。正解はオ。

③は「の」の前が「男＝名詞」。そして「の」の後ろに「細やかなる＝連体形」。これは「同格」の形ですよね。訳しても「美しい男で、細やかな男」だから、問題なし。答えはイでOK。

④は、そのまま「鐘の声」だから、エが正解。単に後ろの「声＝名詞」を修飾する、連体修飾のパターンです。

問２は現代語訳。

①「徒歩より」は、「徒歩で／歩いて」と訳せばいい。

②「連体形＋より」の形は、「～するとすぐに」と訳す。

正解は「名前を聞くとすぐに」。

③の「宮」は皇族のことだから、今回は「とてもエライ人＋に」の形。

ということは、主語を作る「尊敬」のパターン。

答えは、「宮の御前も／宮の御前におかれても」。

④は動詞「泣く」が２回繰り返される形だから、「ひたすら泣いて」と訳せばいい。

大丈夫だね。格助詞の中では「の／が」の「同格」を問う問題が特によく出るので、見分け方をしっかり理解しておこう。

◇助詞の６分類　②副助詞

まず１つクイズ。「副える」という動詞の読み方はわかる？

「そえる」ですね。

なんでわかるんだよ……

そうだね。「副助詞」とは、ほかの言葉に「**意味を副《そ》える**」、つまり「**意味を加える**」はたらきをする助詞。６分類の①「格助詞」と比べると、その違いがわかりやすいだろう。

格助詞 ←→	副助詞
鈴木君が、試験に合格しけり。	鈴木君のみ、試験に合格しけり。
	鈴木君など、試験に合格しけり。
	鈴木君すら、試験に合格しけり。

左側の格助詞「が」は、「主語」を表すはたらきをしているよね。

それと同じ場所に、今回は副助詞「のみ・など・すら」を配置してみた。すると……「鈴木君」が主語であるだけではない、もっと**別の意味が加わる**ことに気づくだろう。

「のみ」を使うと「**鈴木君以外、全員不合格**」という意味が発生。

「など」を使うと「**鈴木君以外に合格者がいる**」ことがわかる。

「すら」を使うと「**鈴木君は、合格しそうにない人と思われていた**」ことがわかる。

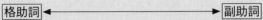

そうだね。「副助詞」の**特徴その１**は、このように**さまざまな意味・ニュアンス**を文に加えられることだ。

そして、**特徴その２**。「副助詞」は、格助詞のように「直前に来る語」がハッキリ決まっていない。たとえば、副助詞「ばかり」の場合……

私 **ばかり**ぞ、怒らるる。 名詞	怒ら るる **ばかり**でつらし。 連体形
寝て いる **ばかり**で仕事せず。 終止形	のんびり **ばかり**していられず。 副詞
子供に 優しく **ばかり**はできず。 連用形	鳴い て **ばかり**いる子猫。 助詞

このように、多種多様な言葉が「副助詞」の直前に来る。もちろん、それぞれの「副助詞」ごとに、細かい接続ルールはあるけど……あまりに複雑なので、とても全部覚えることは不可能だ。出題者サイドもそれは理解していて、試験で「副助詞」の接続が問われることはまずない。

よって、副助詞の「接続」を覚えようとするよりも**「意味」の理解に全精力を注ぐ**のが合理的な勉強法だ。これが「副助詞」攻略の基本方針だ。

Point 13

「副助詞」とは？

だに／すら／さへ／のみ／ばかり／など／まで／し

★文に、いろいろな意味・ニュアンスを加えるはたらき。

◇副助詞「だに」「すら」「さへ」

この３つは意味がまぎらわしく、しかも現代人の感覚で訳すと大きな間違いをしてしまいがちな**危険度の高い副助詞**。試験にもすごくよく出る。

まず……１つ質問をしよう。

「さへ」は、現代人の感覚で言うと、どのような意味で使う助詞だと思う？

現代仮名づかいに直すと、「さへ→さえ」だよな。たとえば……
「私のような運動音痴でさえできるんだから、君なら余裕だよ」
「私でさえ80点取れたんだから、君なら100点だろう」
直前に「**レベルの低いもの**」＝「私」を持ってくる。
そんな「レベルの低いもの」でも良い結果になるんだから、もっと「レベルの高いもの」＝「君」なら、当然もっと良い結果になる。

逆に、前に「**レベルの高いもの**」を持ってくる方法もありますよ。
「エースの君でさえ勝てない相手に、私が勝てるはずがない」
「君でさえ合格できない試験に、私が受かるわけがない」

そうだね。このような「～でさえ」の使い方を、文法用語で「**類推**」と呼ぶ。なぜ「類推」という名前で呼ばれるか、それは二人があげてくれた例文の、後半をカットしてみればわかる。

「私で**さえ**80点取れたんだから……」

「エースの君で**さえ**勝てない相手に」

こんな感じで、後半部分を一切言わなかったとしても、「君なら余裕だよ」や「私が勝てるはずがない」というメッセージが十分伝わるでしょ？　つまり、後半に来る内容を「助詞」だけで読者に「類推」させたということ。

では現代語「さえ」＝「類推」のはたらきを、古文ではどう表現するか。

実は、古文の「さへ」は、こういった「類推」の意味をもたないんだ。

言い換えれば、**古文の「さへ」は、現代語の「さえ」本来と同じように訳してはいけない**ケースが多い。

古文と現代語で、意味が思い切りズレているんですね……。危険。
じゃあ、古文の「さへ」は、どうやって訳せばいいんですか？

「さへ」は、「**〜までも**」と訳せばいい。何かを付け足すときに使うから「**添加**」と呼ばれる。

Point 14

副助詞「さへ」の意味・用法

パンを食ひて、うどんさへ食ひけり。⟶ 添加「〜までも」
!「〜さえ」と訳さない場合が多い

現代語「〜でさえ」は、古文では「すら」「だに」を用いて表現する。

Point 15

副助詞「すら」の意味・用法

天才すら解けぬ、難しき試験なり。⟶ 類推「〜さえ」

Point 16

副助詞「だに」の意味・用法

① 我だにできる、易しき試験なり。⟶ 類推「〜さえ」

② おかゆだに食へ／食はば治る／食ひたし／食はむ。
「最小限」のもの　命令　仮定　願望　意志
⟶ 限定「せめて〜だけでも」

!用法②は、後ろに「命令・仮定・願望・意志」が来やすい！

「だに」と「すら」は、「レベルの高いもの／低いもの」を前に出して、後ろの内容を「**類推**」させる用法が基本。

ただし……「だに」には、**もう１つ大事な用法**がある。それが②「**限定**」と呼ばれる用法だ。

「せめておかゆだけでも、食べなさい」のように「せめて～だけでも」と訳せばいいですね。

そうだね。食べ物の中で「おかゆ」は、最も胃腸に負担の軽そうなものと言える。このような「**最小限のもの**」に「だに」をくっつけて使う。「ステーキでもラーメンでも食べていいけど、それが無理なら『最低』おかゆぐらい食べよう」という意味だ。

「類推」と「限定」のわかりやすい見分け方は、**後ろに来る形**。「だに」の**後ろに「命令・仮定・願望・意志」**を表す内容が来るなら「**限定**」、当てはまらないなら「**類推**」で訳せばいい。

★ High Level Lessons ★

「さへ」は本来「～でさえ」という意味をもたなかったが、鎌倉時代以降、少しずつ「～でさえ」という意味で使われ出した。よって比較的新しい時代の文章に出てくる「さへ」は「～でさえ」と訳すこともある。

◇副助詞「のみ」「ばかり」「まで」「など」

この４つは現代語との違いは少ないけど、一応例文を見てイメージをつかんでおこう。現代語と違う部分は赤字にしておくので、注意して見ておこう。

Point 17　副助詞「のみ」の意味・用法

① りんご**のみ**食ひて、痩《や》せけり。→**限定**「～だけ」

② 奥歯**のみ**、いと痛みけり。→**強意**「ひどく／特に」

Point 18　副助詞「ばかり」の意味・用法

① りんご**ばかり**食ひて、痩せけり。→**限定**「～だけ」

② ２万円**ばかり**、使ひけり。→**程度**「～ぐらい／ほど」

Point 19　副助詞「まで」の意味・用法

① 12時から１時**まで**、休憩時間なり。→**範囲**「～まで」

② 完膚《かんぷ》なき**まで**、たたきのめしけり。→**程度**「～ぐらい／ほど」

Point 20　副助詞「など」の意味・用法

① 我うに、あわび**など**を好む。→**例示**「～など」

② 誕生日に、プレゼント**など**買ふ。→**婉曲**「～など」

◇副助詞「し」

Point 21 副助詞「し」の意味・用法

神を**しも**恐れず。
君に**しぞ**恋をする。
今日**しこそ**、勉強せめ。
魚**し**食は**ば**、頭良くなる。

強意 訳さない

「**しも**」「**しぞ**」「**しこそ**」
「＿**し**＿**ば**」の形が多い！

副助詞のラストは「強意」の「し」。係り結びの「強意」と同様、特に訳す必要はない。このタイプの「し」を見破るコツは２つ。

１つは「**無視しても OK**」であること。上の例文で言えば……

「神をも恐れず」「君に恋をする」「魚食はば頭良くなる」

どれも、「し」をカットして訳しても問題ないよね。

もう１つは、その「**形**」だ。

「**しも**」「**しぞ**」「**しこそ**」「**〜し〜ば**」の形を見つけたら、強意の副助詞を疑うこと。これらは、「し」に係助詞「も／ぞ／こそ」がついたものと、接続助詞「ば」（p.314）を伴う語がついたものだ。

副助詞「し」自体は、現代ではほぼ消滅した表現。ただ、「果て**し**ない」「なきに**しも**あらず」のように、今でも一部使われているものもある。

★ High Level Lessons ★

「しも」は、「し」と「も」を分けず、「しも」という１つの副助詞だとする説もある。

◇「し」の識別

強意の副助詞「し」を勉強すれば、**「し」の識別問題**も解けるようになる。

ただ「識別」と言っても、新しく勉強することは何もない。今まで勉強したことを思い出して復習するだけだから余裕で理解できるはず。

Point 22　「し」の識別

① 誰しもが、悩みを抱えたり。→ **強意の副助詞**

「しも／しぞ／しこそ／～し～ば」の形！

② 目覚めし時、すでに夜なりけり。

直前が「連用形」！ → **過去の助動詞「き」・連体形**（p.153）

③ 入浴して、汗流す。→ **サ変動詞・連用形**

英語の「do」の意味！

④ 汗流してから、眠る。→ **四段動詞の一部**

「ず」をつけると、「流さ＝aの音」に変わる！

⑤ この車、はなはだ古し。→ **形容詞の一部**

「とても」を補える！

練習問題2

問1 下線部の文法的説明として最も適当なものをそれぞれ選びなさい。

① ※1女房《にょうばう》にだにかねてさも知らせず、※2殿人《とのびと》にはましていみじう隠して…

② 我に、今ひとたび声をだに聞かせたまへ。

③ 君すらも※3まことの道に　入りぬなり　一人や長き
闇にまどはん

④ 一昨日《をとつひ》も　昨日《きのふ》も今日《けふ》も　見つれども　明日さへ※4見まく
ほしき君かも

ア 類推　　イ 限定　　ウ 添加

問2 下線部の文法的説明として最も適当なものをそれぞれ選びなさい。

① 母の膝を枕にして、起きも上がらず寝たりければ…

② 死は前よりしも来《きた》らず。かねて後《うしろ》に迫れり。

③ 我が※5背子に　見せむと思ひし　梅の花　それとも見えず
雪の降れれば

④ 女御《にようご》、例ならずあやしとおぼしけるに…

⑤ 花を見て　春は暮らしつ　今日よりや　しげきなげきの　下に惑はむ

ア 強意の副助詞　　イ 過去の助動詞「き」の連体形
ウ サ変動詞「す」の連用形　　エ サ行四段活用動詞の一部
オ 形容詞の一部

※1 女房＝貴族に仕える女性　※2 殿人＝貴族に仕える男性　※3 まことの道＝仏道
※4 見まくほし＝会いたい　※5 背子＝愛しい男性。恋人。

3章

練習問題 2 解説

解答は p.335

では問1。

①②「だに」は、ア「類推」か、イ「限定」のどちらか。

①は、後ろに**「命令・仮定・願望・意志」**の内容がないから……

答えはア。「女房にさえ知らせない」と訳せば意味が通る。

②は、後ろに**「～たまへ＝命令形」**が来ているから、答えはイ。

「せめて声だけでもお聞かせください」と訳す。

③「すら」は、アの意味しかない。「あなたでさえも仏道に入った」と訳す。

④「さへ」は、ウの意味しかない。「一昨日も昨日も今日も会ったけれども、明日までも会いたい」と訳す。

次は問2。

①は「枕にする」と訳せばいいから**「サ変動詞」**。答えはウ。

②は「しも」の形になっているから、**「強意の副助詞」**の可能性が高い。「しも」を取り除いて「死は前から来ない」と訳せるから、答えはアで間違いなし。

③は、「思ひ＝連用形」に接続するのは過去／完了グループ。「梅＝名詞」の直前にあるから「し」は連体形。

正解はイ。

④「あやし」は**「とても」**を補えるから**「形容詞」**。答えはオ。

⑤は、「ず」をつけると「暮らさァず＝aの音」になるから、これは**「四段動詞の一部」**ですね。正解はエ。

◇助詞の６分類 ③接続助詞

次は「接続助詞」。前後の語句をつなげて、その関係を示す助詞。つまり文と文、語句と語句を「**つなぐ**」はたらきがある。現代語でいくつか例をあげると、次のような感じだね。

例文（現代語）	意味	名称	英語のイメージ
シャワーを浴び［て］、寝る。（浴び＝連用形）	そして	単純接続	and
走った［が］、遅刻した。（た＝終止形）	しかし	逆接	but
暇な［ので］、一日中遊ぶ。（暇な＝連体形）	だから	順接	so/because
薬を飲め［ば］、治る。（飲め＝仮定形）	もし	仮定の順接	if
つらく［ても］、人生は続く。（つらく＝連用形）	だとしても	仮定の逆接	even if

「接続助詞」を攻略するためのコツは２つ。

１つは、「**意味のイメージ**」を先に持っておくこと。

これから16個の「接続助詞」を勉強するけど……その多くは今、表にした**５つの意味**（**そして**／**しかし**／**だから**／**もし**／**だとしても**）のどれかに当てはまる。いきなり１つずつ細かく覚えるよりも、これら５つのパターンがあることを先に理解したほうが効率がいい。

もう１つは、「**接続**」を意識すること。

「格助詞」は、ほぼ「名詞／連体形」しか直前に来ないから、「接続」について覚えることもほとんどなかった。

でも「接続助詞」は、一部の例外を除いて「動詞・形容詞・形容動詞・助動詞」つまり**すべての「活用する言葉」が直前に来る**。ということは……助動詞と同様、**直前に来る「活用形」**を意識しないと、正確に「接続助詞」を見抜くことはできないんだ。

Point 23
「接続助詞」とは？

ば／を／に／が／て／して／で／ものの／ものを／ものから／ものゆゑ／ながら／つつ／ど／ども／とも

★文と文、語句と語句をつなぐはたらきがある！
★意味は「そして／しかし／だから／もし／だとしても」のどれか。
★直前は「活用語」→その「活用形」を覚える必要アリ。

◇接続助詞「ば」

「ば」は、接続助詞の中では圧倒的に試験によく出るけど……

これ、とっくの昔に勉強しましたよね。（p.69）

「ば」の直前が**「未然形」**なら仮定条件で、**「もし〜」**と訳す。
「ば」の直前が**「已然形」**なら確定条件で、**「〜なので」**と訳す。
イメージで言えば**「if」**か**「so/because」**か。

そのとおり。ただ……それだけで終わっても面白くないし、もう一歩レベルアップしようか。今から言う**２つのポイント**を追加で理解しよう。

１つめのポイント。「已然形＋ば」の形は、「〜**なので**」だけでなく、「〜**すると**」と訳す場合も多い。いくつか例をあげると……
まず、正岡子規の俳句「柿食へ**ば**　鐘が鳴るなり　法隆寺」。
これを「柿を食べた**ので**、法隆寺の鐘が鳴った」と訳すとヘンだよね。

それだと、柿の中に鐘を鳴らすスイッチがあるみたい……
「柿を食べると、法隆寺の鐘が鳴った」と訳したほうが、ずっと自然。

それと J-Pop の歌詞みたいだけど……「振り向け**ば**、僕の隣に君がいる」。これを「(私が) 振り向いた**ので**、僕の隣に君がいる」と訳すのもヘンだ。

それだと**「僕」**が振り向くまで、その場所に**「君」**が存在しなかったみたいだ。**「振り向くと、僕の隣に君がいる」**と訳すほうがいい。

そうだね。「〜なので」と訳すのは、「**理由**」の意味を持つときだけ。「理由」の説明になっていないときは、「〜すると」と訳す。

もっと言うと、「柿食へば〜」と、「振り向けば〜」の間にも、実は意味の違いがある。「柿食へば〜」の場合は、「柿を食べると（**たまたま偶然**）鐘の音が鳴った」という意味だよね。でも「振り向けば〜」のほうは、「振り向くと（**いつも**）僕の隣に君がいる」と言いたいわけだ。

細かく分けるのであれば、「柿食へば〜」のほうを「**偶然条件**」、「振り向けば〜」のほうを「**恒常条件**」という名前で分類する。

２つめのポイント。「仮定・if」の意味を表す形は「未然形＋ば」だよね。

でも「**形容詞**」「**打消の助動詞**」を「if」の意味にするときは、「未然形＋ば」の形は使えない。「形容詞」のときは「〜**くは**」、「打消の助動詞」のときは「〜**ずは**」という形で表現するんだ。「〜くは／ずは」の形を見たら、「もし〜なら」と訳せば OK。

ちなみに「〜くは」の形になるのは「形容詞」だけではなく、「べし／まじ」のように「**形容詞と同じ活用パターン**の助動詞」も同じ。訳し方は変わらないから、とにかく「〜くは／ずは」の形をアタマに入れておこう。

Point 24 接続助詞「ば」の意味・用法

★未然形＋ば

①家に帰らば、まず風呂に入りたし。　仮定「もし～なら」

★已然形＋ば

②家に帰れば、鍵を開けけり。　理由「～なので」

③家に帰れば、郵便物届きけり。　偶然条件「～すると（たまたま）」

④家に帰れば、妻が我を待ちけり。　恒常条件「～すると（いつも）」

★「～ずは／くは」の形は「もし～なら」で訳す！

⑤帰らずは、風呂に入らじ。（もし帰らないなら、風呂に入らない）

打消「ず」

⑥臭くは、香水をつけむ。（もし臭かったら、香水をつけよう）

形容詞

★ High Level Lessons ★

「～くは／ずは」の、「～く」「ず」の部分は、「未然形」であるという説と、「連用形」であるという説がある。また「は」の部分も、「接続助詞」であるという説と、「係助詞」であるという説がある。説が分かれている以上、これらの文法的説明が試験で問われることはないので心配は無用。

◇接続助詞「を」「に」「が」

「を／に／が」って全部「格助詞」にもありましたよね？ (p.291)

そうなんだ。「格助詞」の「を／に／が」が変化して、**接続助詞のように使われ出した**のがコレ。つまり、もともとは「格助詞」だったので、「接続」も「格助詞」と共通。つまり「**連体形**」**が来る**ルールだ。

「格助詞」と言えば、普通は「名詞」が前に来るよな。「接続助詞」のときは？

接続助詞の前に「名詞」は来ない。直前が「名詞」の場合はその時点で「格助詞」と判断してOK。

そして……接続助詞「を／に／が」の特徴は、**意味が非常にあいまい**であること。次の例文をながめてほしい。

Point 25 接続助詞「を」「に」「が」の意味・用法

①雨降るを(に)、家で休む。

→**順接(理由)**「～ので」 英語で言う「so」

(!)用法①は **「を・に」だけ。**

②雨降るを(に／が)、海へ行きけり。

→**逆接**「～のに」 英語で言う「but」

③雨降るを(に／が)、風も吹きけり。

→**単純接続**「～して／すると」 英語で言う「and」

(!)すべて直前には**連体形**が来る。

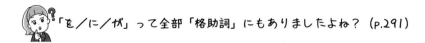

①は「雨が降る**ので**、家で休んだ」。英語の「so」に近い、さっき勉強した「已然形＋ば」とほぼ同じ意味を持つ表現。

②は「雨が降る**のに**、海へ行った」。英語の「but」に近い、「**逆接**」の表現。

③は「雨が降っ**て**、風も吹いた」。英語の「and」に近い表現で、「**単純接続**」と呼ばれる。

「を／に／が」の直前が連体形のときは、これら「and ／ but ／ so」の意味があるときが「接続助詞」。そうでないときは「格助詞」と考えればOK。

「and」と「but」なんて、むしろ正反対じゃないですか……

「が」は、現代語の感覚だと「but」で訳してしまいそうだよな。
でも、「and」の意味で「が」が使われるケースもある。

そうだね。つまり、接続助詞「を／に／が」の意味を、**先入観で決めつけてしまうのが一番危険**。「and ／ but ／ so」３つの意味をしっかりアタマに入れたうえで、**ストーリー・文脈で判断**することが大事。

◇接続助詞「て」「して」「で」

Point 26　接続助詞「て」「して」の意味・用法

ラジオを［つけ］て、海へ行かむ。
メガネを外さ［ず］して、寝けり。
}単純接続「〜して」

ⓘ直前には［**連用形**］が来る。

「て」は、現代語と特に変わるところはない。

直前には「連用形」が来るし、意味は単純に「and」。

★ High Level Lessons ★

「食べ過ぎて、気持ちが悪い」のように、「理由」を表すケースもある。

「して」は、基本的に「て」と同じ。有名なもので言えば……鴨長明《かものちょうめい》「方丈記」の冒頭部分「行く川の流れは絶えず**して**、しかももとの水にあらず」。

現代でも「若く**して**、教授になった」のように使われる場合がある。

このように、打消「ず」・形容詞と一緒になって「〜**ずして**／**くして**」の形で使われるケースが多い。

そして、「て」と間違えやすい要注意の接続助詞が「で」だ。

Point 27

接続助詞「で」の意味・用法

メガネを外さで、寝けり。──►**打消**「〜しないで／せずに」

①直前には**未然形**が来る。

「打消」になるのか！　つまり「で」は**「not」**の意味を持つ。

濁点があるかないかの違いで、「て」と「で」は**意味が正反対になってしまう**ので、きわめて危険。これを知らずに「て」と同じく「and」で訳してしまうと、悲惨な事態になるよね。

「打消」の意味だから、当然「で」の**直前には「未然形」**が来る。

◇接続助詞「ものの」「ものを」「ものから」「ものゆゑ」

全部「もの」から始まる助詞なんですね。
「もの」って「名詞」みたいだけど……これも「接続助詞」？

もともとは名詞「物・者」に、「の・を・から・ゆゑ」がくっついたものだ。でも、いつの間にか一つにまとまって「**but ＝逆接」の意味**を持つようになった。

「もの」の部分がもともと「名詞」ということは……

直前には「連体形」が来る。

そのとおり。現代でも「努力はする**ものの**、現実は厳しい」のように使われているよね。

「努力はするけれど、現実は厳しい」だから、たしかに「逆接」。

Point 28　接続助詞「ものの」「ものを」「ものから」「ものゆゑ」の意味・用法

①金を借りけるものの
　金を借りけるものを
　金を借りけるものから
　金を借りけるものゆゑ
　｝、返さず。
　──▶**逆接**「〜けれど」

　(!)直前には**連体形**が来る。

②ものを・ものから・ものゆゑ
　──▶**順接（理由）**「〜ので」と訳すこともある。

①の例文は、全部「金を借りた**けれど**、返さない」と訳すことができる。

ただし、「ものから」「ものゆゑ」には、「から」「ゆゑ」という理由を表す語がくっついているよね。だから「〜ので」と訳して順接の理由を表すと解釈することもある。「ものを」も、同じく理由になるときがある。

◇接続助詞「ながら」「つつ」

Point 29 接続助詞「ながら」の意味・用法

①パンを食ひながら走る。 ──→同時並行「〜しながら」
②子供ながら、大学へ通ふ。──→逆接「〜なのに」
③餅50個ながら食ひけり。 ──→全部「〜全部／とも」
!直前には**連用形**・**名詞**などが来る。

Point 30 接続助詞「つつ」の意味・用法

①パンを食ひつつ走る。 ──→同時並行「〜しながら」
②毎日働きつつ、貯金す。──→反復・継続「〜しては」
!直前には**連用形**が来る。

現代語で例を考えれば、「直前との接続」は自力で導き出せるはず。

現代語の例……「やりながら／入りながら」「思いつつ／楽しみつつ」
全部「ます」がつく形だから「連用形」ですね。

そのとおり。ただし「ながら」の場合は、「新入社員ながら／老人ながら」など、前に「名詞」がつくケースも多い。

★ High Level Lessons ★

「ながら」は、ほかにも次のように接続するケースがある。

・形容詞・形容動詞の語幹 → 「身はいやしながら，母なむ宮なりける。」

「ながら」の用法①②は、現代語と同じなので、特に問題ないはず。

③は現代語にない表現なので注意。**直前に「数字」**に関係する言葉が来ると「すべて・まるごと・全部」という意味になる。

「つつ」の用法①は、現代語どおり。２つの動作を同時に行う「ながら」と同じ意味だ。

②は、有名どころで言えば「竹取物語」の冒頭部分、「野山にまじりて竹を取りつつ、よろづの事に使ひけり」だね。これを①と同じ「同時並行」で訳すと、ありえない事態になるでしょ。

竹を取るのと使うのを同時に行うのは無理だよな……

そうだね。こういう場合は「竹を取っ**ては**、いろいろな事に使った」と訳せば OK。一回限りの話でなく、継続して行う話に使われる用法だ。

◇接続助詞「ど」「ども」「とも」

接続助詞もこの３つでラスト。「ど／ども」は前に勉強したよね。

「已然形」の後ろにつく代表的な語ですよね。(p.65)
「宿題をやれども、全然終わらない」……**意味は「逆接」**です。

Point 31 接続助詞「ど」「ども」の意味・用法

恋すれど
恋すれども
}、思ひはかなはず。 ──→ 逆接 「～けれど」

①直前には**已然形**が来る。

「とも」は「死ぬとも／動くとも／行くとも」のように、**直前が「終止形」**になるのが基本。

ただし、1つ例外。直前に「形容詞タイプ」が来るときは「遅くとも／面倒臭くとも」のように、「～くとも」の形になる。つまり「連用形」だね。

意味は、「even if」のような意味。「**たとえ～しても**」と訳せばOK。

Point 32 接続助詞「とも」の意味・用法

遅《おく》るとも
遅《おそ》くとも
、明日には来よ。 ──▶ **逆接の仮定**
「たとえ～としても」

①直前には**終止形**または「形容詞タイプ」の連用形。

練習問題 3

下線部をそれぞれ現代語訳しなさい。

① 京には見えぬ鳥なれば、皆人見知らず。
② 悪人の真似とて人を殺さば、悪人なり。
③ ※とみの事とて御文あり。おどろきて見れば、歌あり。
④ 今日来《こ》ずは明日は雪とぞ降りなまし消えずはありとも花と見ましや
⑤ 文を書きてやれども、返り事もせず。
⑥ 雪降らで、雨のかきくらし降りたる。
⑦ 長くとも四十に足らぬほどにて死なんこそ、めやすかるべけれ。
⑧ 都出《いで》て　君に逢《あ》はむと　来《こ》しものを　来しかひもなく　別れぬるかな

※ とみなり＝急だ（「とみ」は形容動詞の語幹）

練習問題3 解説

解答は p.335

①は「なれば」が「已然形＋ば」の形だから、「ので」と訳すのが基本。「京では見られない鳥であるので」と訳せば意味が通る。

……ちなみに、「ぬ」は後ろに「鳥＝名詞」がある。「ぬ」が連体形だから「完了」ではなく「打消」(p.145)。「なれ」は直前が「鳥＝名詞」だから、「断定」の助動詞「なり」(p.219)。

②は「殺さば」が「未然形＋ば」の形だから、「もし人を殺すなら」。

③は「見れば」が「已然形＋ば」の形。今回は偶然条件で「びっくりして見てみると」と訳すのが自然。

④は「ずは」の形だから、「もし今日来ないなら」と訳せばいい。

⑤「ども」は「逆接」ですね。「手紙を書いて送るけれども」。

⑥「で」は「打消」。「雪が降らないで／雪が降らずに」。

⑦「とも」は「逆接の仮定」。「たとえ長かったとしても」。

⑧「ものを」は「逆接」。「来たけれど」と訳せば、後半の「来たかいもなく…」と意味的にピッタリ。

◇助詞の６分類　4終助詞

「終助詞」は、名前のとおり「**文の終わり**」**に来る**助詞のこと。

「終助詞」も「接続助詞」と同様、典型的な「意味のイメージ」を先に脳内に作ってしまおう。ほぼすべての「終助詞」は、次の**４つの意味の**どれかに所属する。細かく１つずつ覚え始めるよりも、まず大ざっぱにこの４つの意味を覚えてしまおう。

Point 33 「終助詞」とは？

ばや／てしがな／にしがな／なむ／もがな／がな／もが／な／そ／か／かな／かも／も／かし

★文の終わりに来る！

★主な意味

①願望　（～**したい／してほしい**）　②詠嘆　（～**だなぁ**）

③念押し（～**だよね**）　④禁止　（～**するな**）

◇「願望」の終助詞「ばや」「なむ」「もがな」

「**願望**」、つまり英語の「**want**」の意味を持つ終助詞。ただ、一言で「願望」と言っても、その訳し方は**大きく３種類**に分かれる。

１つめは、「**自分自身が**、何かを**したい**と思う」タイプ。具体的には「**ばや**」が、このタイプの終助詞だ。

２つめは、「**他人**に、何かを**してほしい**と思う」タイプ。具体的には「**なむ**」が、このタイプの終助詞。

３つめは、「何らかの**モノが欲しい**」タイプの願望。具体的には「**もがな**」が、このタイプの終助詞。

これら３タイプに分けて、１つずつ整理していけばいい。

Point 34　終助詞「ばや」の意味・用法

夕食に焼肉食はばや。→ 自己の願望「〜したい」

＜夕食に焼肉が食べたい。＞　①直前には**未然形**が来る。

「願望＝〜したい」ということは、言い換えれば「未だ〜していない」ということ。よって、その直前には「未然形」が来るケースが多い。

★ High Level Lessons ★

「ばや」と同じはたらきをする終助詞に「てしがな」「にしがな」がある。この「て」と「に」はもともと「完了の助動詞『つ／ぬ』」なので、その直前には連用形が来る。
（夕食に、焼肉食ひ てしがな／食ひ にしがな）
また、「てしかな」「にしかな」「てしが」「にしが」「てしか」「にしか」など、微妙に形が変わるケースもあるが、全部同じと考えてよい。

Point 35　終助詞「なむ」の意味・用法

上司に、焼肉代払はなむ。→ 他者への願望「〜してほしい」

＜上司に、焼肉代を払ってほしい。＞　①直前には**未然形**が来る。

Point 36　終助詞「もがな」の意味・用法

おいしき 焼肉 もがな。→ モノへの願望「〜があればなぁ」

＜おいしい焼肉があればなぁ。＞　①直前は **名詞** が多い。

★ High Level Lessons ★

「もがな」ではなく「がな」「もが」の形で使われるケースもある。
（おいしき焼肉がな／焼肉もが）

「もがな」の直前には形容詞／助詞／打消の助動詞が来る場合などもある。
（例）私がもっと、背が高くもがな。（私がもっと、背が高かったらなぁ）
早く東京ドームへもがな。　（早く東京ドームへ行きたいなぁ）
言わずもがなのことを言う。　（言わないでほしいことを言う）

◇「禁止」の終助詞「な」「そ」

「禁止」の意味を持つ「終助詞」は、「な」と「そ」の２種類。
「な」は、「しゃべるな／帰るな」など、現代でも使う。
「そ」は、現代にはない古文独特の用法で、試験にもよく出る。

Point 37 終助詞「な」「そ」の意味・用法

酒飲まば、{ 車に乗るな。／な車乗りそ。 } ──→ 禁止「〜な」

①「な」の直前は**終止形**（ラ変のときは連体形）が来る。
①「な〜そ」の「な」は助詞ではなく**副詞**。
「そ」の直前は連用形が多い。──→ High Level Lessons

★ High Level Lessons ★

・終助詞「そ」の直前は、「カ変／サ変」が来るときだけ「未然形」になる。
（例）酒飲まば、な車で来《こ》そ。　（酒を飲むなら、車で来るな）
酒飲めども、な飲酒運転せそ。（酒を飲んでも、飲酒運転するな）

◇「詠嘆」の終助詞「かな」

「詠嘆」の意味を持つ「終助詞」といえば、「かな」。
訳すときは「～だなぁ」「～なことよ」に直せばOK。

Point 38 終助詞「かな」の意味・用法

あぁ、安き［給料］かな。
我が給料、［安き］かな。
→ ［詠嘆］「～だなぁ／なことよ」

①直前には［名詞］or［連体形］が来る。

★ High Level Lessons ★

・「かな」は、もともと詠嘆の終助詞「か」と詠嘆の終助詞「な」が合体してできたもの。
よって、「か」「な」を単体で使う場合もある。（安き給料か。／給料安しな。）
・「は」「よ」も詠嘆の終助詞として使うことがある。（給料安きは。／安き給料よ。）

◇「念押し」の終助詞「かし」

「念押し」の意味を持つ「終助詞」と言えば、「かし」。
訳すときは「～ね」「～よ」に直せばOK。

Point 39 終助詞「かし」の意味・用法

早く家に帰れかし。 → ［念押し］「～よ／ね」

＜早く家に帰れよ。＞

①直前には「終止形／命令形」が多い。

◇助詞の６分類 5係助詞

「**係助詞**」の読み方は「カカリジョシ」とも「ケイジョシ」とも読むので、習っている先生に従えばOK。

内容については、すでに「**係り結び**」で勉強しているから、問題ないよね(p.114)。

「係り結び」を作る助詞、「ぞ・なむ・や・か・こそ」の5つ。
これらが「係助詞」ですよね。

そうだね。ただし……「係助詞」は、「ぞ・なむ・や・か・こそ」以外にも**２つ存在**する。それは、「**は**」と「**も**」だ。

「ぞ・なむ・や・か・こそ」が「係助詞」であることは、ちょっと古文を勉強した生徒なら全員答えられる。でも「は・も」が「係助詞」であることは知らない人が結構多いので、注意して覚えておきたいところ。

Point 40 「係助詞」とは？

ぞ／なむ／や／か／こそ／は／も

★文末に結びつく言葉に影響して意味をそえる。

「ぞ／なむ／や／か」──→ 連体形 ┐
「こそ」 ──→ 已然形 ┘ 係り結び
「は／も」 ──→ 終止形

え、でも「は」と「も」は「係り結び」にならないよな。
なのに「係助詞」になるのか……？　なぜ……？

「なぜ『は・も』が係助詞なのか」は、相当説明が難しい。説明が難しいうえに、理由を知ったところで特にメリットがあるわけでもないので、ここは**理屈無視で丸暗記**してしまうことを強くオススメする。

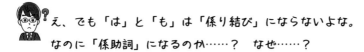

★ High Level Lessons ★

・「は・も」を、「主語」を表す「格助詞」では？　と思う人が多いだろう。
しかし、次の現代語の例文を見れば、その考えが誤りであることがわかる。
「今日は、私は、あなたとは、一緒には、酒は、飲みは、しない。」
「明日も、朝食も、昼食も、彼女とも、食べる。」
このように「は・も」は、主語、修飾語、目的語など、さまざまな語と使うことができる。つまり「は・も」は、文中での語の役割を決定づけないので、「格助詞」と言うことはできない。

・また「係助詞」には、「文末」と強いつながりを作るという性質がある。「ぞ・なむ・や・か・こそ」が文末の形を変えてしまうのも、その性質があるためである。そこで、次の現代語の例文を比較してみよう。
「父は 病気で 大変だったんです。」(係助詞)
「父が 病気で 大変だったんです。」(格助詞)
この場合、「病気」なのと、「大変だった」のは、それぞれ誰になるだろうか？
係助詞「は」を使った文の場合、「病気」なのも「大変だった」のも、「父」と解釈するのが自然だろう。
しかし格助詞「が」を使うと、「病気」なのは「父」だが、「大変だった」のは「私（家族)」と解釈しても問題はない。
つまり係助詞は直前の「父」の話が文末まで続いていくのに対し、格助詞は直後の「病気で」で、いったん話に区切りがついてしまうことがあるのである。

◇係助詞「は」「も」

「ぞ・なむ・や・か・こそ」の意味は、すべてp.114で説明済み。

「は・も」の使い方を一覧にしておくけれど……現代語とほぼ同じなので例文に目を通して意味を理解すれば十分だろう。

Point 41 係助詞「は」の意味・用法

① 象は、鼻が長き生き物なり。 ⟶ **テーマ**

② 彼は、顔は美しき男なり。 ⟶ **対比**

①は、ごく一般的な「は」の使い方。「象」を文の「テーマ」にして、後ろに「象」についての「説明」を書き加えている。

「私は、高校生です」「東京は、日本で最も大きな都市です」「麦茶は、夏に飲むとおいしい」……全部、「テーマと、それに対する説明」になっているのがわかるはずだ。

②は、表面上はほめているように見えるけど、「顔」だけをほめるということは……「でも、性格は悪い」とか「でも、仕事はできない」のように、マイナスの意味が込められてますよね。

そうだね。①のように「単なる説明」なのか、②のように「対比の意味が込められているか」を文脈・ストーリーから判断する必要がある。

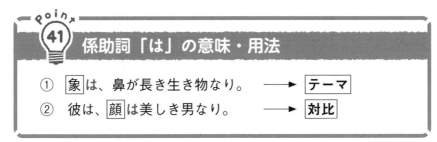

Point 42 **係助詞「も」の意味・用法**

① 我、笛も好みけり。 → **類例**

② 我も、君も、共に行く。 → **並列**

③ よくも我が弟を殴りけるかな。許さじ。

→ **強意**「～もまぁ」

①は「笛だけでなく、ほかのものも好き」という意味が込められている。

②は「AもBも」という形で使われるパターン。

③は「よくも」「うたても」「遠くも」など、「形容詞」が直前に来ることが多い。直前の形容詞を、気持ちを込めて強める表現だ。

◇助詞の６分類 ⑥間投助詞

「間投助詞」は、文の途中でリズムを取るよう挿入される助詞で「や」「よ」「を」の３種類がある。入試で問われることは滅多にない。

Point 43 **間投助詞とは？**

や／よ／を

★文節の切れ目について、リズムを整え、意味をそえる。

Point 44 **間投助詞「や」「よ」「を」の意味・用法**

★この商品や、昨日だけよ、無料にてを配りけり。

<この商品をね、昨日だけよ、無料で配ったんだなぁ。>

→ **詠嘆・呼びかけ・強調**「～よ／ね／なぁ」

注意を払うべきは「や」と「を」。

「や」は、「係助詞」にも登場するけど……今回の「や」とは、意味も形も全然違う。

「係り結び」の「や」は「疑問・反語」になるし、文末が「連体形」。

そうだね。「や」が出てきたら、それが「疑問・反語」の意味を持つかどうか、文末が「連体形」になっているかどうか、この２点をチェックすることが大事。

今回の例文だと、文末が「けり＝終止形」だし、意味的にも「疑問」じゃないから、「係助詞」ではなく「間投助詞」と考えるのが正しい。

「を」については、形容詞・形容動詞のイディオム（p.111）の「を～み」の形に注意しよう。

練習問題 4

問１　下線部を、それぞれ現代語訳しなさい。

① かかる所に、思ふやうならむ人を据《す》ゑて住まばや。

② 昔を今になす ※１由《よし》もがな

③ いま一度起こせかしと、思ひ寝に聞けば、…

④ あさましう思ひかけぬことどもかな。

⑤ 何か射る。な射そ、な射そ。

⑥ ※２いつしかその日にならなむと、急ぎ押し歩くも、いとをかしや。

問２　次の和歌から、係助詞を出てくる順に３つ抜き出しなさい。

逢坂《あふさか》の 関をや春も 越えつらん 音羽の山の 今朝は霞《かす》める

※１ 由＝方法　※２ いつしか＝早く

練習問題 4 解説

解答は p.335

まず問1。

①「ばや」は「～したい」と訳せばいいから、「住みたい」が答え。

②「もがな」は「～があればなあ」と訳す。

「昔を今にする方法があればなあ」が答え。

③「かし」は「念押し」。

答えは、「もう一度起こせよ」だな。

④「かな」は「詠嘆」にする。

答えは、「思いがけないことどもだなあ」。

「ぬ」は後ろに「こと＝名詞」があるから、連体形。「完了」ではなく「打消」のパターン（p.179）。

⑤は「な～そ」があるから「禁止」。「射るな、射るな」が答え。

⑥「なむ」は、直前が「なら＝未然形」だから、「～してほしい」と訳す。

「その日になってほしい」と訳せばOK。

⑥「なむ」は、直前が連用形になることもあったよね。もし直前が連用形なら、そのときは「強意」・「推量」の助動詞になる（p.168）。

問2は、係助詞を抜き出すだけだから、簡単ですね。

逢坂の　関をや春も　越えつらん　音羽の山の　今朝は霞める

答えは「や・も・は」です。

OK、問題なし。これで、「助詞」の勉強はすべて終了！

ただ単純に丸暗記しようとすると、かなりのボリュームになってしまうけど、これまで教えたポイントをうまく利用して、効率的・効果的に覚えていけば大丈夫だ。

練習問題1 解答

問1　①　Aア　Bウ　②オ　③イ　④エ

問2　①徒歩で／歩いて　②名前を聞くとすぐに

③宮の御前も／宮の御前におかれても

④ひたすら泣いて

練習問題2 解答

問1　①ア　②イ　③ア　④ウ

問2　①ウ　②ア　③イ　④オ　⑤エ

練習問題3 解答

①京では見られない鳥であるので　②もし人を殺すなら

③びっくりして見ると　④もし今日来ないなら

⑤手紙を書いて送るけれども

⑥雪が降らないで／雪が降らずに

⑦たとえ長かったとしても　⑧来たけれど

練習問題4 解答

問1　①住みたい　②昔を今にする方法があればなあ

③もう一度起こせよ

④思いがけないことどもだなあ　⑤射るな、射るな

⑥その日になってほしい

問2　や・も・は

One Point Lessons ⑧ 「指示語」と「接続語」の表現

現代文の問題でよく出題される「指示語」と「接続語」。「指示語」は「それ・この・あんな」のように、前にある語句を指し示す言葉。「接続語」は「しかし・だから・さて」のように、前後のつながりを示すための言葉。指示語・接続語がわからないと、文章中の前後関係が読み取れず、全体のストーリーも理解できなくなる危険性がある。古文に出てくる「指示語・接続語」の表現を、このページでまとめて覚えてしまおう。

★指示語

- **かく**　このように、こう
  「男、かく語りき」 →男は、このように語った
- **かかる**　このような、こんな
  「かかる男、うたてし」 →こんな男は、嫌だ
- **さ**　それ、そのように、そう
  「さは言へど、難し」 →そうは言っても、難しい
- **さこそ**　そのように、それほどまで
  「男、さこそ家に帰りたかりけれ」
  →男は、それほどまでに家に帰りたかった
- **さばかり**　それほど、その程度
  「さばかりの歯痛、すぐ歯医者へ行くべし（我慢すべし）」
  →それほどの（その程度の）歯痛なら、すぐ歯医者に行け（我慢しろ）
- **しか**　そのように、そう
  「このレシピを読み、しか料理を作れ」
  →このレシピを読んで、そのように料理を作れ
- **さる**　①そういう、そのような
  「午後は昼寝す。さる時、部屋に入るな」
  →午後は昼寝をする。そういう時に、部屋に入るな

②しかるべき、立派な

「フェラーリ、さる車なり」 →フェラーリは、立派な車だ

・かれ あれ、あのもの

「かれや、何なる」→あれは、何だ？

・かの あの

「かの男の、名前を忘れり」 →あの男の、名前を忘れた

★接続語

主に順接

・さらば もしそうなら、それなら

「謝れ、さらば許さむ」 →謝れ、それなら許そう

・されば ①だから、それゆえ

「雨降りけり。されば帰れり」 →雨が降った。だから帰った

②そもそも、いったい

「こは、されば、何なるか」 →これは、いったい、何なんだ

・さて そうして、それで

「腹痛く、さて早退せり」 →腹が痛く、それで早退した

・しからば それならば、そうしたら

「謝れ、しからば許さむ」 →謝れ、そうしたら許そう

・しかれば ①だから

「雨降り、しかれば帰れり」 →雨が降って、だから帰った

②さて、ところで

「雨降り、しかれば夕食は何か」

→雨が降って、ところで夕食は何だ

・しかるあひだ ①だから、それゆえ

「雨降り、しかるあひだ帰れり」 →雨が降って、だから帰った

②そうするうちに

「雨降り、しかるあひだ雨やみけり」

→雨が降って、そうするうちに雨はやんだ

- **かかれば**　だから、こういうわけで

「雨降り、かかれば帰れり」

→雨が降って、だから帰った

- **すなはち**　①そのまま、つまり

「服装の乱れ、すなはち心の乱れなり」

→服装の乱れは、そのまま心の乱れである

②そういうわけで

「台風来て、すなはち田んぼを見に行きけり」

→台風が来て、そういうわけで田んぼを見に行った

主に逆接

- **さるは**　①そうではあるが（逆接）

「全く勉強せず。さるは、留年は困る」

→全く勉強していない。そうではあるが、留年は困る

②というのは（順接）

「全く勉強せず。さるは、昨日から腹痛し」

→全く勉強していない。というのは、昨日から腹が痛いからだ

③そのうえ

「全く勉強せず。さるは、全く眠れず」

→全く勉強していない。そのうえ、全く眠れていない

- **さるを**　①それなのに

「全く勉強せず。さるを、満点取れり」

→全く勉強していない。それなのに、満点を取った

②ところで

「全く勉強せず。さるを、汝《なむぢ》はいかに？」

→全く勉強していない。ところで、お前はどうだ？

- **さりとて**　だからといって

「暇なり。さりとて、働きたからず」

→暇だ。だからといって、働きたくはない

- **さりとも**　だとしても

「明日はいい天気なるめり。さりとも、家からは出でじ」

→明日はいい天気のようだ。だとしても、家からは出ない

・**さりながら**　しかしながら

「コーヒー飲めり。さりながら、さは麺つゆなりけり」

→コーヒーを飲んだ。しかしながら、それは麺つゆだった

・**されど**　けれども

「かの人、かたち美し。されど、心醜し」

→あの人は、見た目は美しい。けれども、心は醜い

・**しかるに**　①それなのに

「ラーメン食ひけり。しかるに、太らず」

→ラーメンを食べた。それなのに、太らない

②ところで

「ラーメン食ひけり。しかるに、明日は雨ななり」

→ラーメンを食べた。ところで、明日は雨のようだ

並立・累加・選択

・**かつ**　そのうえまた

「ラーメン食ひけり。かつ、ライスも食ひけり」

→ラーメンを食べた。そのうえ、ライスも食べた

・**しかも**　それでいて

「このラーメンうまし。しかも、太りにくし」

→このラーメンはうまい。それでいて、太りにくい

・**また**　①および

「硬き麺、また濃き汁を好む」　→硬い麺、および濃い汁を好む

②そのうえ

「硬く、また太き麺を好む」　→硬く、そのうえ太い麺を好む

③あるいは

「太き麺、また細き麺を選べ」　→太い麺、あるいは細い麺を選べ

・**もしは**　もしくは

「太き麺、もしは細き麺を選べ」　→太い麺、もしくは細い麺を選べ

3-9 「補助動詞」とは何か

ここまでで、第３章のテーマ「助動詞」「助詞」についての勉強がひととおり終了。皆様、お疲れさまでした。すでにあなたがたの古文の実力は、この本を読みはじめたときとは比べ物にならないぐらい上がっているはず。

そして普通の参考書であれば、ここで「敬語」の勉強に進むはずだけど……その前に、もう１つ教えておくべきことがある。それは「**補助動詞**」。

教科書や参考書ではあまり強調されない地味な分野だけど、古文をうまく理解するために欠かせない知識だ。そのうえ第４章の「敬語」をマスターするためも不可欠な概念なんだ。

◇「本動詞」と「補助動詞」

「補助動詞」を使うとき、その**形に大きな特徴**が出る。**補助動詞**は、ほとんどの場合、ほかの動詞（**本動詞**）の後ろにくっついて、動詞が２つ並ぶ形で使われる。現代語だと、次のような感じ。

★走って いる 本動詞 補助動詞	★食べて みる 本動詞 補助動詞	★読んで しまう 本動詞 補助動詞
★買って おく 本動詞 補助動詞	★倒して みせる 本動詞 補助動詞	

現代語で「補助動詞」を使うと、本動詞と補助動詞が「て（で）」でつながる形になる。

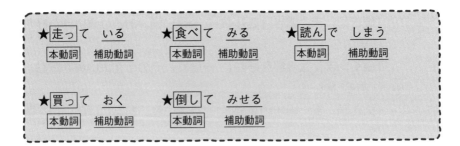

では「本動詞」と「補助動詞」がくっつくと、どのような意味の変化が起こるのか。それは「本動詞のみ」の場合と、「補助動詞」をつけたした場合を比較してみれば、よくわかるはずだ。

＜本動詞のみ＞	＜本動詞＋補助動詞＞	＜加わった意味＞
★走る	走って　いる	現在進行中！
★食べる	食べて　みる	試しに
★読む	読んで　しまう	完了
★買う	買って　おく	準備
★倒す	倒して　みせる	決意

本動詞「走る・食べる・読む・買う・倒す」だけの場合と比べると、補助動詞によってさまざまな**ニュアンスや意味が加わっている**のがわかるよね。

また、補助動詞「いる・みる・しまう・おく・みせる」は本来「存在する・目で見る・収納する・設置する・人に見せる」という意味をもっているよね。これら本来の意味が、補助動詞になると失われてしまうんだ。これも補助動詞の特徴だ。

Point 1

「補助動詞」とは何か？

★「本動詞」について、いろいろな**意味・ニュアンス**を加える役割。

(!)補助動詞は、動詞本来の意味を失っている。

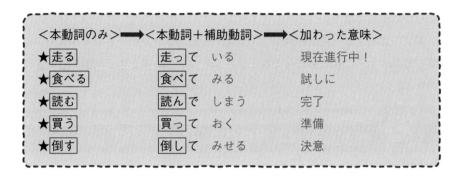

◇古文における「補助動詞」

古文でも、現代語同様「補助動詞」を使うことがある。

ただ、現代語と違い「～て」の形になることは少ない。多くの場合「泣きまどふ」「歩きわたる」のように、「動詞の連用形」に、そのまま「補助動詞」をくっつける形で使う。

古文に登場する「補助動詞」で、覚えておいたほうがいいものをリストアップしておこう。これらを知っておくと、文のニュアンスがよく理解できるようになる。

Point 2　古文における代表的な「補助動詞」

★主に「**動詞の連用形**」＋「**補助動詞**」の形で使う。

補助動詞	本来の意味	補助動詞としての意味
①～**まどふ**（惑ふ）	**思い悩む**	**ひどく** （泣きまどふ＝ひどく泣きわめく）
②～**わたる**（渡る）	**移動する**	**ずっと／一面に** （花咲きわたる＝花が一面に咲く）
③～**やる**（遣る）	**送る**	**遠くに／最後まで** （景色見やる＝景色を遠くまで見る）
④～**はつ**（果つ）	**終わる**	**すっかり／～てしまう** （日沈みはつ＝日がすっかり沈む）
⑤～**そむ**（初む）	**始める**	**初めて／～し始める** （話聞きそむ＝初めて話を聞く）
⑥～**わぶ**（侘ぶ）	**つらく思う**	**～しにくい／しかねる** （先生に言ひわぶ＝先生に言いにくい）

★ High Level Lessons ★

・「泣きてまどふ」「泣きなむまどふ」のように、本動詞と補助動詞の間に「て」や「係助詞」が挟まるケースもある。

練習問題 1

問題　各文における下線部を、補助動詞に注意して現代語訳しなさい。

① 「物とらむとて入りにけるとぞ」と思ひければ、あわてまどひて…

② 下野《しもつけ》の国に、男女住みわたりけり。

③ 言ひもやらず、※1むせかへりたまふほどに、夜も更けぬ。

④ ※2またの年の春ぞ、まことに※3この世のほかに聞きはてにし。

⑤ うたたねに 恋しき人を 見てしより 夢てふものは ※4頼みそめてき

⑥ （男は）三年《みとせ》来《こ》ざりければ、（女は）待ちわびたりけるに、…

※1 むせかへる＝むせび泣く　※2 またの年＝翌年

※3 この世のほかに＝「この世の外に（行ってしまった）」から「死んでしまった」という意味

※4 頼む＝頼りにする

練習問題❶ 解説　　解答は p.345

①は、補助動詞「**まどふ**」が使われていますね。「**まどふ＝ひどく**」だから、「**ひどくあわてて**」と訳せばOK。

②は、補助動詞「**わたる**」が使われています。「**わたる＝ずっと／一面**」の意味。今回は「ずっと住んでいる」と訳すのがよさそう。「けり」は過去だから、答えは「**ずっと住んでいた**」。

③は、補助動詞「**やる**」が使われている。「やる」は「**遠くに／最後まで**」の意味だから、答えは「**最後まで言わないで**」。

④は、補助動詞「**はつ**」は「**すっかり／～てしまう**」という意味。「に」は完了の助動詞「ぬ」の連用形（p.164）。「し」は過去の助動詞「き」の連体形（p.155）。答えは「**すっかり聞いた／聞いてしまった**」。

⑤は、補助動詞「**そむ**」は「**～し始める**」という意味。「て」は完了の助動詞「つ」の連用形（p.164）。「き」は過去の助動詞。
答えは「**頼り始めた**」。

⑥は、補助動詞「**わぶ**」は「**～しにくい／しかねる**」という意味。「たり」は存続の助動詞、「ける」は過去の助動詞だから、「～していた」と訳す。
答えは「**待ちかねていた**」。

パーフェクト。よくできたね。
では、この参考書の最終章「敬語」の勉強に進もう。

練習問題1 解答

①ひどくあわてて　②ずっと住んでいた

③最後まで言わないで

④すっかり聞いた／聞いてしまった

⑤頼り始めた　⑥待ちかねていた

One Point Lessons ⑨ 第３章に出てきた重要単語集

p.145 ～ 146

65　けしき　【名】〈気色〉 ①様子　②事情　③考え

66　ゆめゆめ（～打消・禁止）【副】 決して、全く（～ない、するな）

67　にくし　【形・ク】〈憎し〉 ①嫌だ、憎らしい　②見苦しい、みっともない

68　あいぎゃう　【名】〈愛敬〉 ①かわいさ　②やさしさ　③愛すること

69　あく　【動・四段】〈飽く〉 ①十分満足する　②飽き飽きする、いやになる

70　ものいみ　【名】〈物忌み〉 一定期間身を清めて家に籠ること

71　すさまじ　【形・シク】〈凄じ〉 ①興ざめだ　②殺風景だ　③ひどい

72　こぞ　【名】〈昨年・昨夜〉 ①昨年　②昨夜

p.160

73　あはれなり　【形動・ナリ】 ①しみじみと感じる、趣がある　②すばらしい　③悲しい

74　おぼゆ　【動・下二段】〈覚ゆ〉 ①感じる、思われる　②思い出す　③似ている

75　にほふ　【動・四段】〈匂ふ〉 ①美しく輝く　②香る

76　しるし　【名】〈徴・験〉 ①効き目、ご利益　②前兆
〈標・印・証〉 ①目印、合図　②効果、甲斐《かい》

p.170

77　かうし　【名】〈格子〉 細い木を縦横に組み、戸・窓などに取りつける建具

78　すずろなり　【形動・ナリ】〈漫ろなり〉 ①なんとなく、漫然と、あてもない　②むやみに、ひどく、はなはだしく

79　かる　【動・下二段】〈離る〉（時間・空間・心理的に）離れる

80　おとづる　【動・下二段】〈訪る〉①訪問する　②手紙で様子を尋ねる　③音をたてる

81　めづ　【動・下二段】〈愛づ〉①ほめたたえる　②愛する、かわいがる

82　もてなす　【動・四段】〈持て成す〉①処理する、取り扱う、振る舞う　②世話をする、ごちそうする、おもてなしする

83　かしづく　【動・四段】〈傅く〉①大切に育てる　②大切に世話をする、大切に扱う

p.179

84　とし　【形・ク】〈疾し〉早い、速い

85　さうざうし　【形・シク】物足りない、心寂しい、張り合いがない

86　にはかなり　【形動・ナリ】〈俄なり〉突然、急に

87　なほし　【名】〈直衣〉貴人が着る平服

88　やがて　【副】すぐに、そのまま

p.188

89　かりぎぬ　【名】〈狩衣〉公家が着る平服

90　みす　【名】〈御簾〉すだれ

91　いたはし　【形・シク】〈労し〉①苦痛だ、苦しい　②気の毒だ　③大切に世話したい

92　おはす　【動・サ変】〈御座す〉①いらっしゃる、～でいらっしゃる　②おいでになる

93　ちご　【名】〈児・稚児〉①赤ん坊、幼児　②寺で見習いをする少年

p.205

94　むげなり　【形動・ナリ】〈無下なり〉①ひどい　②むやみやたらに　③（「むげに～打消」の形で）全然～ない

95　おほす　【動・下二段】〈仰す〉①おっしゃる　②命令する

96　いとま　【名】〈暇〉 ①休み、休暇　②辞職、辞任、別れ　③ひま

97　まうす　【動・四段】〈申す〉 ①申し上げる　②お～申し上げる、お～する

98　ありがたし　【形・ク】〈有り難し〉 ①珍しい、めったにない　②すばらしい

99　めす　【動・四段】〈召す〉 ①お呼びになる　②お取り寄せになる　③召し上がる　④お乗りになる

100　やる　【動・四段】〈遣る〉 ①行かせる、派遣する　②送る、届ける　③気晴らしをする　【補動】 ④遠くまで／最後まで／すっかり～する

101　おほかた　【副】〈大方〉 ①だいたい、おおよそ　②（打消を伴って）全く、決して（～ない）

p.213

102　もとむ　【動・下二段】〈求む〉 ①探し求める、追求する　②買う

103　さらに　【副】〈更に〉 ①そのうえ　②改めて　③（打消を伴って）全く、決して（～ない）

104　うへ　【名】〈上〉 ①天皇　②奥様、貴婦人　③上部、表面、上位

105　きこしめす　【動・四段】〈聞こし召す〉 ①お聞きになる　②召し上がる

p.221

106　かばかり　【副】〈斯ばかり〉 ①これほど、これくらい　②これだけ、これきり

107　おもしろし　【形・ク】〈面白し〉 ①興味深い、すばらしい　②風情、趣がある

108　いやし　【形・シク】〈卑し・賤し〉 ①身分や地位が低い　②みすぼらしい　③下品だ

109 みや 【名】〈宮〉 ①皇居、皇族の住居　②皇族　③神社
110 はかなし 【形・ク】〈果無し・果敢無し〉 ①頼りない、あっけない　②つまらない、取るに足りない、たわいない　③無意味だ、無益だ　④ちょっとした
111 すさび 【名】〈荒び・遊び〉 ①気まぐれ　②もてあそび、慰め
112 がり 【接尾】〈許〉 ～のところへ、～のもとへ
113 すがら 【接尾】 ①～の途中、間　②～の途中ずっと

p.238

114 おろかなり 【形動・ナリ】〈疎かなり・愚かなり〉 ①いい加減だ、おろそかだ　②平凡だ　③愚かだ
115 きこえ 【名】〈聞こえ〉 評判、うわさ
116 あふ 【動・四段】〈会ふ・逢ふ〉 ①出会う、対面する　②男女が契る、結婚する
117 さらば 【接】〈然らば〉 ①それならば　②それなのに

p.250

118 さる 【連体】〈然る〉 ①そうである　②しかるべき、立派な　③とある、なにがしの
119 をさをさ（～打消） 【副】 ほとんど、めったに（～ない）

p.258

120 みゆ 【動・下二段】〈見ゆ〉 ①見える　②思われる、思わせる　③姿を見せる、見られる　④（女が男と）結婚する
121 をり 【名】〈折〉 ①時、場合　②季節
122 いざ（～む） 【感動】 さあ（～しよう）
123 とぶらふ 【動・四段】〈訪ふ〉 ①訪問する　②探す、調べる　③お見舞いする　〈弔ふ〉 供養する

p.268

124　かへし　【名】〈返し〉①返事、返礼　②返歌

125　あたらし　【形・シク】〈惜し〉もったいない、惜しい、残念だ

126　いかに　【副】〈如何に〉①どのように、どう　②どんなに、さぞ（～だろう）　③なぜ、どうして　【感動詞】なんとまあ

127　こま　【名】〈駒〉①馬　②（将棋などの）駒

128　ふるさと　【名】〈古里・故郷・故里〉①昔なじみの土地　②古都、旧都　③実家、昔の家、故郷

129　まねぶ　【動・四段】〈学ぶ〉①真似る　②勉強する　③そのまま伝える

130　むべ　【副】〈宜〉なるほど、もっともなことに

131　いかばかり　【副】〈如何ばかり〉どれくらい、どれだけ

p.277

132　ゆゑ　【名】〈故〉①原因、理由　②由緒、由来、縁　③風情　④問題、支障

133　きこゆ　【動・下二段】〈聞こゆ〉①申し上げる　②聞こえる、評判になる　③お～する

p.301

134　きよげなり　【形動・ナリ】〈清げなり〉清楚だ、整っている

135　しょぎゃうむじゃう　【連語】〈諸行無常〉この世のすべては常に移ろい、永遠のものなど存在しない

136　まうづ　【動・下二段】〈参づ・詣づ〉①参る、参上する　②参拝する

137　げに　【副】〈実に〉本当に

138　きこえさす　【動・下二段】〈聞こえさす〉①申し上げる　②お～する

p.311

139　かねて　【副】〈予ねて〉前もって、あらかじめ

140 せこ 【名】〈兄子・夫子・背子〉 ①夫、恋人　②兄弟

p.323

141 とみなり 【形動・ナリ】〈頓なり〉 急だ、突然だ

142 おどろく 【動・四段】〈驚く〉 ①はっと気がつく　②目を覚ます　③びっくりする

143 かきくらす 【動・四段】〈掻き暗す〉 ①雲が空一面を暗くする　②心を暗くする、悲しみにくれる

144 めやすし 【形・ク】〈目安し・目易し〉 感じがよい、見苦しくない

p.333

145 な（〜そ） 【副】 〜するな、〜しないでくれ

146 いつしか 【副】〈何時しか〉 ①（願望の表現を伴って）早く〜したい、してほしい　②早くも、いつのまにか

4章

「敬語のしくみ」を理解しよう

最後は古文を読解する上で重要かつ難しいと言われる、敬語について学習していくよ。敬語には三種類あるから、順番に学習していこう。

「学校の授業でも、いつも難しくてわからないところだ…」

「中学でも勉強したようなしていないような…あまり覚えてないな」

古文読解では偉い人がたくさん出てくる作品も多いから、敬語は頻出。今回も現代語から復習していくよ。

4-1 敬語のメカニズムを現代語でおさらい

では、ここからは「敬語」の勉強に入る。

敬語とは、**「人に敬意を払う」**ための言葉。敬語のルール・仕組みは本来シンプルでわかりやすく、理解するのは特に難しいことじゃない。それに、すでに中学校で基本的な考え方は勉強しているはずだ。でも……

何も覚えていません！

……いつもどおり、現代語レベルの基本からスタートしようか。

はじめに、ほとんどの敬語は、**「動詞」の形**を変化させて作る。

書く

現代文　書かれる／お書きになる／お書きする／お書きいたします

古文　書かる／書き給ふ／書き奉る／書き侍り

「書く」という動詞が、いろいろな形に変わることによって、それぞれ違うはたらきの敬語になるんだ。いわば**「動詞の活用」の一種**みたいなものだよね。

Point 1 「敬語」の基本

★原則として「目上の人に、敬意を払う」ために使う！

★尊敬語・謙譲語・丁寧語の３種類を使い分ける！

★主に「動詞の形」を変化させて作る！

となると、君らにとって最も重要なのは、**「どんなときに」「どのように」動詞の形を変えるのか**、そのルールをしっかりと理解することだ。

そのためには、「**尊敬語・謙譲語・丁寧語**」の、それぞれの使い方、作り方を理解しなければならない。

ちょっと試してみよう。「尊敬語・謙譲語・丁寧語」の違いを、例文を作って説明できるだろうか？

「尊敬語」は「尊敬する言葉」、
「謙譲語」は「自分を下げる言葉」、
「丁寧語」は「丁寧に言う言葉」だと思います。例文は作れません！

多くの高校生がそのように答えるんだけど……その覚え方は実はあまりおすすめできない。

そもそもすべての敬語は「敬意を払う」ために存在するから、「尊敬語」を「尊敬する言葉」というだけだと、謙譲語や丁寧語と区別がつかない。

「謙譲語」を「自分を下げる言葉」と覚えるのは、現代語ならある程度通用するけれど、残念ながら古文ではほぼ通用しない。

「丁寧語」は、たしかに「丁寧に言う言葉」なんだけど……「尊敬する」と「丁寧に言う」の違いを説明できないなら、何の意味もない覚え方だよね。

では、どのように覚えるのがよいのか。答えはこうだ。

Point 2 尊敬語・謙譲語・丁寧語の違い

★ 尊敬語 →「主語」に敬意を払うときに使う！

★ 謙譲語 →「相手」に敬意を払うときに使う！

★ 丁寧語 →「聞き手・読み手」に敬意を払うときに使う！

では、「**尊敬語・謙譲語・丁寧語**」の違いを理解するために、次の例文について考えていきたい。

① 店員「お客様、コーヒーを飲みますか？」
② 新入社員「課長、頼まれていた資料は、明日必ず見せます。」
③ １年生「山口先輩、すみません。明日も練習はあるの？」

これらは、どれも敬語を「**正しく使えていない**」文なんだ。

①～③の何がよくないのか、どう直せばいいかを理解していけば、自動的に敬語の正しい使い方が身につくように計算されている。では、①から順番にやっていこう。

◇尊敬語とは何か？

① 店員「お客様、コーヒーを飲みますか？」

敬語ができるようになりたいなら、常に**３つのポイントを意識する**。その３つのうち、２つをここで教えたい。それは「**主語**」と「**述語**（**動詞**）」だ。

主語は「誰が／何が」、述語は「～する／～である」を表す言葉ですよね。

①だと「お客様」が主語で、「飲む」が述語。

そのとおり。①の主語である「お客様」は、話をしている「店員」よりも目上の立場。つまり①は「主語がエラい立場にいる」文だと言える。このように主語がエラい文、「**主語に敬意を払う**」文では、「述語（動詞）」を「**尊敬語**」と呼ばれる形にするのがルールだ。

「尊敬語」の作り方は、次の３通りがある。３通りの作り方のうち、どれか１つを選んで動詞の形を変えればいい。

Point 3 尊敬語（現代語）

★「主語」に敬意を払うときに使う！

a「未然形 れる／られる」の形にする

b「お 連用形 になる」「ご 熟語 になる」の形にする

例 お使いになる／ご使用になる

c 特別な「尊敬動詞」を使う

→a～cのうち、１つを選んで動詞の形を変える！

4章

例文①を正しく「尊敬語」に直すと、次のようになる。

お客様、コーヒーを飲みますか？

主語がエライ！ 動詞

a お客様、コーヒーを飲まれますか？
未然形＋れる＝尊敬語！

b お客様、コーヒーをお飲みになりますか？
お＋連用形＋になる＝尊敬語！

c お客様、コーヒーを召し上がりますか？
尊敬動詞！

★ High Level Lessons ★

１つの動詞に「２つの尊敬語」を同時使用すると「二重敬語」と呼ばれ、現代では誤りとされる。（古文では、主語が特別にエライときには許される。→p.382）

（例 「お飲みになられる」→「飲む」という動詞に、a「れる」＋b「お～になる」という２つの尊敬語を同時使用している。）

基本はこれでOKだけど、**3つほど注意点**を補足しておこう。

1つめ。a～cの方法が、すべての動詞に通用するわけではない。「方法aは使えないけど、方法cならOK」のような場合も多い。

たとえば「見る」という動詞は、方法aを使って「見られる」と言うことは可能。方法cを使って「ご覧になる」と言うことも可能。でも方法bを使って「お見になる」と言うことはできない。

2つめ。方法b「お～になる」の形は、「お～**なさる**」の形で書かれることも多い。また「お」を取って「動詞の連用形+**なさる**」の形でもいい。たとえば「読む」を尊敬語にするなら、「お読みになる／お読みなさる／読みなさる」どれでもOKということ。

漢字の音読みの「熟語」の場合は「ご～になる（なさる）」の形になる。

「～なさる」は古風な表現なので、高校生にはなじみが薄いだろう。ただ、古風なだけに**「古文の現代語訳」では好んで使われる**。

3つめ。方法aとbはさまざまな動詞に応用が利くけれど、**方法c「尊敬動詞」は暗記しないとどうにもならない**。古文の尊敬語を現代語に訳そうとしても、そもそも現代語の尊敬動詞を知らないと当然うまく訳すことはできない。「現代語の尊敬動詞」でよく使うものをリストアップしておくから、知らないものがあればここで覚えてしまおう。

Point 4

よく使う「尊敬動詞」一覧（現代語）

★君が	**する**	→ お客様が	なさる
★君が	**くれる**	→ お客様が	くださる
★君が	**いる／行く／来る**	→ お客様が	いらっしゃる
★君が	**来る**	→ お客様が	お見えになる
★君が	**座る**	→ お客様が	お掛けになる
★君が	**買う**	→ お客様が	お求めになる
★君が	**食べる／飲む**	→ お客様が	召し上がる
★君が	**見る**	→ お客様が	ご覧になる
★君が	**言う**	→ お客様が	おっしゃる
★君が	**知っている**	→ お客様が	ご存じだ
★君が	**着る**	→ お客様が	お召しになる
★君が	**寝る**	→ お客様が	お休みになる
★君が	**死ぬ**	→ お客様が	お亡くなりになる

これで現代語の「尊敬語」についてはOK。一度練習しよう。

練習問題①

次の下線部について、尊敬語にすべきでない場合は×、尊敬語にしてもよい場合は適切に直しなさい。

① 先生が私に$_{A}$**命じた**から、指示どおりにここに$_{B}$**来た**だけです。何も$_{C}$**知りません。**

② 住民の皆さん。不審者が$_{D}$**い**たら、決して$_{E}$**近づいて**はいけません。

③ 部長が$_{F}$**食べて**$_{G}$**いた**アイスがおいしそうだったから、必死に$_{H}$**頼ん**で１つ$_{I}$**もらっ**た。

④ 403号室の鈴木様、$_{J}$**寝る**ということで部屋に$_{K}$**戻った**きり、15時間も出て$_{L}$**こない**。

練習問題① 解説

解答は p.370

A「命じた」の主語は「先生」だから、尊敬語にする。
答えは「命じられた／お命じになった」のどちらか。
B「来た」、C「知らない」の主語は「私」なので、尊敬語にしてはいけない。答えは×。

D「いる」の主語は「不審者」だから、答えは×。
E「近づく」の主語は「住民の皆さん」だから、尊敬語にする。
答えは「近づかれて／お近づきになって」のどちらか。

F「食べる」、G「いる」の主語は「部長」だから、尊敬語にする。答えは「召し上がって／お食べになって／食べられて」のどれか。
Gは「いらっしゃった」。
H「頼む」、I「もらう」の主語は「私」だから、尊敬語にしてはいけない。答えは×。

★ High Level Lessons ★

F・G「召し上がっていらっしゃった」を「二重敬語」だと考える人が多いが、それは誤った考え方。「二重敬語」とは「１つの動詞に、２つの尊敬語」を使うものを言うのであって、今回は本動詞「食べる」と補助動詞「いる」という２つの動詞に、それぞれ尊敬語を使っているので、「二重敬語」ではない。

J「寝る」、K「戻る」、L「こない」の主語は全部**「鈴木様」**だから、どれも尊敬語。Jの答えは**「寝られる／お休みになる」**のどちらか。
Kの答えは**「戻られた／お戻りになった」**のどちらか。
Lの答えは**「こられない／いらっしゃらない」**のどちらか。

OK、考え方が身についてきたようだね。では、次は「**謙譲語**」に進もう。

◇謙譲語とは何か？

もう一度 p.356 の例文を見てみよう。

② 新入社員「課長、頼まれていた資料は、明日必ず見せます。」

「尊敬語」の勉強を通じて、「主語」「述語（動詞）」の２つのポイントに注目する方法を身につけた。

ただし、それだけでは「謙譲語」には通用しない。謙譲語をマスターするには「３つめのポイント」を理解し、見抜けるようにする必要がある。

その「３つめのポイント」とは、動作の「相手」を意識すること。英語風に言うなら「**目的語**」と呼んでもいい。

「主語」は「誰が」、「述語（動詞）」は「何をするのか」を表す言葉だったよね。「相手（目的語）」は「**誰に／誰を**」を表す言葉。

「妹がイヌを飼う」だと「妹＝主語」「飼う＝述語」**「イヌ＝相手」**ですね。

例文②は「新入社員＝主語」「見せる＝述語」**「課長＝相手」**だな。

そのとおり。そして相手がエラい文、**「相手に敬意を払う」**文では、「述語（動詞）」を「**謙譲語**」と呼ばれる形に直す。これがルールだ。

「妹がイヌを飼う」だと、「飼う」動作の**相手は「イヌ」**だ。**「イヌ」は別にエラくない**ので、謙譲語にはしない。

「課長に資料を見せる」だと、「見せる」動作の**相手は「課長」**だ。新入社員から見て**「課長」はエラい人**なので、謙譲語に直す。

では、謙譲語の作り方を整理しておこう。

Point 5

謙譲語（現代語）

★「**相手**」に**敬意を払う**ときに使う！

a「お 連用形 する」「ご 熟語 する」の形にする。

　例　お知らせする／ご連絡する

b 特別な「**謙譲動詞**」を使う。

　→a・bのうち、**１つを選んで**動詞の形を変える！

私は　課長に　資料を　見せる

主語　相手がエラい！　動詞

↓

a　私は　課長に　資料を　お見せする

お＋連用形＋する＝謙譲語！

b　私は　課長に　資料を　ご覧に入れる

謙譲動詞！

★ High Level Lessons ★

・尊敬語同様、１つの動詞に「２つの謙譲語」を同時使用すると「二重敬語」になり、基本的に誤りとされる。
・現代語では「部外者」と話をするとき、たとえ目上であっても「身内」には敬語を使わない、というルールがある。今回の例文は「同じ会社の仲間どうし」で会話をしているから、「課長」に対して敬語を使ってもよい。だが、これが仮に「お客様＝会社の外の人間」相手に話すなら、「社長・部長・課長」であっても敬語を使うことはできない。

「尊敬語」のときと同様、ａ・ｂの作り方がすべての動詞に使えるわけではない。たとえば「待つ」だと､方法ａを使って「お待ちする」とは言えるけど、方法ｂにあてはまる動詞は存在しない。「見る」だと、方法ａ「お見する」とは言えないので、方法ｂ「拝見する」と表現する。

また、ａ「お～する」の形は、「お～**いたす**」「お～**申し上げる**」の形にしても OK（例　お見せ**いたす**／お見せ**申し上げる**)。古風な言い方だから、古文の現代語訳ではどちらもよく使われる。
漢字の音読みの「熟語」の場合は「ご～する（いたす・申し上げる)」の形になる。

そして、方法ｂ「謙譲動詞」については、やはり暗記しないとどうしようもない。先ほどの「尊敬動詞」と同様、よく使うものを例文つきで一覧表を置いておくから、何も見ずに言えるようになるまで頑張ろう。

Point 6 よく使う「謙譲動詞」一覧（現代語）

★妹にお金を	**あげる**	→	お客様にお金を	差し上げる
★妹にお金を	**もらう**	→	お客様にお金を	いただく／頂戴する
★妹の料理を	**食べる**	→	お客様の料理を	いただく
★妹の家に	**行く／来る**	→	お客様のお宅へ	参上する／伺《うかが》う
★妹の話を	**聞く**	→	お客様のお話を	伺う／承《うけたまわ》る
★妹の絵を	**見る**	→	お客様の絵を	拝見する
★妹に絵を	**見せる**	→	お客様に絵を	ご覧に入れる
★妹に初めて	**会う**	→	お客様に初めて	お目にかかる
★妹に意見を	**言う**	→	お客様に意見を	申し上げる
★妹の名前を	**知っている**	→	お客様の名前を	存じ上げている
★妹に説明	**する**	→	お客様に説明	いたす
★妹の家に	**いる**	→	お客様のお宅に	おる

ちなみに……私は「謙譲語」のことを「**主語を下げて、謙遜する言葉**」だと思っていたんですけど、その覚え方ではマズいですか？

いい質問だね。答えは「**現代語では OK だけど、古文ではマズい**」だ。実は「謙譲語」は、現代語と古文で大きなズレがあるんだ。

たとえば……次のような例を考えるとわかりやすい。

新入社員「鈴木課長が、山田課長のところへ行きました。」

この「行きました」という動詞を謙譲語に変えることはOKだろうか？

新入社員「鈴木課長が、山田課長のところへうかがいました」…???

「謙譲語＝主語を下げる文」と考えるなら、謙譲語を使うのは変ですよね。主語の「鈴木課長」は「新入社員」よりエラいので、主語を下げてしまうと鈴木課長に失礼。

そうなるよね。「**現代語**」で謙譲語は、ほぼ「主語＝自分」のときにしか使わない。いくら相手がエラくても、目上の人が主語の場合、謙譲語を使わないのが普通だ。

でも**「古文」は違う**。

古文では、主語が誰であろうと、**相手がエラければ**謙譲語を使っていいんだ。だから「謙譲語＝主語を下げる」という覚え方ではなく、「謙譲語＝相手に敬意を払う」という覚え方のほうが古文ではうまくいくんだ。

新入社員「鈴木課長、山田課長のところへうかがひけり。」…◎

では、これで「謙譲語」についてもOK。一度練習しておこう。

練習問題 2

次の下線部a〜nについて、敬語に直してもよいときは、正しく敬語に直しなさい。敬語に直してはいけないときは×と答えなさい。

① 今私はご主人様のお宅で毎日仕事を$_{a}$**手伝って**$_{b}$**います**が、来月からは週2回$_{c}$**来る**だけになります。

② 課長が$_{d}$**指示した**とおり、別室で少し$_{e}$**休んで**から、係長に報告書を$_{f}$**見せて**、課長に$_{g}$**出して**帰ります。

③ 血の$_{h}$**つながって**いない妹と初めて$_{i}$**会った**日のことを、今でもよく$_{j}$**覚えて**いる。

④ あちらのお客様が$_{k}$**くれた**お土産は、皆で$_{l}$**食べよう**。御礼を$_{m}$**言う**のを$_{n}$**忘れない**ように。

練習問題 2 解説

解答は p.370

a「手伝う」、b「いる」は「**私が、ご主人様を**」手伝っているんだから、「**相手**」**がエラい**。だから謙譲語にするから、答えはa「**お手伝いして**」、b「**おります**」。

c「来る」も「私が、ご主人様のところへ」来るんだから、「**相手**」**が**エラい謙譲語パターン。答えは「**参上する／伺う／参る**」。

d「指示した」の**主語**は「**課長**」だから、これは「**主語**」**がエラい**パターン。尊敬語にしなければならないから、答えは「**指示された／指示なさった**」。

e「休む」の主語は「私」だから……これは「謙譲語」にする。答えは「お休みして」かな。

はい、いったんストップ。a〜dまではOKだけど、残念ながらeは違う。今「主語は私だから、謙譲語」と言ったよね。本当にそうだっけ？

そうか、謙譲語は**「相手がエラい」**ときですよね。「別室で休む」のは、**「エラい人を相手に行う動作」**じゃないから、謙譲語にするのは変なんだ。**答えは×。**

そのとおり。いくら「主語が私」であっても、「自分ひとりだけで行う動作」には基本謙譲語を使わない。「主語」ではなく**「相手」が誰か**で判断するのが間違いのない方法だ。

★ High Level Lessons ★

謙譲語の一部に「自分ひとりで行う動作」にも使えるタイプもある。具体的には「行く→参る」（東京に参ります）、「する→いたす」（スキーをいたします）、「言う→申す」（佐藤と申します）、「いる→おる」（実家におります）、「知る→存じる」（この店は存じています）があり、これらの謙譲語を「丁重語／謙譲語Ⅱ」と呼ぶ。

f「見せる」は「私が、係長に」見せる。**「相手がエラい」**から謙譲語。答えは**「お見せして／お目にかけて／ご覧に入れて」**。

g「出す」も「私が、課長に」出すんだから、fと同じく謙譲語。答えは**「お出しして」**。

h「血がつながる」、j「覚えている」は、主語は「自分」だけど**「相手」**がいないから謙譲語にするのは変。

i「会う」の相手は「妹」だから、エラくない。h〜jは全部×ですね。

k「くれた」の**主語は「お客様」**だから、**「主語がエラい」**尊敬語パターン。答えは**「くださった」**。

l「食べる」は「私たちが、**お客様のものを**」食べるんだから、**「相手がエラい」**謙譲語パターン。答えは**「いただこう」**。

4章

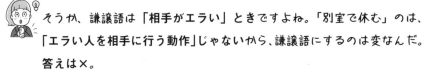

m「言う」は、「私たちが、**お客様に**」言うんだから、「**相手がエラい**」謙譲語パターン。答えは「申し上げる」。

n「忘れる」の主語は「自分たち」だけど「**相手**」がいないから「×」。

そのとおり。これで「謙譲語」もOK。では、最後「**丁寧語**」に進もう。

◇丁寧語とは何か？

丁寧語は、「**です／ます／ございます**」の３つだけだから、暗記してしまったほうが早い。次の例を比較してみよう。

先生Ａ
「いいか、ここは頻出ポイントだ。わかったか。」
先生Ｂ
「いいですか、ここは頻出ポイントでございます。わかりましたか。」

先生Ａは「丁寧語」を使ってなくて先生Ｂは「丁寧語」を使っている。先生Ａは怖くて、先生Ｂは優しそうな感じがするな。

でしょ。先生Ｂは「丁寧語」を使うことで、授業の「**聞き手**」である生徒たちに敬意を払っているんだ。もし「文章で書かれた場合」なら、当然「聞き手」ではなく「**読み手**」への敬意になる。

Point 7 丁寧語（現代語）

★「聞き手／読み手」に敬意を払うときに使う！
→「です／ます／ございます」をつけるだけ。

このポイントが理解できれば、p.356の例文③を正しく直せるはずだ。

③　１年生「山口先輩、すみません。明日も練習はあるの？」

今回は「話し手＝１年生」で**「聞き手＝先輩」**。**「聞き手がエライ」**から、「丁寧語」を使う必要がある。つまり……

「明日も練習はありますか？」と言うのが正しい。

さて、これで「敬語」の基本メカニズムをすべて伝えることができた。ただし、これはあくまで「現代語」の話。4-2から、本格的に「古文」の敬語を攻略していく。

ただし心配無用。考え方は現代語も古文も共通だから、ここまで理解できた君らなら、何の問題もなくマスターできるはずだよ。

練習問題 1 解答

A命じられた／お命じになった　B×　C×　D×

E近づかれて／お近づきになって

F召し上がって／お食べになって／食べられて　Gいらっしゃった

H×　I×　J寝られる／お休みになる　K戻られた／お戻りになった

Lこられない／いらっしゃらない

練習問題 2 解答

aお手伝いして　bおります　c参上する／伺う／参る

d指示された／指示なさった　e×

fお見せして／お目にかけて／ご覧に入れて　gお出しして　h×　i×

j×　kくださった　lいただこう　m申し上げる　n×

4-2 「尊敬語」の作り方

まず「尊敬語」から敬語の作り方を勉強していこう。
最初に、もう一度現代の尊敬語について復習。

主語がエラいときに使うのが、尊敬語です。

主に**動詞の形を変化**させることで尊敬語を作ることができる。
作り方は、次の**３つ**。

★「未然形＋れる・られる」の形にする。
★「お＋連用形＋になる」の形にする。
★ 特別な「尊敬動詞」を使う。

そのとおり。そして古文でも、基本的な考え方は同じ。ただ……
具体的な「形の変え方」が、現代文と古文では異なるんだ。

Point 1 「尊敬語」の基本（古文）

★**主語に敬意を払う**ときに使う！
★動詞の形を、次のように変化させる。
　a　未然形＋尊敬の助動詞（「る・らる」）の形
　b　連用形＋尊敬の補助動詞（「給《たま》ふ」など）の形
　c　特別な「**尊敬動詞**」を使う
　①どれも「～なさる」「お～になる」と訳すのが基本

a　助動詞「る・らる」

aは 3-4 ですでに勉強済み。助動詞「る・らる」が持つ「受身／**尊敬**／可能／自発」の４つの意味のうち「尊敬語」として使われるもの。

not 敬語	助動詞「る・らる」を使った尊敬語
妹、友達と話す 主語　動詞	殿様、ご友人と話さる 主語エラい！　未然形＋る＝尊敬語！
妹、７時に起く 主語　動詞	殿様、７時に　起きらる 主語エラい！　未然形＋らる＝尊敬語！

現代語だと「話される／起きられる」と言うけど、古文だと「話さる／起きらる」の形なんだな。微妙に形が違う……。

b　尊敬の補助動詞

bは 3-9 で勉強した「**補助動詞**」を利用するタイプ。

たとえば「給ふ」という動詞。「給ふ」って、本来はどういう意味の動詞か知ってる？

「給ふ」……英語の「give」みたいな意味です。

そうだね。「給ふ」には、「お与えになる」という尊敬動詞の意味がある。これは本動詞として使われた場合の本来の意味だ。

でもほかの動詞（本動詞）の後ろにくっついて補助動詞として使われると、**本来の意味が消滅して、尊敬の意味を加えるはたらき**をするんだ。

本動詞の「給ふ」	補助動詞の「給ふ」
殿様、家臣に褒美を給ふ 「お与えになる」の意味	殿様、海で泳ぎ給ふ 本動詞　本来の意味消滅！

左側は「褒美《ほうび》をお与えになる」と訳すけど、右側は「殿様が海で泳ぎなさる」と訳す。これを「泳ぎを与える」と訳したら変だよね。

「給ふ」だけでなく「おはす」も同じはたらきをする。本動詞の後ろに「おはす」をつけることで、いろいろな動詞を「尊敬語」に変えられるんだ。まずはこの２つの「補助動詞」を覚えよう。

not 敬語	補助動詞を使った尊敬語
妹は、パンを焼く 動詞	殿様、パンを焼き給ふ 殿様、パンを焼きおはす 連用形＋尊敬の補助動詞 （訳）焼きなさる／お焼きになる

Point 2

代表的な尊敬の補助動詞

「連用形＋給ふ／おはす」の形！

★ High Level Lessons ★

（１）動詞以外に、形容詞、形容動詞に尊敬の補助動詞をつける形もある。
いとめでたくおはしければ（たいへん優れていらっしゃったので）
気高う清げにおはする女（気高く美しくていらっしゃる女）

（２）「賜《た》ぶ／ます／います／いまそかり／あそばす」も尊敬の補助動詞になる。
（パンを焼き賜ぶ／焼きます／焼きいます／焼きいまそかり／焼きあそばす）
「いまそかり」は「いまそがり／いますかり／いますがり」と書かれる場合も多い。

（３）「パンを焼きて給ふ／焼きなむ給ふ」のように、補助動詞の前に「て／係助詞」が来る場合もある。

練習問題 1

問１　下の①～⑥の下線部について、次のｉ、ⅱに答えよ。

ｉ　尊敬の補助動詞を含むものを四つ選びなさい。

ⅱ　ｉで選んだものについて、それぞれ現代語訳しなさい。

Ａ　竹の中に①おはするにて知りぬ。②子になりたまふべき人なめり。

Ｂ　かぐや姫いといたく③泣きたまふ。

Ｃ　「あなかま」とて、※脇息《けふそく》に④寄りおはす。

Ｄ　子孫⑤おはせぬぞよく侍る。末の⑥おくれ給へるはわろき事なり。

※ 脇息＝座ったときに横に置いて、ひじをかける道具。

問２　次の動詞に補助動詞「給ふ」「おはす」をつけて、尊敬語にせよ。

①　行く　　②　捨つ　　③　起く　　④　着《き》る　　⑤　死ぬ

練習問題 1 解説

解答は p.388

まずは**問１のｉ**。「尊敬の補助動詞」だから…「連用形＋給ふ／おはす」の形になっているものを選べばいい。**答えは②③④⑥**だな！

①「おはする」、⑤「おはせぬ」は、そもそも**直前に動詞がない**よね。ということは、①⑤は本動詞！

そのとおり。この後で勉強するけど、①⑤も「尊敬語」であることに違いはないんだ。ただ、直前に動詞（用言）がないから、これを「補助動詞」と言うことはできない。では、このまま**問１のⅱ**へ。

尊敬語は、「～なさる／お～になる」と訳すのが基本（p.357）。

②「子になりなさる」③「泣きなさる」④「寄りかかりなさる」⑥「劣りなさる」だ。

そのとおり。②「子に**お**なり**になる**」③「**お**泣き**になる**」④「**お**寄りかかり**になる**」⑥「**お**劣り**になる**」と訳してもOK。

また、⑥「給へェる」＝「eの音＋る」の形だから、「リカチャンサミシイ」完了／存続の助動詞「り」だ（p.185）。だから、⑥は「劣りなさっている」「お劣りになっている」と訳すと、さらに良くなるね。

次は問2。「補助動詞」をつければいいんだな。
……「給ふ／おはす」どっちをつけてもいいのかな？

そう。どちらでも同じ意味だから、好きなほうをつければいい。
「給ふ／おはす」の直前を「連用形」にすることを忘れないように。

じゃあ①は「行く」を連用形「行き」に変えて、「行き給ふ／行きおはす」にすればOK。（行く＝カ行四段）

②は「捨つ」を連用形「捨て」に変えて、「捨て給ふ／捨ておはす」。
③は「起く」を連用形「起き」に変えて、「起き給ふ／起きおはす」。
④は「着る」を連用形「着」に変えて、「着給ふ／着おはす」。
⑤は「死ぬ」を連用形「死に」に変えて、「死に給ふ／死におはす」。

そのとおり。ちなみに「捨つ」はタ行下二段、「起く」はカ行上二段、「着る」はカ行上一段、「死ぬ」はナ変で活用する。

c 特別な「尊敬動詞」

現代語でも「言う→おっしゃる」「食べる→召し上がる」のように、動詞そのものを「尊敬動詞」に変換してしまう方法があった。古文でも同様に、覚えるべき「尊敬動詞」が存在する。ちょっと数が多いけど……全部で 10 個の「尊敬動詞」を覚えてもらいたい。

まずbで勉強した「給ふ」と「おはす」。これは補助動詞として使えるけれど、次のように本動詞の「尊敬動詞」として使うこともできる。

not 敬語	尊敬動詞
①妹、私に菓子を与ふ	殿様、家来に菓子を給ふ　お与えになる
②妹、東京にあり 妹、東京に行く 妹、東京に来《く》	殿様、江戸におはす　いらっしゃる

★ High Level Lessons ★

①「賜《た》ぶ／遣《つか》はす」も「お与えになる」の意味になる。（菓子を賜ぶ／菓子を遣はす）

②「ます／います／いまそかり」も「いらっしゃる」の意味になる。

（江戸にます／江戸にいます／江戸にいまそかり）

「いまそかり」は「いまそがり／いますかり／いますがり」と書かれる場合も多い。

このほかにも、いろいろな意味の「尊敬動詞」がある。左と右を比べながら例文といっしょに「尊敬動詞」を覚えていこう。ちょっと大変だけど、ここは気合を入れて暗記すべきところ。何も見ずに「尊敬動詞」を言えるようになるまで、あきらめずに頑張ろう。

not 敬語	尊敬動詞		
③妹、「暇だ」と言ふ	殿様、「暇なり」と仰《おほ》す 殿様、「暇なり」と宣《のたま》ふ		おっしゃる
④妹、話を聞く	殿様、話を聞こす		お聞きになる
⑤妹、海を見る	殿様、海をご覧ず		ご覧になる
⑥妹、寂しく思ふ	殿様、寂しく思《おぼ》す		お思いになる
⑦妹、９時に寝《ぬ》	殿様、９時に大殿籠《おほとのごも》る		お休みになる
⑧妹、人を呼ぶ	殿様、人を		呼びなさる
妹、魚を食ふ	殿様、魚を		召し上がる
妹、水を飲む	殿様、水を	召す	召し上がる
妹、服を着る	殿様、服を		お召しになる
妹、車に乗る	殿様、車を		お乗りになる
⑨妹、和歌を　詠む	殿様、和歌を		お詠みになる
妹、琴を弾く	殿様、琴を	遊ばす	お弾きになる
妹、将棋を楽しむ	殿様、将棋を		お楽しみになる
妹、書道を　する	殿様、書道を		なさる

★ High Level Lessons ★

⑧「召す」を「人」ではなく「物」に使った場合、「呼ぶ」より「取り寄せる」と訳したほうが自然なことが多い。

⑧⑨は同じ「尊敬動詞」である「召す／遊ばす」を、いろいろな現代語に訳

し分ける必要がある。どのような訳し分けのパターンがあるかを頭に入れておいて、文脈に一番合う訳を考えることが重要。

練習問題 2

問1　下の①～⑤の文の下線部について、次のⅰ、ⅱに答えよ。

ⅰ　現代語訳しなさい。　　ⅱ　敬意のない語に書き換えなさい。

① 中将も涙にくれて、ものものたまはず。

② ※1 二三日にあげず、御覧ぜぬ日なし。

③ ※2 六衛府《ろくえふ》の官人《かんにん》の禄《ろく》ども、大将《だいしょう》たまふ。

④ 幼き人は大殿籠りてなむ。

⑤ （光源氏は）※3 惟光《これみつ》とく参らなむと思《おぼ》す。

問2　次の語を、それぞれ尊敬動詞に書き換えなさい。

（助動詞、補助動詞は使わないこと）

① 来　② 呼ぶ　③ 聞く　④ 言ふ　⑤ （和歌を）詠む

※1 二三日にあげず＝間をおかずに。毎日のように。　※2 六衛府＝役所の名称。

※3 惟光＝人名。光源氏の従者。

練習問題 2 解説

解答は p.388

まずは問1のⅰ。

①「のたまふ」は「言ふ」の尊敬語だから、「おっしゃる」。打消の助動詞「ず」があるから、答えは「おっしゃらない」。

②「御覧ず」は「見る」の尊敬語だから「御覧になる」。直後の「ぬ」は……「御覧ぜ」が未然形だし、後ろに「日＝名詞」があるから、打消の「ず」の連体形（p.143）。「御覧にならない」が正解。

③「たまふ」は「与ふ」の尊敬語だから、「お与えになる」。

④「大殿籠る」は「寝《ぬ》」の尊敬語だから、「お休みになって」。

⑤「思す」は「思ふ」の尊敬語だから、「お思いになる」。

問1のiiは……「敬意のない語」だから、つまり「尊敬語ではない、もともとの動詞」を答えればいい。ということは……
①「言はず」、②「見ぬ」、③「与ふ」、④「寝て」、⑤「思ふ」が答え。

OK、では**問2へ進もう**。**問2**は、さっきの表を覚えていれば簡単。

①「おはす」②「召す」③「聞こす」④「仰す／のたまふ」⑤「あそばす」ですね。

正解！　よくできたね。

◇「最高敬語」　～尊敬語の「ランク付け」～

「尊敬語」に限らず、敬語は「エラい人」に敬意を払うためのものだよね。でも……同じ「エラい人」と言っても、その「**エラさ」にもランクというものがある**。

「部活の1つ上の先輩」は、エラいけど、大したことはないよな。

でも「校長先生」が相手だったら、気軽に会話できない。

そうだよね。つまり同じ「エラい人」といっても、われわれは「ちょっとエラい人」と「かなりエラい人」に分けて話をしているんだ。高校生の立場だと、こんな感じかな？

★かなりエラい人
　天皇　総理大臣　社長　校長　教頭　学年主任　怖い先生
★ちょっとエラい人
　若い先生　やさしい先生　近所のおじさん　先輩
★エラくない人
　自分　同級生　家族

古文の世界では、次のようなイメージで「エラい」人のランク付けをしているんだ。状況によって例外はあるけど、一度目を通してイメージを持っておこう。

★かなりエラい人
　天皇（上皇・法皇）　皇族（中宮・東宮・親王・内親王）
　天皇に近い人（摂政・関白・大臣・女御）
★ちょっとエラい人
　大・中・少納言　大・中・少将　各省庁の長官　更衣
★エラくない人
　女房　童　侍女　舎人　従者　地方の長官

こうして見ると……古文で「かなりエラい」のは、まずは**「天皇や皇族」**なんだな。

「天皇や皇族」じゃなくても、**「天皇に近いレベルの人」**だけが「かなりエラい人」のポジションになれる。
でも「法皇」とか「親王」とか、難しい言葉が多くて混乱しそう。

高校生にとって難しいであろう言葉をp.390から説明してある。

ここを理解すれば、古文における「エラさ」のイメージをもてるはず。

そして「身分」に厳しい古文の世界では、「かなりエラい人」、つまり天皇などが主語のときだけ使う「**特別な尊敬語**」が用意されている。これを「**最高敬語**」と言うんだ。

Point 3　最高敬語（二重敬語・二重尊敬）

「かなりエラい人」だけに使う、特別な尊敬語

①「**2つの尊敬語**」を同時に使う。

②「**最高尊敬動詞**」を使う。

まず①の「2つの尊敬語」を同時に使うものを見ていこう。

「尊敬語」の作り方には3つの方法があったよね。

a 尊敬の「助動詞」を使う
b 尊敬の「補助動詞」を使う
c「尊敬動詞」を使う

この3つのうち、**2つを同時使用することで**、「**最高敬語**」**を作る**ことができる。2つの尊敬語をダブルで使用するので、「**二重敬語／二重尊敬**」と

も呼ばれる。具体的には……

Point 4

①「2つの尊敬語」の同時に使う最高敬語

c＋b	**尊敬動詞**	＋	**尊敬の補助動詞**
c＋a	**尊敬動詞**	＋	助動詞「**る／らる**」
a＋b	助動詞「**す／さす**」	＋	**尊敬の補助動詞**

まずc尊敬動詞と、b尊敬の補助動詞をダブル使用するパターン。

not 敬語	尊敬語
妹は文句を言ふ	中納言文句を仰す　（尊敬動詞） 中納言文句を言ひ給《たま》ふ（補助動詞） ↓ **最高敬語** 帝《みかど》文句を仰せ給ふ　（尊敬動詞＋補助動詞）

「仰す」が尊敬動詞で、「～給ふ」が尊敬の補助動詞。普通はどちらか片方だけを使うけど、主語が「帝」だからダブルで使用している。

そのとおり。次はc尊敬動詞と、a助動詞「る・らる」をダブル使用する方法もある。

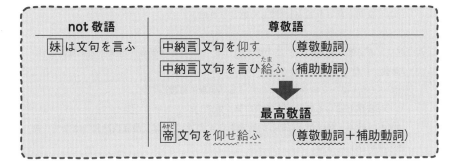

not 敬語	尊敬語
妹は文句を言ふ	中納言文句を仰す　（尊敬動詞） 中納言文句を言はる（助動詞） ↓ **最高敬語** 帝文句を仰せらる　（尊敬動詞＋助動詞）

★ High Level Lessons ★

Q　助動詞「る・らる」を前に出し、後ろに「尊敬の補助動詞」を置くのはアリ？
　（例）「文句を言はれ給ふ」「悲しく感じられ給ふ」

A　アリだが、意味が変わる。この場合の「る・らる」は「受身／自発」の意味になり、「尊敬」にはならない。(p.215)
　（例）「（他人に）文句を言われなさった（受身＋尊敬）」
　　　「自然と悲しく感じなさる（自発＋尊敬）」。
　つまり「給ふ」だけが「尊敬」の意味を表すので、これは「最高敬語」ではなく「普通の尊敬語」になる。

そしてもう1つ。「尊敬」の意味を持つ助動詞は、「る・らる」以外にも存在したことを覚えているだろうか。

「す・さす」にも「尊敬」の意味がありましたよね。(p.199)

そのとおり！　尊敬の「す・さす」は、**「最高敬語」専用の助動詞**。必ず後ろに尊敬の補助動詞が来る。

つまり、a尊敬の「助動詞」とb尊敬の補助動詞のダブル使用になる。

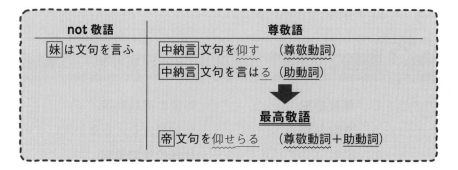

not 敬語	尊敬語
妹は文句を言ふ	中納言は文句を言ひ給ふ　（補助動詞） ⬇ **最高敬語** 帝文句を言はせ給ふ　（助動詞＋補助動詞）

いずれにせよ、３種類あった「尊敬語の作り方」のうち、２種類をダブル使用することで「最高敬語」が作られることを理解しよう。

そして「ダブル使用法」ではなく、動詞自体を「**最高尊敬動詞**」に変えてしまう方法もある。これは p.378 の「尊敬動詞」同様、覚えるほかないから、頑張って覚えよう。

not 敬語	尊敬動詞	最高尊敬動詞
①妹、金を与ふ	殿、金を**給ふ**	帝、金を給はす／賜《たまは》す
②妹、山にあり	殿、山に**おはす**	帝、山におはします／まします
③妹、挨拶を言ふ	殿、挨拶を**宣《のたま》ふ**	帝、挨拶を宣《のたま》はす
④妹、話を聞く	殿、話を**聞こす**	帝、話を聞こしめす
⑤妹、寂しく思ふ	殿、寂しく**思《おぼ》す**	帝、寂しく思《おぼ》しめす
⑥妹、国を治《おさ》む（治《し》る） 妹、彼を知る		帝、国を 帝、彼を　｝しろしめす

★ High Level Lessons ★

②「おはします（まします）」は、「補助動詞」としても使える。
（帝、パンを焼きおはします／焼きまします）
⑥「しろしめす」は「知ろしめす／治ろしめす／領ろしめす」のように書かれ、「お治めになる／ご存じである」と訳す。
※「ご覧ず／大殿籠る／遊ばす」（p.378）を最高敬語動詞として扱う考え方もある。

「最高尊敬動詞」は、「尊敬動詞」より長い形ですね。

現代でも「寝る→お休みになる」のように、相手を尊敬する気持ちが強まると自然と言葉が長くなってしまう。長い形の動詞は敬意が強いイメージを持っておくと覚えやすいだろう。

練習問題３

問１　下の①〜⑤の下線部について、次のｉ〜ⅱに答えよ。

ｉ　最高敬語となっているものを選びなさい。

ⅱ　ｉで選んだものを、現代語訳しなさい。

Ａ　（中宮は）「さらば、はや。夜さりはとく」と①仰せらる。

Ｂ　人の書かする仏も②おはしけり。

Ｃ　（更衣は宮中から）※まかでなむと③し給《たま》ふを、（帝《みかど》は）暇《いとま》さらに④許させたまはず。

Ｄ　昔、惟喬《これたか》の親王《みこ》と申す親王⑤おはしましけり。

※ まかで＝謙譲語「退出する」。

問２　次の動詞を、最高尊敬動詞に書き換えなさい。

①　与ふ　　②　治《し》る　　③　言ふ　　④　聞く　　⑤　思ふ

練習問題 3 解説

解答は p.388

まず**問１のｉ**。

①は、**尊敬動詞「仰す」**に、**尊敬の助動詞「らる」**がくっついた形。**主語も「中宮」**だから、これは**最高敬語**。

②「おはす」は、ただの尊敬語。最高敬語の形ではない。

③は、ただの動詞「し」に、尊敬の補助動詞「給ふ」がくっついた形。これもただの尊敬語。

④は、**尊敬の助動詞「せ」**に、**尊敬の補助動詞「たまふ」**がくっついた形。**主語も「帝」**だから、間違いなく**最高敬語**。

⑤「おはします」は、**最高敬語動詞**。主語も「親王＝天皇一族」になってる。**答えは**①④⑤ですね。

で、次は**問１のⅱ**。「最高敬語」って、どうやって訳すんだ？

尊敬語を２つ入れるんだから、①「おっしゃりなさる」、④「お許しになりなさらない」、⑤「いらっしゃりなさる」？　変だな……。

明らかに変だよね。古文では「最高敬語」を自然に使うけれど、現代語で「最高敬語」を使うことは基本的にない。だから古文が「最高敬語」になっていても、それを**現代語訳するときは、普通の尊敬語にするだけ**。

④は打消の「ず」、⑤は過去の「けり」があるから、答えは①「**おっしゃる**」、④「**お許しにならない**」、⑤「**いらっしゃった**」だな。

そうだね。助動詞の意味も忘れずに訳すこと。では、**問２へ進もう**。

問２は、p.385 の尊敬動詞がアタマに入っていれば、即答できるはず。

①「**給《たま》はす**」、②「**しろしめす**」、③「**のたまはす**」、④「**聞こしめす**」、⑤「**思《おぼ》しめす**」。

これで、「尊敬語」の勉強はすべて終了！　「謙譲語」へ進もう。

練習問題1 解答

問1　i　②③④⑥　　ii　②子になりなさる／子におなりになる
③泣きなさる／お泣きになる
④寄りかかりなさる／お寄りかかりになる
⑥劣りなさる／お劣りになる

問2　①行き給ふ／行きおはす　②捨て給ふ／捨ておはす
③起き給ふ／起きおはす　④着給ふ／着おはす
⑤死に給ふ／死におはす

練習問題2 解答

問1　i　①おっしゃらない　②ご覧にならない　③お与えになる
④お休みになって　⑤お思いになる
ii　①言はず　②見ぬ　③与ふ　④寝て　⑤思ふ

問2　①おはす　②召す　③聞こす　④仰す／のたまふ　⑤あそばす

練習問題3 解答

問1　i　①④⑤
ii　①おっしゃる　④お許しにならない　⑤いらっしゃった

問2　①給はす　②しろしめす　③のたまはす　④聞こしめす　⑤思《おぼ》しめす

One Point Lessons ⑩　主な「役職」「呼び名」一覧

古文の世界ではさまざま種類の「身分」「役職」「官職」に関する呼び名が登場する。どんな人間がどの程度偉いのかイメージができないと、読解のうえで人間関係を誤解してしまうおそれがあるので、ここでよく出る「身分」「役職」「官職」の名前と、その意味を理解しておこう。

★中央・地方の位

太政大臣《だいじやう》　官位１位。太政官（＝行政の最高機関）の最高長官。平安時代においては、そのほとんどが「藤原氏」である。適任者がいないときには欠員になり、そのときは「左大臣」が最高長官となる。

左大臣《さだいじん》・右大臣《うだいじん》・内大臣《ないだいじん》　官位２位。左→右→内の順で偉い。読みは「ひだりのおとど」「みぎのおとど」「うちのおとど」とも読む。

大納言・中納言　官位３位。大臣と共に国政を審議する。宣旨《せんじ》（天皇のお言葉）の伝達などを担当。

参議　官位４位のなかから有能なものを、国政の審議に参加させるために設けられた。

宰相　「参議」と同じ。

上達部《かんだちめ》　官位１～３位＋「参議」をまとめて呼ぶ言い方。「参議」は４位だが、国政の審議に参加できるため上達部に入る。

公卿《くぎやう》　「上達部」と同じ。

蔵人《くらうど》　官位５～６位で、「官位蔵人所《くらうどどころ》」の職員。皇室の文書・道具などを管理したり、天皇に近侍してさまざまなことに奉仕した。現代風に言えば「天皇の秘書」というイメージ。名前だけ聞くと下っ端感が強いが、実はそこそこ身分が高いことに注意。

殿上人《てんじやうびと》　官位４～５位＋「蔵人」をまとめて呼ぶ言い方。天皇の部屋である「殿上の間」に昇ることを許された人たちである。「蔵人」は「天皇の秘書」なので、６位であっても天皇の部屋に行けないと仕事にならない。よって６位であっても「殿上人」に入る。

雲の上人《うへびと》・雲客《うんかく》　「殿上人」と同じ。

地下《ぢげ》　「殿上の間」に昇ることを許されない、低い官位の人。一般に、「蔵人」を除く6位以下。

摂政《せつしやう》**・関白**《くわんぱく》　幼い天皇に代わり、「政治を摂《と》る」役目を果たしたのが「摂政《せっしょう》」。天皇が成人した後に天皇を補佐し、天皇の行う政務に「関わり（助言）を白《まう》す（言う）」役目が「関白《かんぱく》」。「摂政」になった最も有名な人物は「藤原道長」。

帥《そち》　九州にある大宰府《だざいふ》の長官。多くの場合、実際に九州に赴任することはなく、京都にいたことに注意。

大弐《だいに》　実際に九州に派遣され、大宰府の政務を執る役職。

〜守《かみ》**・〜介**《すけ》　「守」は地方の長官。「介」は地方長官の補佐。「〜」の部分には任命された地方の名前が入り、「越後守」「常陸介」のような形で使われることが多い。

検非違使《けびゐし》　「非法・違法」のものを「検挙」するために「使」わされた者。現在の警察官・裁判官のような役目を果たす。

内侍《ないし》**・尚侍**《ないしのかみ》**・典侍**《ないしのすけ》**・掌侍**《ないしのじよう》　「内侍司《ないしのつかさ》」という女官だけしかいない役所があり、そこに仕える女官を「内侍」という。主に天皇のそばに仕えて、伝達・取り次ぎなどさまざまなことに奉仕した。「尚侍」が長官、「典侍」が次官、「掌侍」が三等官。

命婦《みやうぶ》　4〜5位の位階を持つ女性。「命婦」本人が女官である場合と、官人の妻である場合両方がある。

朝臣《あそん／あつそん》　5位以上の貴族男子の姓または名に付け、敬意を表した表現。現代で言えば「〜さん／〜殿」というイメージ。3位以上は「姓」の直後に付け（柴田朝臣）、4位は「名」の直後に付け（柴田勝頼朝臣）、5位は「姓と名の中間」に付ける（柴田朝臣勝頼）のが基本。

滝口《たきぐち》　蔵人所に所属し、天皇のいる場所である「清涼殿」北東にあった「滝口の陣」で、天皇の警護に当たった武士。

★皇室関連

帝《みかど》・御門《みかど》・内《うち》・上《うへ》・公《おほやけ》・主上《しゆしやう》　どれも天皇を表す。朝廷の長であり、国王。

上皇　天皇が皇位を譲った後に受ける尊号。元天皇。

法皇　仏門に入った上皇のこと。

院　上皇・法皇の尊称。

東宮・春宮　皇太子、つまり次の天皇。読み方は「とうぐう」「はるのみや」。中国思想で「北＝冬」「南＝夏」「西＝秋」「東＝春」と表すので、「東宮」と「春宮」が同じ意味を表す。

中宮・皇后　天皇の正妻。つまり、たくさんいる妻たちの中で、最も地位の高い妻。

女御《にようご》　天皇の妻。主に親王・摂関家・大臣の娘。「更衣」より身分が高く、通常「女御」の中から「中宮」が選ばれる。

更衣　天皇の妻。主に大納言以下の娘。「女御」より身分が低い。読み方は「かう《こ》い」

御息所　女御・更衣など、天皇の寵愛《ちょうあい》を受けた女性の総称。読み方は「みやすどころ」「みやすんどころ」。

親王　皇族の男子。天皇の兄弟、皇子など。読み方は「しんわう《のう》」「みこ」。

内親王　天皇の姉妹及び皇女。読み方は「ないしんわう《のう》」「うちのみこ」。

斎宮　伊勢《いせ》神宮に奉仕した未婚の皇女。読み方は「さいぐう」「いつきのみや」。

斎院　賀茂《かも》神社に奉仕した未婚の皇女。読み方は「さいゐ《い》ん」。

★宗教関連

〈仏教〉

座主《ざす》　一山《いっさん》の寺を統括する最高の僧職。特に天台宗の比叡山延暦寺《ひえいざんえんりゃくじ》の長を指すことが多い。天台座主。

僧正《そうじやう》・僧都《そうづ》・律師《りつし》・阿闍梨《あじやり》　「僧正」「僧都」「律師」は僧の位。宗派にもよるが、一般に「僧正＞僧都＞律師」の順で偉い。出家してからの年数により、位階が上がる。「阿闍梨」はそうした僧の総称のようなもの、また弟子を教え、その師範となる高徳の僧のこと。

上人《しやうにん》・聖《ひじり》　修行を積み、徳を積んだ僧侶のこと。

入道《にふだう》 剃髪《ていはつ》して僧衣をまとってはいるものの、寺に入らず家にいる人。

〈神道〉

宮司《ぐうじ》・神主《かんぬし》・禰宜《ねぎ》 神職のこと。一般に「宮司＞神主＞禰宜」の順で偉い。

★その他

北の方 貴人の正妻。

乳母《めのと》 貴人の子どもの「育ての母」。

乳母子《めのとご》 乳母の子。乳母は「主人の子」を預かりその手で育てるが、その際母乳を与えなくてはならないため、それと年齢が近い「実の子」を持っていた。よって「主人の子」と乳母の「実の子」は同じ母によって育てられるため、実の兄弟以上の絆《きずな》を持つことがあった。

童《わらは》 貴人に仕える子どもの総称。

女房《にょうばう》 貴人に仕えた侍女の総称。

4-3 「謙譲語」の作り方

ここからは「謙譲語」を勉強しよう。まずは現代語の復習から。
「謙譲語」とは何か、どうすれば「謙譲語」を作れるのか思い出そう。

動作の**相手がエライ**ときに使うのが、「謙譲語」です。

現代の「謙譲語」には「主語を下げる」はたらきがあったけど、古文では主語が誰かは関係ない。相手がエラければ「謙譲語」を使う。

そして動詞の形を、次のどちらかに変化させれば「謙譲語」を作れます。

a「お＋連用形＋する」「ご＋熟語＋する」の形にする。
b　特別な「謙譲動詞」を使う。

そのとおり。古文でも基本的な考え方は同じ。
古文についての具体的な動詞の変化を覚えれば大丈夫！

Point 1 「謙譲語」の基本（古文）

★**動作の相手に敬意を払う**ときに使う！
★動詞の形を、次のように変化させる。
a 謙譲の補助動詞「**奉《たてまつ》る**」などを使う。
b 特別な「**謙譲動詞**」を使う。
　① 「**お～する／いたします／申し上げる**」と訳すのが基本。

「尊敬語」は、助動詞「る／らる」を使って敬語にする方法があったけど、「謙譲語」を作る助動詞は存在しないから、作り方は２つだ。

a 謙譲の補助動詞

まずp.374を思い出そう。「給《たま》ふ／おはす」などの「補助動詞」を使うことで、「尊敬語」を作ることができたよね。

「部長が書き給ふ」「社長が読みおはす」のように、動詞の後ろに「給ふ／おはす」を持ってくればよかった。

「給ふ」は本来「与える」という意味。「おはす」は本来「存在する」という意味。だけど、その本来の意味が薄れて、単に「尊敬」を表すだけのはたらきに変化してしまう。

そのとおり。そして「謙譲語」の場合は、主に「**奉《たてまつ》る**」という補助動詞が使われる。

「奉る」は本来「差し上げる」という意味の動詞。でも補助動詞として使うと、**「差し上げる」という意味は薄れ**、単に**「謙譲」を表すだけ**のはたらきになるんだ。

本動詞の「奉る」	補助動詞の「奉る」
殿様にお菓子を奉る 「差し上げる」の意味	殿様に英語を教え奉る 本動詞 ← → 本来の意味消滅！

左側は「お菓子を**差し上げる**」と訳すけど、右側は「殿様に英語を**お**教え**する**」と訳す。これを「教えを**差し上げる**」と訳したら変だよね。

「奉る」以外にも謙譲を表す補助動詞はいくつかあるので、頑張って覚えよう。

4章

not 敬語	補助動詞を使う謙譲語
妹に、パンを焼く	殿様に、パンを焼き奉る
	殿様に、パンを焼き参らす
	殿様に、パンを焼き仕《つかまつ》る
	殿様に、パンを焼き申す
	殿様に、パンを焼き聞こゆ
	相手エラい！　連用形＋謙譲の補助動詞

訳　お焼き申し上げる

Point 2　代表的な謙譲の補助動詞

「連用形＋奉る／参らす／仕る／申す／聞こゆ」の形！

練習問題 1

問１　下のＡ～Ｄの文の下線部について、次のⅰ～ⅱに答えよ。

ⅰ　謙譲の補助動詞を含むものを①～⑤から２つ選びなさい。

ⅱ　ⅰで選んだものについて、それぞれ現代語訳しなさい。

Ａ　日ごろ経て、宮に①**帰り給うけり**。

Ｂ　…みな手をわかちて、②**もとめたてまつれども**、…

Ｃ　「※面《おもて》起こすばかり、よき歌③**つかうまつれよ**」

Ｄ　「…御最後の御有様④**見参らせむ**」と⑤**申しければ**、…

問２　次の語に、（　）内の謙譲の補助動詞をつけて、謙譲語にせよ。

①　据《す》う（奉る）　②　まもる（参らす）　③　送る（仕る）

④　迎ふ（申す）　⑤　思ふ（聞こゆ）

※　面起こす＝名誉を回復する

練習問題 1 解説

解答は p.405

問1のi。「補助動詞」は必ず直前に「連用形」が来るから……**答えは**②④。②「もとめ＋たてまつれ」　④「見＋参らせ」
「たてまつる／参らす」は「謙譲の補助動詞」になれる言葉だ。

①「帰り＋給う」もたしかに「補助動詞」の形だけど……「給ふ」は「謙譲語」じゃなくて「尊敬語」の補助動詞（p.374）だよね。
③と⑤は、そもそも**直前に動詞がないから**、「補助動詞」ではない。

問1のiiは、②と④を現代語訳すればOK。
②「もとめ」は、直前に「みんなで手分けして」と書いてあるから、「探し求め」の意味。「ども」は「逆接」の接続助詞（p.322）だから、「**お探し申し上げたけれども**」が正解。
④は主語が「私」だから、助動詞「む」は「意志」で訳す（p.235）。答えは「**見申し上げよう**」。

いいね。②は「お探ししたけれども」、④は「拝見しよう」と訳してもいい。このまま**問2へ進もう**。**問2**は、形を覚えていれば簡単だよね。

前の動詞を「連用形」にすればOK。①「据ゑ**奉る**」、②「まもり**参らす**」、③「送り**仕る**」、④「迎へ**申す**」、⑤「思ひ**聞こゆ**」が正解。

そのとおり。ちなみに「据う」はワ行下二段、「まもる」はラ行四段、「送る」はラ行四段、「迎ふ」はハ行下二段、「思ふ」はハ行四段で活用する。

b 謙譲動詞

「尊敬語」のときに特別な「尊敬動詞」を覚えてもらった。「言ふ→仰す／宣《のたま》ふ」「呼ぶ→召す」のように、動詞そのものを変えてしまう方法だよね。「謙譲語」でも同様に特別な「謙譲動詞」が存在する。

まずaで勉強した「奉る／参らす／仕《つかまつ》る／申す／聞こゆ」。これは「補助動詞」として使うこともできるけれど、次のように「謙譲の本動詞」として使うこともできる。

not 敬語	謙譲動詞	
①妹に菓子を　与ふ	殿様に菓子を　奉る	差し上げる
	殿様に菓子を　参らす	
②妹に　仕ふ	殿様に　仕《つかまつ》る	お仕えする
妹に説明　す	殿様に説明　仕《つかまつ》る	いたす
妹に和歌を　詠む	殿様に和歌を　仕《つかまつ》る	お詠みする
妹に琴を　弾く	殿様に琴を　仕《つかまつ》る	お弾きする
③妹に挨拶を　言ふ	殿様に挨拶を　申す	申し上げる
	殿様に挨拶を　聞こゆ	

★ High Level Lessons ★

① 「奉る／参らす」には「派遣する」という意味もある。
（殿様のところへ、私の召使いを奉る／参らす）

② 「仕る」は「お仕えする」が基本の意味だが、英語の「do」のようなはたらきもある。
（例）今夜は宿直《とのゐ》つかまつる（今夜は宿直《しゅくちょく》いたします）

この中で、特に気をつけてほしいのが**「聞こゆ」**だ。

「聞」の字が入っているのに、意味は「言う」の謙譲語なんですね。
まぎらわしすぎる……

「聞こゆ」と似た動詞で、「聞こす」というのをすでに勉強済み（p.378）。
「聞こす」は「聞く」の尊敬語で、「聞こゆ」は「言ふ」の謙譲語。

形が似ているうえに意味が正反対だから、ここを間違えると致命的なミスになりかねない。しかも……面倒なことに「聞こゆ」には、「言う」の謙譲語だけでなく「**聞こえる**」という意味もあるんだ。次の３つの例をよく読んで、違いを自分で説明できるようになろう。

★殿様が、私のアドバイスを**聞こす**。　尊敬語：「お聞きになる」

★私が、殿様にアドバイスを**聞こゆ**。　謙譲語：「申し上げる」

★風の音**聞こゆ**。　not 敬語：「聞こえる」

Point 3

「聞こゆ」に要注意！

① 「言ふ」の謙譲語　→「申し上げる」と訳す！

② 「聞こえる」と訳す　→　敬語ではない

!「聞」の字なのに、意味は「言う」なので注意。

!尊敬動詞「聞こす＝お聞きになる」と間違えないよう注意。

では、このほかに覚えるべき「謙譲動詞」をリストアップしておこう。これまで通り、例文をしっかり見てイメージをつかみ、何も見ずに言えるようになるまで頑張って覚えよう。尊敬語よりは数が少ないからラクだよ。

not 敬語		謙譲動詞	
④妹の話を 聞く 妹の頼みを 受く		殿様の話を 殿様の頼みを　承《うけたまは》る	お聞きする お受けする
⑤妹に土産を 貰ふ		殿様に土産を 賜《たまは》る／給《たま》はる	いただく
⑥妹の家に 行く 妹の家に 来		殿様の屋敷に 参る 殿様の屋敷に 詣《まう》づ	参上する／伺う
⑦妹の家から 出づ		殿様の屋敷から 罷《まか》る／罷づ	退出する

★ High Level Lessons ★

⑥　「参る」は「給ふ／参らす」同様「差し上げる」と訳す場合もある。
（殿様に酒を参る）
また「仕る」と同じく「do」の意味もあり、その場合は「する／いたす」と訳す。
（殿様に説明参る）

練習問題 2

問１　下の①～④の文の下線部について、次のⅰ～ⅱに答えよ。

ⅰ　現代語訳しなさい。　　ⅱ　敬意のない語に言い換えなさい。

①　「…御琴の音をだに**うけたまはらで**久しうなりはべりにけり。…」

②　「夜更け侍《はべ》りぬ」と**聞こゆれど**、なほ入りたまはず。

③　「恐《かしこ》し。この国は、天《あま》つ神の御子《みこ》に**奉らむ**」と…

④　「初瀬《はせ》になむ、昨日皆**参りにける**」とて…

問２　次の語を謙譲動詞に言い換えよ。（補助動詞は使わないこと）

①　受く　　②　出《い》づ　　③　言ふ　　④　（和歌を）詠む

練習問題2 解説

解答は p.405

問1のi。①「うけたまはら（うけたまはる）」は「**聞く**」の謙譲語。接続助詞「で」は打消（p.319）だから、答えは「**お聞きしないで**」。
②「聞こゆれ（聞こゆ）」は「**言ふ**」の謙譲語。逆接の接続助詞「ど」があるから、「**申し上げるけれど**」。
③「奉ら（奉る）」は「**与ふ**」の謙譲語。助動詞「む」は「意志」で訳すと意味が通る。答えは「**差し上げましょう**」。
④「参り（参る）」は「**行く**」の謙譲語。「にける」は、完了の助動詞「ぬ」と過去の助動詞「けり」がくっついて英語の「過去完了」のような表現になる形（p.167）だから、「**参上した／してしまった**」が正解。

ということは、**問1のii**は①「**聞かで**」、②「**言へど**」、③「**与へむ**」、④「**行きにける**」が正解。

問2は①「**承る**」、②「**罷る／罷づ**」、③「**申す／聞こゆ**」、④「**仕る**」だね！

◇謙譲語の「ランク付け」

相手のエラさにも「ランク」があること。「特別にエラい」上位ランクの人には「最高敬語」と呼ばれるスペシャルな尊敬語を使うこと。p.382でこれら2点を勉強したよね。

「特別にエラい」人は、基本的に「天皇／皇族」か、それと同レベルの「関白／大臣」など。

そういう人が主語になると「仰す→仰せらる」「おはす→おはします」のように、ちょっと長い形の動詞を使って、「最高敬語」にすることが多かった。

そうだね。「謙譲語」も同様に、**「特別にエラい人」が相手**のときに使う動詞があるんだ。

「最高敬語」は数が多かったけど、今回は**たった３つ**、しかも**「言う」という意味の動詞**だけ覚えればいい。サクッと暗記してしまおう。

not 敬語	謙譲動詞
妹に御礼を言ふ	殿様に御礼を**聞こゆ**
	殿様に御礼を**申す**
	↓
	特別にエラい人に使う謙譲動詞
	関白に御礼を聞こえさす
	帝　に御礼を奏す
	東宮に御礼を啓す

「特別にエラい人」に使う謙譲語は、**「聞こえさす／奏《そう》す／啓《けい》す」**の３つ。ただし……どれも使用法に**重要な注意点**があるんだ。

まず**「聞こえさす」**。これは「聞こゆ」の形が変化したものだ。「聞こゆ」同様「聞く」と訳し間違えやすいので、要注意だ。

それと「聞こえさす」は**「補助動詞」**としても使える。たとえば「我、帝に、パンを焼き**聞こえさす**」なら、「私は、帝に、パンを**お**焼き**申し上げる**」と訳せば OK。

次に**「奏す」**。これは、**「相手が天皇**（上皇／法皇）」のときにしか使えない、すごく特殊な謙譲語なんだ。だから……筆者が「奏す」を使うときは、わざわざ「天皇（帝）に」と本文に書かない場合が多い。逆に言えば読み手であるわれわれは**「奏す」**が本文に出てきた時点で、「誰かが、天皇を相手に、何かを話している」と判断ができる。

最後に「啓す」。これは、「相手が皇太子／皇后」のときにしか使えない。「奏す」と間違えないように、違いをしっかり区別しておくこと。

「皇太子」は「東宮／春宮」、「皇后」は「中宮」と書くことが多い。

そうだね。「啓す」も、わざわざ「皇太子に／皇后に」と本文に書かないのが普通。本文の中に「啓す」が出てきたら、「誰かが、皇太子か皇后を相手に、何かを話している」と判断することが重要だ。

ちなみに……「奏す／啓す」２つまとめて「**絶対敬語**」と呼ぶことが多い。「最高敬語」と名前が似ているから、区別できるようにしておくこと。敬意の対象が決まっていることから「絶対敬語」と呼ばれるんだ。

Point 4 絶対敬語

敬意の対象が決まっている謙譲語

★「奏す」→ 天皇／上皇／法皇 ｝を相手に「申し上げる」
★「啓す」→ 皇太子／皇后 ｝を相手に「申し上げる」

★ High Level Lessons ★

- 「奏す」には「演奏する」の意味もある。この場合は敬語ではない。
- 「奏す」を天皇以外の人物に使うことがごくまれにある。（斎宮…神様に仕える皇族の女性など）

では、これで「謙譲語」の基本が終了。確認の練習問題だ。

練習問題 3

問１　下のＡ～Ｄの文について、次のⅰ～ⅲに答えよ。

ⅰ　絶対敬語を含むものを①～⑥の下線部より２つ選びなさい。

ⅱ　①～⑥の下線部を現代語訳しなさい。

ⅲ　二重下線部「おほやけ」とは誰のことか。漢字２字以内で答えよ。

Ａ　つとめて、（中宮の）御前に①参りて②啓すれば…。

Ｂ　ただ人も、※1舎人《とねり》など③たまはる※2際《きは》は※3ゆゆしと見ゆ。

Ｃ　「…一とせの※4行幸《みゆき》の後、また④見まゐらせばやと、※5ゆかしく⑤思ひまゐらするに…」

Ｄ　「…はや帰りておほやけにこのよしを⑥奏せよ」

※１　舎人＝警備などを行う役職　※２　際＝身分
※３　ゆゆし＝ここは「すばらしい」という意味　※４　行幸＝天皇のご外出
※５　ゆかし＝見たい、心ひかれる

練習問題 3 解説

解答は p.405

まずは、問１のⅰ。「絶対敬語」は、「奏す／啓す」の２種類だけ。答えは②⑥。

問１のⅱ。①「参る」は「行く」の謙譲語だから、「参上して」。
②「啓す」は、「言ふ」の謙譲語だから、「申し上げる」。「已然形＋ば」があるから「～ので／すると」と訳す。答えは「（中宮に）申し上げると／申し上げるので」。
③「たまはる」は「もらふ」の謙譲語だから、「いただく」が正解。
④は「見る」に、謙譲の補助動詞「まゐらす」がくっついているから、「見申し上げる／拝見する」。願望の終助詞「ばや」（p.326）もあるから、「見申し上げたい／拝見したい」と訳す。
⑤も「思ふ」に、謙譲の補助動詞「まゐらす」がくっついている。答えは「思い申し上げる」。
⑥「奏す」は、「言ふ」の謙譲語だから、「申し上げる」。命令形になっ

ているから、答えは**「申し上げなさい」**だ。

問１のⅲ。「奏す」は、「天皇や上皇相手に」何かを言うときに使うんですよね。ということは**「おほやけ」＝「天皇／帝」**が答え！

問題ないね。これで、謙譲語の作り方をマスターできたと思う。次は、敬語の３つめ「丁寧語」に進もう。

練習問題 1 解答

問１　ⅰ ②・④

ⅱ　②お探し申し上げたけれども／お探ししたけれども

④見申し上げよう／拝見しよう

問２　①据ゑ奉る　②まもり参らす　③送り仕る

④迎へ申す　⑤思ひ聞こゆ

練習問題 2 解答

問１　ⅰ　①お聞きしないで　②申し上げるけれど　③差し上げましょう

④参上した／参上してしまった

ⅱ　①聞かで　②言へど　③与へむ　④行きにける

問２　①承《うけたまは》る　②罷《まか》る／罷づ　③申す／聞こゆ　④仕《つかまつ》る

練習問題 3 解答

問１　ⅰ　②・⑥

ⅱ　①参上して　②（中宮に）申し上げると／申し上げるので

③いただく　④見申し上げたい／拝見したい　⑤思い申し上げる

⑥申し上げなさい

ⅲ　天皇／帝

4-4 丁寧語・役割が変わる敬語

「**丁寧語**」は現代語では、どんなはたらき・形になるんだっけ？

「聞き手／読み手」に敬意を払いたいときに使うのが「丁寧語」。

「です／ます／ございます」のどれかを使えば、それでOK。
たった３つしかないから、簡単だった。

そのとおり。古文の世界でも、「丁寧語」は「**侍**《はべ》**り**」と「**候**《さぶら》**ふ**」しかない。訳すときは、現代語と同じく「です／ます／ございます」と訳せばいい（「ございます」を「います／あります」にしてもOK）。

Point 1 「丁寧語」の基本

聞き手／読み手に敬意を払うときに使う！
★「侍《はべ》り／候《さぶら》ふ」の２つだけ！
★「です／ます／ございます(います・あります)」と訳すのが基本

「候ふ」は時代によっていろいろな読み方をする言葉で……
そのまま「サブラウ」と読んだり、「サブロウ」と読んだり、現代に近づくと「ソウロウ」と読んだりもする。
そして「尊敬語・謙譲語」のときと同様、本動詞にくっつけて「**補助動詞**」として使うことができる。

not 敬語	妹に 言ふ。「父、家に**帰る**」と。 聞き手エラくない！　ただの動詞
丁寧語 （補助動詞）	殿に 申す。「父、家に**帰り侍り**」と。 殿に 申す。「父、家に**帰り候ふ**」と。 聞き手エラい！　本動詞　丁寧の補助動詞！ 「〜ます」と訳す

上の文は単に「帰る」と訳せばいいけど、下の２つの文は「帰り**ます**」と訳すのが正しい。「丁寧語」をつけることで、話の「**聞き手**」**である**「**殿様**」に敬意を表しているんだ。

また、前に動詞をつけずそのまま「**丁寧動詞**」としても使える。

not 敬語	妹に 言ふ。「冷蔵庫に梨**あり**」と。
丁寧語 （本動詞）	殿に 申す。「冷蔵庫に梨**侍り**」と。 殿に 申す。「冷蔵庫に梨**候ふ**」と。 本動詞！ 「あります／ございます」 と訳す

本動詞（前に動詞が来ない）の場合は、「**います／あります／ございます**」と訳す。

初心者は、何よりもまず「**侍り・候ふ＝丁寧語＝です・ます・ございます**」という公式を完璧に覚えること。

4
章

練習問題 1

次の各文における下線部について、それぞれ現代語訳しなさい。

① （私は）この「歌[A]詠みはべらじ」となむ[B]思ひ侍るを、…

② なにがし寺といふところに、かしこき※行ひ人[C]はべる。

③ 故郷へは錦を着て帰れといふことの[D]さうらふ。

④ 我は北野の右近馬場の[E]神にて侍り。[F]めでたきことの侍る、御使ひ賜りて[G]見せ候はむ。

※ 行ひ人＝行者。修行僧。

練習問題 1 解説

解答は p.419

丁寧語「侍り／候ふ」は「です／ます／ございます」が基本だからAは**「詠みません」**、Bは**「思います」**。

そうだね。Aの「じ」は「打消意志」（p.231）だから、「**詠むつもりはございません**」と訳してもいいだろう。

Cは、**直前に「動詞」がないから**……「です／ます」で訳すのは変。「(すばらしい修行僧が) **います**」と訳せばOK。

D～Fも同じ。D**「あります／ございます」**。

E**「神であります／ございます」**。

F**「すばらしいことがあります／ございます」**。

Gは直前に「動詞」があるから「ます」で訳す。

「む」は「意志」で訳すのがよさそう。答えは**「見せましょう」**。

すばらしい。よくできたね。ただし……

実は、丁寧語として覚えた「**侍り／候ふ**」は、**場合によって**「**謙譲語**」**になる**ケースもあるんだ。

◇場合によって「役割が変わる」敬語たち

まず「侍り・候ふ」を使った次の２つの文を訳してみてほしい。

①　男、桜の木の隣に侍り／候ふ。
②　男、殿様の隣に侍り／候ふ。

①は「男が、桜の木の隣にいます」。丁寧語だ。

②も特に変わらない気がしますが……
「男が、殿様の隣にいます」と訳せばいいんじゃないですか？

文脈によっては、その訳が通用する場合もある。

でも……ちょっと考えてみてほしい。得体の知れない「男」が殿様の隣にいることなんて、普通はあり得ないと思わない？

そうか。殿様を狙った悪者かもしれないよな。

堂々と殿様のそばにいられるということは……
この「男」は殿様の家来で、殿様に「**お仕えしている**」はず！

そのとおりだ。つまり「**エラい人のそばで**」侍っている／候っている場合、その「侍り／候ふ」は通常「**お仕えする**／**お控えする**」と訳す。

そして「**エラい人のために**」お仕え／お控えしているということは……

この「侍り／候ふ」は、**「丁寧語」**ではなく**「謙譲語」**なんだ。

Point 2

謙譲語の「侍り／候ふ」

★エラい人のそばで
　エラい人のために　｝そこにいる場合
　→「お仕えする／お控えする」と訳す！

★ High Level Lessons ★

「侍り／候ふ」が謙譲語になるのは「本動詞」のときだけ。「補助動詞」のときは、100％丁寧語になる。

このように状況によって「尊敬・謙譲・丁寧」の役割が変化する動詞は、「侍り／候ふ」以外にあと３つある。「**奉る**／**参る**／**給ふ**」だ。

「参る／奉る」は、両方「謙譲語」ですよね。「参る」は「参上する／差し上げる」、「奉る」は「差し上げる」と訳すのが通常。

そのとおり。「参る／奉る」に共通しているのは、どちらも「**エラい人のために、何かを持っていく**」という意味を持つこと。

当時のエラい人は身の回りの世話、特に**食事**を自分で作ったりはしない。全部召使いが作って、エラい人のために「持っていく」ものだ。

「召使いが、エラい人に食べ物／飲み物を持っていく」

「エラい人が、その食べ物／飲み物を召し上がる」

この２つの「連続」して行われる動作が、だんだんゴチャ混ぜになってきて、最終的には区別がつけられなくなってしまったんだ。その結果……

① 家来、殿に　飯を　参る／奉る。
相手エラい！　飲食物　「差し上げる」の意味→謙譲語！

② 殿、　その飯を　参る／奉る。
主語エラい！　飲食物　「召し上がる」の意味→尊敬語！

こんな感じで「参る／奉る」が「**食べる／飲む**」の意味を持つようになった。②は**主語が「殿」**だから、当然この場合の「参る／奉る」は「**尊敬語**」。つまり「殿が、そのご飯を**召し上がる**」と訳せばいい。

尊敬語の「奉る」は「食べ物／飲み物」だけでなく、「**着る物**」「**乗り物**」にもよく使われる。

③ 家来、殿に　着物を　奉る。
相手エラい！　着る物　謙譲語＝「差し上げる」

④ 殿、　その着物を　奉る。
主語エラい！　着る物　尊敬語＝「お召しになる」

⑤ 家来、殿に　馬を　奉る。
相手エラい！　乗り物　謙譲語＝「差し上げる」

⑥ 殿、　その馬に　奉る。
主語エラい！　乗り物　尊敬語＝「お乗りになる」

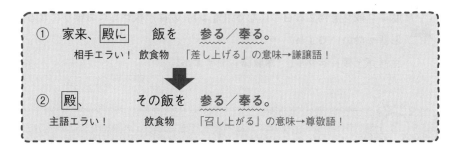

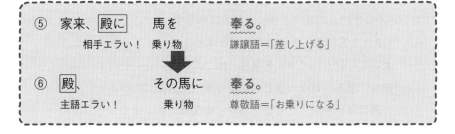

④は「殿が着物をお召しになる（着る）」、⑥は「殿が馬にお乗りになる」と訳せばいいですね。

主語が「殿」だから、「尊敬語」ですよね。

Point 3 尊敬語の「参る／奉る」

★エラい人が「飲食物」を「参る」とき→「召し上がる」

★エラい人が「飲食物／着る物／乗り物」を「奉る」とき

→「召し上がる」「お召しになる」「お乗りになる」

★ High Level Lessons ★

「奉る」が補助動詞になるときは、必ず謙譲語になる。

「参る」に補助動詞はなく、すべて本動詞。

練習問題 2

次の下線部の敬語の種類が、尊敬語ならア、謙譲語ならイ、丁寧語ならウと答えなさい。

① ※1宮の御前近く候ひて、物啓《けい》しなど、異事《ことごと》をのみ言ふを、…

② また、いとあはれなることも侍りき。

③ いくつといふこと、さらにおぼえはべらず。

④ ※2清水《きよみづ》などに参りて、坂もと上るほどに、…

⑤ （大将は）ほかにて酒など参り、酔ひて、夜いたく更けて…

⑥ （童は）恐ろしげなる虫どもを取り集めて（姫に）奉る。

⑦ （光源氏は）例の、ことごとしからぬ御車にたてまつりて、…

※1 宮の御前＝中宮　※2 清水＝清水寺

練習問題 2 解説

解答は p.419

①「候ふ」②③「侍り（はべり）」は、丁寧語か、謙譲語のどちらか。
①は、すぐ前に「**宮の御前近く＝中宮の近くで**」と書いてある。
中宮は「天皇の妻」(p.392) だから、エラい人のそばで「**お仕えして**」
と訳すのが正しい。これはイ。

②は、特に「**エラい人**」が出てこないし……
「**ありました**」と訳すとピッタリ。これは、ウです。
③も「エラい人」がいないし、「全く覚えていません」と訳すとピッタリ。
これもウ。

④⑤「参る」は、謙譲語か、尊敬語のどちらか。
尊敬になるのは「食べる／飲む」話のときだけだけど……「清水寺」を
食べるわけがない。これは「**お参りする**」という意味だからイ。
⑤は、**直前に「酒」**があるから、「**お飲みになる**」と訳してみる。
問題なく意味が通るから、これはア。

⑥⑦「奉る（たてまつる）」は、謙譲語か、尊敬語のどちらか。
「飲食物／着る物／乗り物」のときだけ尊敬語になるけど……
⑥は**直前に「恐ろしげなる虫どもを」**って書いてあるから、どう考えて
も違う。これは「**差し上げる**」と訳すから、イ。
⑦は**直前に「御車に」**と書いてあるから、「**お乗りになって**」と訳して
意味が通るし、主語も「光源氏＝エラい人」だから、間違いなくア。

いいね。では、最後に「**給ふ**」へ進もう。「給ふ」は、基本は「尊敬語」。通常「主語がエラい」ときに使うよね。

でも……この「給ふ」。実は「**謙譲語」として使う**ケースもあるんだ。

尊敬の「給ふ」が、「四段活用」の動詞なのは知っているよね。

尊敬語の**給ふ**　→　必ず四段活用！

未然形	連用形	終止形	連体形	已然形	命令形
殿様、本を読み給はず	殿様、本を読み給ひて	殿様、本を読み給ふ	殿様、本を読み給ふ時	殿様、本を読み給へども	殿様、本を読み給へ

でも、謙譲語の「給ふ」は「**下二段活用**」になる。

「下二段活用」は「**e／e／u／uる／uれ／eよ**」だから……

謙譲語は「**給へ／給へ／給ふ／給ふる／給ふれ／給へよ**」と活用する。

そうだね。もっと言うと……
謙譲語の「給ふ」を終止形・命令形で使うことはほぼあり得ない。

謙譲語の**給ふ**　→　必ず下二段活用！

未然形	連用形	終止形	連体形	已然形	命令形
私は、歌を聞き給へず	私は、歌を聞き給へて	×	私は、歌を読み給ふる時	私は、歌を読み給ふれども	×

「**給ふる／給ふれ**」は、「尊敬語＝四段活用」には存在しない形だから、「給ふる／給ふれ」の形だったら**100%謙譲語**。

「**給へ**」は尊敬／謙譲どちらにも出てくる形だけど……**尊敬語**の「給へ」は、**已然形か命令形**どちらか。だから、後ろに「ど／ども」があったり、係り結び「こそ」（p.114）があったり、「リカチャンサミシイ」の「り」（p.185）があったり、命令文になっていたら、その「給へ」は尊敬語。

謙譲語の「給へ」は、**未然か連用**。だから、後ろに「ず／む」があったり、「て／けり」などがあれば、その「給へ」は謙譲語。

Point 4 尊敬語と謙譲語の「給ふ」

★**尊敬語**は**四段**活用！　**謙譲語**は**下二段**活用！

★「**給ふる**／**給ふれ**」の形は、**100％謙譲語**！

★「**給へ**」の形の見分け方。

尊敬語の「給へ」＝　**已然形** or **命令形**

→「給へど／給へども／**こそ～**給へ／給へり」などの形

謙譲語の「給へ」＝　**未然形** or **連用形**

→「給へず／給へむ／給へて／給へけり」などの形

このように、謙譲語の「給ふ」は、その形を見るだけで簡単に見抜ける。ただ……もっと言うと、謙譲語の「給ふ」は、**限られた条件**のもとでしか使えない。次の**条件**を覚えておけば、より確実に見抜くことができる。

条件①。謙譲語の「給ふ」は、「**主語＝私**」のときにしか使えない。

× 「家来、殿様の話ぞ聞き給ふる」と言ふ。

主語が not 自分 → 謙譲語の「給ふ」×

◎ 「我、殿様の話ぞ聞き給ふる」と言ふ。

主語が自分 → 謙譲語の「給ふ」◎

それに「**相手**」**がエラくなくても**使えるのも、謙譲「給ふ」の特徴。

◎ 「我、お手伝いさんの話ぞ　　聞き給ふる」と言ふ。
相手がエラくなくても…… ➡ 謙譲語の「給ふ」は OK！

現代語でも「私は山田と申します／テニスをいたします／自宅におります」のように、相手がエラくなくても使える謙譲語があったよね（p.367 High Level Lessons）。謙譲語の「給ふ」も同じ。**相手がエラくてもエラくなくても**、自分が主語でさえあれば使って OK。

ただ……そうすると、通常の謙譲語のように、「お～申し上げる」と訳すと変になってしまうんだ。

「お手伝いさんの話をお聞き申し上げる」だと、「お手伝いさん」がすごくエラいみたいで変ですよね。

そうだよね。だから謙譲語の「給ふ」を訳すときは、単に「**です／ます**」**をつけるだけ**でいい。

謙譲語だけど、訳し方は「丁寧語」。それが謙譲の「給ふ」だ。

条件②。謙譲語の「給ふ」は、実は「会話表現」。

だから「**会話**」**か**「**手紙**」**の中**だけで使われる。

× 我、友達の話ぞ聞き給ふる。
会話・手紙ではない ➡ 謙譲語の「給ふ」×

◎ 「我、友達の話ぞ聞き給ふる」**と申す。**
会話・手紙！ ➡ 謙譲語の「給ふ」◎

Point 5 謙譲語の「給ふ」

★次の条件を両方満たすとき、謙譲語「給ふ」を使える。

①主語が「自分」　②会話・手紙の中

(!)訳し方は「です／ます」をつけるだけでOK

★ High Level Lessons ★

謙譲の「給ふ」は、直前に「知る・思ふ・見る・聞く」のような「考えること／見聞きすること」に関する動詞が来る。

練習問題 3

次の下線部が、尊敬語ならア、謙譲語ならイと答えなさい。

① （かぐや姫は）人目も今は[※1]つつみ[A]たまはず泣き[B]たまふ。

② また聞けば、侍従《じじゅう》の大納言の御女《むすめ》、亡くなり給ひぬなり。

③ 「…思ひ嘆きて、心ゆかぬやうになむ聞きたまふる…」

④ 「見たてまつれば、いみじくいとほしと思ひたまふれど、…」

⑤ 「あるじの女《むすめ》ども多かりと聞き給へて、[※2]はかなき[※3]ついでに言ひ寄りてはべりしを、…」

⑥ 「内々《うちうち》に、思ひ[C]たまふるさまを奏し[D]たまへ」

⑦ 「うせたまひにし御《み》息所《やすどころ》の御[※4]かたちに似たまへる人を、…」

※1 つつむ＝遠慮する　※2 はかなし＝ちょっとした

※3 ついで＝機会　※4 かたち＝容姿、見た目

練習問題 3 解説

解答は p.419

まずは①。A「たまは」は**「四段活用」**の形。答えはア。

Bは、**「終止形」**ですよね。**謙譲語**の「たまふ」を、**終止形で使うことはまずあり得ない**。これもアです。

次は②。「給ひぬ」は**「四段活用」**の形だから、これもア。もし「謙譲語＝下二段活用」だったら、「給へぬ」になるはず。

そうだね。それに、**主語が「私」じゃなくて「かぐや姫／御女」**だし、そもそも**「会話」でも「手紙」でもない**ね。

③「たまふる」④「たまふれ」は、100%**下二段活用**の形。答えは**イ**。

そうだね。両方とも「　」がついた「会話／手紙」文だし、「主語＝私」になっていることも確認しよう。

⑤「給へ」は……尊敬語になることも謙譲語になることもある形。こういうときは、「給へ」の活用形を見ればよかった。

「給へ」が**「已然形／命令形」**だったら**尊敬語**。

「未然形／連用形」だったら**謙譲語**だよな。

⑤は、**後ろに「て」があるから、「連用形」。謙譲語**で、答えは**イ**です。

次は⑥。C「たまふる」は、③と同じく100%**謙譲語**の形だからイ。

D「たまへ」は⑤と同じく活用形をcheckしないとダメ。

今回は**文末にあるし、係り結びもないから**「命令形」。

尊敬語で、答えはア。

最後の⑦も「たまへ」ですね。

今回は**後ろに「る」がある**……「たまへェる」……**「eの音＋る」**の形……これ、「リカチャンサミシイ」のパターン！（p.185）

そのとおり。「eの音＋ら・り・る・れ」を発見したら、すぐ「リカチャンサミシイ」を思い出すクセをつけることが大事。

で……「サミシイ」って、何の略だっけ？

「サ変の未然」と「四段の已然」。

完了の「り」の直前には、これら2タイプの動詞しか絶対に来ない。

「たまふ」が「サ変」になるわけがないから、今回の「たまへ」は、間違いなく**「四段の已然」**だ。

「たまふ」が「四段活用」ということは**尊敬語**、答えはアですね。

すばらしい。いよいよ、次のコーナーで敬語の勉強、そしてこの参考書もラストスパート。このまま一気に進めてしまおう。

練習問題1 解答

A詠みません／詠むつもりはございません　B思います

Cいます／ございます　Dあります

E神であります／ございます　Fすばらしいことがあります／ございます

G見せましょう

練習問題2 解答

①イ　②ウ　③ウ　④イ　⑤ア　⑥イ　⑦ア

練習問題3 解答

①　Aア　Bア　②ア　③イ　④イ　⑤イ

⑥　Cイ　Dア　⑦ア

4-5 敬意の方向

まず一度復習。何も見ずに「尊敬語・謙譲語・丁寧語」の違いを言える？

主語がエラいときに使うのが、「尊敬語」。
相手がエラいときに使うのが、「謙譲語」。
聞き手／読み手に敬意を払うのが、「丁寧語」です。

そのとおり。言い換えれば、敬語は「**誰に敬意を払うか**」によって使い分けられるということ。

そして実際のテストでも、下線部の敬語が「誰に対する敬意か」を答えさせる問題が出る。たとえば、こんな感じ。

(例題) 傍線ａ～ｆの敬語は、誰に対する敬意を表しているか答えよ。
①安田「ねぇねぇ、佐々木さん、聞きました？
我々が部長に昨日 a **お見せした**資料、
社長も b **ご覧になった**そう c **です**よ。」
②この本を d **お読みになる**皆様に
私が e **お伝えしたい**ことは３つあり f **ます**。

a「お見せする」は謙譲語、b「ご覧になる」は尊敬語、c「です」は丁寧語。

謙譲語は「相手」への敬意。資料を「見せる」相手は部長だから、aは「部長」。

尊敬語は「主語」への敬意。資料を「ご覧になる」主語は社長だから、bは「社長」。

丁寧語は「聞き手」への敬意。「安田」の話を聞くのは佐々木さんだから、cは「佐々木さん」。

d「お読みになる」は**尊敬語**、e「お伝えする」は**謙譲語**、f「ます」は**丁寧語**。

尊敬語は「主語」への敬意。本を「読む」主語は「読者」だから、dは「読者」。文中の言葉で言うなら「皆様」。

謙譲語は「相手」への敬意。作者が「伝える」相手は「読者」だから、eも「読者／皆様」。

丁寧語は「読み手」への敬意だから、fも「読者／皆様」。

なんだ、d～f全部「読者／皆様」への敬意。

そのとおり。「誰に対する敬意か」を答える問題は、敬語の使い分けさえ理解できていれば、何も難しいことはない。

Point 1

誰に対する敬意か

尊敬語か、**謙譲語**か、**丁寧語**かをcheck！

→ 尊敬語 なら……**主語**
　 謙譲語 なら……**相手**
　 丁寧語 なら……**聞き手／読み手**
} に対する敬意！

ただし……「敬意の方向」を問う問題は、これだけでは終わらない。

「誰に対する敬意か」に加えて、「**誰からの敬意か**」が問われるケースもある。

ただ、「誰からの敬意か」を答える問題は非常にシンプル。

常に「**敬語を使った本人**」が答えになる。「敬語を使った本人」から敬意が生まれるのは当然のことだよね。

たとえば、p.420の例題だと、「敬語を使った本人」は誰になるのだろう？

①の文は、全部**「安田」のセリフ**なんだから、「敬語を使った本人＝安田」に決まっている。

②の文は、「読者／皆様」に向かって敬語を使っているのは**「作者」**。

そのとおり。つまり①のような「セリフ（手紙）」だと、その「**話し手（手紙の書き手）**」が答えになる。②のような「地の文」の場合は、「**作者**」が答え。

「　」**の中は**「**話し手**」から。「　」**の外は**「**作者**」から、と覚えよう。

Point 2

誰からの敬意か

敬語を使った本人をcheck！

→ セリフ／手紙の中 なら…話し手／書き手 ｝からの敬意！

地の文 なら………………作者 ｝からの敬意！

練習問題 1

次の①〜④の文の下線部について、それぞれ下のⅰ〜ⅲに答えよ。

① （帝《みかど》はかぐや姫からの手紙を）広げて[A]御覧じて、いとあはれがらせ[B]たまひて、[※1]物も[C]聞こしめさず…

② 翁《おきな》、皇子《みこ》に[D]申すやう、「いかなる所にか、この木は[E]さぶらひけん。…」

③ （有宗《ありむね》入道が作者のもとにやって来て）「この庭の[※2]いたづらに広き事…みな畠《はたけ》に作り[F]給へ」と諌《いさ》め[G]侍りき。

④ （帝は使いを通じ翁に対して）「汝《なむぢ》が持ちてはべるかぐや姫（私に）[H]奉れ。（かぐや姫の）顔かたちよしと[I]聞こしめして…」と仰せらる。

※1 物＝ここでは「食べ物」という意味 ※2 いたづらなり＝むやみだ。無駄だ

ⅰ 敬語の種類（尊敬語・謙譲語・丁寧語）は何か。

ⅱ 誰に対する敬意を表しているか。

ⅲ 誰からの敬意を表しているか。

練習問題 1 解説

解答は p.431

まずは①－ⅰ。A「御覧ず」、C「聞こしめす」は、100%尊敬語。B「たまふ」は、「尊敬語／謙譲語」両方ありえるけど（p.415）……今回の「たまふ」は「四段活用」だから、Bも同じく尊敬語。

そうだね。もしBが謙譲語だったら、「たまひて」ではなく「たまへて」の形になる。

それに今回の文は、主語が「帝」。「たまふ」が謙譲になるのは、主語が「私」のときだけ。その意味でも、Bが謙譲語になる可能性はゼロだ。

4章

①ーⅱ。尊敬語は、「主語」に対する敬意だから、Ａ～Ｃ全部「帝」への敬意。

①ーⅲ。今回は、手紙でも会話でもないから、Ａ～Ｃ全部「作者」からの敬意。

次は②ーⅰ。Ｄ「申す」は、間違いなく謙譲語。
Ｅ「さぶらふ」は……丁寧語かもしれないし、謙譲語かもしれない。

この「さぶらふ」は、「木」の話だし、どう考えても「エラい人にお仕えする」という意味じゃないよね……Ｅは、丁寧語。

②ーⅱ。謙譲語は「相手」への敬意だから、Ｄは「皇子」。
丁寧語は、「聞き手」に対する敬意だから、Ｅも「皇子」への敬意。
翁の話を聞いているのは「皇子」だから。

②ーⅲ。Ｄは「　」の外にあるから、「作者」からの敬意。
Ｅは「　」の中にあるから、「話し手＝翁」からの敬意。

次は③ーⅰ。Ｆ「給ふ」は尊敬語かもしれないし、謙譲語かもしれない。
Ｇ「侍り」は丁寧語かもしれないし、謙譲語かもしれない。

Ｆ「給へ」は「命令形」ですよね。謙譲語の「給ふ」が「命令形」になることはない（p.414）から、これは尊敬語！
Ｇの「侍り」は、「エラい人にお仕えする」という意味じゃないから、これは丁寧語。

そのとおりだね。Ｆが「命令文」ということは、主語は「自分」じゃなくて「相手」になるよね。「自分」が主語じゃない時点で、「給ふ」が謙譲語になることはない。

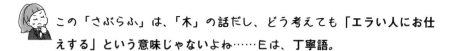

Gの「侍り」は、そもそも「補助動詞」だよね。「侍り／候ふ」が「補助動詞」である時点で、100%丁寧語になることも覚えておくと便利。(p.410)

③－ⅱ。尊敬語は、「主語」に対する敬意。「有宗が、作者に、畠を作るよう」命令しているんだから、実際に「畠に作る」主語は「作者」だよな。**Fの答えは「作者」。**
丁寧語は「読み手／聞き手」に対する敬意。**Gの答えは「読み手」。**

③－ⅲ。Fは「　」の中だから、答えは**「話し手」＝「有宗」。**
Gは「　」の外だから、**答えは「作者」。**

最後④－ⅰ。H「奉る」は、謙譲語かもしれないし、尊敬語かもしれない。I「聞こしめす」は、**100%尊敬語。**

尊敬語の「奉る」は、「飲食物／着る物／乗り物」の意味のときだけだから、**H「奉る」は、謙譲語。**

④－ⅱ。謙譲語は「相手」への敬意。直前に「(私に)」と書いてるから……H「差し上げる」の相手は「私」＝「帝」だ。

尊敬語は「主語」への敬意。なぜ帝が「かぐや姫を差し出せ」と言ったか……帝が、かぐや姫の顔がきれいだというううわさを「聞いた」からだよね。ということは、I「聞こしめし」の主語は「帝」。**HもIも、答えは「帝」への敬意ですね。**

④－ⅲ。HもIも「　」の中だから、**答えは「話し手」＝「帝」からの敬意！**

そのとおり。④は、両方とも「**帝から、帝への**敬意」になるね。

え？　ということは、帝は「自分で自分に」敬意を払っているんですか？

このように、「セリフの話し手」が「天皇・上皇」の場合、「自分自身」に敬語を使う場合がある。これを「**自敬表現**」と呼ぶ。

「誰から誰への敬意」問題では比較的よく出るので頭に入れておこう。

Point 3

自敬表現

★「天皇・上皇のセリフ」では、**自分自身に敬語を使うことがある！**

★ High Level Lessons ★

本当に「天皇」本人が、自分自身に敬意を払っていたのかというと、そうとは限らない。「天皇」本人は普通にしゃべっていたのに、そのセリフを書き写した人が、天皇に気を使って敬語に書き換えてしまった、というケースもある。

◇多方面への敬語

「敬意の方向」を理解してもらったところで、１つ問題提起。

「敬意を払うべきエラい人間」が、文中に２人以上出てしまった場合はどう表現すればいいのだろうか。たとえば……

（例題）次の傍線部を、正しく敬語に直しなさい。
家来、殿に話す。「殿の奥様が、帝に、殿の悪口を言ひけり」

悪口を言った「**主語**」は「**殿の奥様**」だよな。家来から見てエラい立場だから、**尊敬語**を使うべきだ。

聞かされた「**相手**」は「**帝**」。当然エラいから、**謙譲語**を使うべき。

家来の話の「**聞き手**」は「**殿**」。当然エラいから、**丁寧語**を使うべき。

ということは、今回の例文では「尊敬語・謙譲語・丁寧語」全部使うのが正しい。でも……そんなこと、していいの？

していいんだ。**古文では、3種類の敬語を、1つの動詞に使ってOK。**これを「多方面への敬語」という。

このとき、**必ず「①謙譲語→②尊敬語→③丁寧語」の順番で使う**こと。つまり……

まず、「①謙譲語」を使うことで、相手である「帝」に敬意を払う。「言ふ」の謙譲語は……補助動詞を使って「言ひ奉る etc.」にするか、謙譲動詞を使って「申す etc.」にするか。

そうだね。今回は、補助動詞を使って謙譲語を作ってみよう。

家来、殿に話す。
「殿の奥様が、①帝に、殿の悪口を　言ひ①奉りけり」
相手エラい！ → 謙譲語に！

そのとおり。だけど、これだと「相手」である「帝」にしか敬語を使っていないから、「殿の奥様」「殿」に対してはタメグチをきいたことになってしまう。そこで……

①の次に、「②尊敬語」を使って、主語である「奥様」に敬意を払えばいい。すると……

家来、殿に話す。
「殿の②奥様が、①帝に、殿の悪口を　言ひ①奉り②給ひけり」
主語エラい！ → 尊敬語に！

そのとおり。謙譲の「奉る」の後ろに、尊敬の「給ふ」を持ってくることで、「帝」に加えて**「奥様」にも同時に敬意を払う**ことができるんだ。

ただ、これだと話の「聞き手」である「殿様」には敬語を使えていないよね。だから……

②の次に、「③丁寧語」を使って、聞き手である「殿」に敬意を払う。

家来、③殿に話す。

聞き手エラい！

「殿の②奥様が、①帝に、殿の悪口を　言ひ①奉り②給ひ③侍りけり」

丁寧語に！

そのとおり。これで、敬語の勉強もすべて終了！

ポイントをまとめて、練習問題へ進もう。

Point 4　多方面への敬意

「敬意を払うべきエラい人」が、**同時に２人以上いるとき！**

★「謙譲語／尊敬語／丁寧語」を、１つの動詞に使える

★必ず「①謙譲＋②尊敬＋③丁寧」の順番で敬語を使う

★ High Level Lessons ★

エラい人が複数いるときに、必ず「多方面への敬意」が使われるわけではない。

あまりエラくない人の場合など、敬語が省略されることもある。

練習問題 2

下の文における下線部の敬語動詞について、ⅰ～ⅲに答えよ。

ⅰ　敬語の種類（尊敬語・謙譲語・丁寧語）は何か。

ⅱ　誰に対する敬意を表しているか。

ⅲ　誰からの敬意を表しているか。

[※1]中納言殿（中宮のもとに）[A]まゐり[B]給ひて、御扇[C]たてまつらせ[D]給ふに、[※2]「隆家《たかいえ》こそ[※3]いみじき骨は得て[E]はべれ。それを張らせて[F]参らせむとするに、[※4]おぼろけの紙はえ張るまじければ、もとめ[G]はべるなり」と[H]申し[I]給ふ。

※1　中納言殿＝藤原隆家。中宮の弟

※2「隆家こそ～」＝隆家が中宮に対して話したセリフ

※3　いみじき骨＝すばらしい（扇の）骨

※4　おぼろけなり＝普通だ。並一通りだ。「おぼろけ」は形容動詞の語幹。

練習問題 2 解説

解答は p.431

では、ⅰからやってみます。

A「まゐる」は、謙譲語か尊敬語のどちらか。今回は「食べる／飲む」の意味じゃないから謙譲語。中宮の所に「参上する」という意味。

B「給ふ」も、尊敬語か謙譲語だけど……

今回は、「A＝謙譲語」の直後に来ているから、これは尊敬語。

そうだね。「多方面への敬語」をダブル・トリプル使用するときは、必ず「**謙譲語⇒尊敬語⇒丁寧語**」の順番。それに、B「給ふ」は「四段活用」の形だから、Bは謙譲語ではない。

C「たてまつる」も、謙譲語か尊敬語のどちらか。今回は「扇を差し上げる」意味だから、謙譲語。

ということは、D「給ふ」は**「C＝謙譲語」の直後**だから、**尊敬語**だ。

E「はべり」は、丁寧語か謙譲語のどちらか。**「お仕えする」**の意味じゃないから、これは**丁寧語**。「です／ます」で訳すパターン。

F「参らす」は**100%謙譲語**。意味は「差し上げる」。

G「はべり」も「お仕えする」の意味じゃないし、**「補助動詞」**の「はべり」は100%**丁寧語**。

H「申す」は、100%**謙譲語**。

ということは、I「給ふ」は、**「H＝謙譲語」の直後**だから、**尊敬語**。

そのとおり。あと、Iの「給ふ」は「終止形」だよね。「給ふ」が終止形である時点で、ほぼ確実に尊敬語になる。

では、**このままⅱへ進もう**。

Aは謙譲語だから「相手」への敬意。

Bは尊敬語だから「主語」への敬意。

今回は「中納言殿＝主語」が「中宮＝相手」のもとに参上するという話。

Aの答えは「中宮」。Bの答えは「中納言殿」。

Cは謙譲語だから「相手」への敬意。

Dは尊敬語だから「主語」への敬意。

今回は「中納言殿＝主語」が「中宮＝相手」に扇を差し上げるという話。

Cの答えが「中宮」。Dの答えが「中納言殿」。

Eは丁寧語だから「聞き手」への敬意。**答えは「中宮」。**

Fは謙譲語だから「相手」への敬意。F「参らせ」は「(扇を) 差し上げる」という意味だから、「中納言＝主語」「中宮＝相手」。**答えは「中宮」。**

Gは**E**と同じ丁寧語。**「聞き手＝中宮」に対する敬意。**

Hは謙譲語だから「相手」への敬意。
Iは尊敬語だから「主語」への敬意。
今回は「中納言殿＝主語」が「中宮＝相手」に申し上げているからHの答えは「中宮」。Iの答えは「中納言殿」。

そのとおりだ。このまま、**最後iiiもやってしまおう**。

A～Dは全部「　」の外にあるから、どれも「作者」から。
E～Gは「　」の中だから全部「話し手＝中納言殿」から。
そしてH＆Iも「　」の外だから、また「作者」からの敬意。

OK！　これで、敬語はすべて終了！

練習問題1 解答

① i　A尊敬語　B尊敬語　C尊敬語　ii　A帝　B帝　C帝
　iii　A作者　B作者　C作者
② i　D謙譲語　E丁寧語　ii　D皇子　E皇子　iii　D作者　E翁
③ i　F尊敬語　G丁寧語　ii　F作者　G読み手
　iii　F有宗　G作者
④ i　H謙譲語　I尊敬語　ii　H帝　I帝　iii　H帝　I帝

練習問題2 解答

i　A謙譲語　B尊敬語　C謙譲語　D尊敬語　E丁寧語　F謙譲語
　G丁寧語　H謙譲語　I尊敬語
ii　A中宮　B中納言殿　C中宮　D中納言殿　E中宮　F中宮　G中宮
　H中宮　I中納言殿
iii　A作者　B作者　C作者　D作者　E中納言殿　F中納言殿　G中納言殿
　H作者　I作者

One Point Lessons ⑪ 第４章に出てきた重要単語集

p.375

148　いたし　【形・ク】〈甚し〉　①はなはだしい　②すばらしい　③ひどい

149　あなかま　【感動詞】　うるさい、静かに

150　おくる　【動・下二段】〈遅る・後る〉　①遅れる、取り残される　②先立たれる　③劣っている

p.379

151　ごらんず　【動・サ変】〈御覧ず〉　ご覧になる

152　ろく　【名】〈禄〉　①褒美　②給与

153　おほとのごもる　【動・四段】〈大殿籠る〉　お休みになる

154　まゐる　【動・四段】〈参る〉　①参上する　②差し上げる　③（何かを）して差し上げる　④召し上がる

p.384

155　よさり　【名】〈夜さり〉　夜になるころ、夜、今夜

156　まかづ　【動・下二段】〈罷づ〉　①退出する、おいとまする　②出かけます

p.396

157　ひごろ　【名】〈日頃〉　①数日　②ふだん

158　おもておこす　【連語】〈面起こす〉　名誉を上げる、名誉回復する

159　つかまつる・つかうまつる　【動・四段】〈仕る・仕う奉る〉　①お仕えする　②お～申し上げる　③します、いたす

160　まゐらす　【動・下二段】〈参らす〉　①差し上げる　②お～申し上げる

p.400

161 うけたまはる 【動・四段】〈承る〉 ①いただく ②うかがう、お聞きする ③お引き受けする

162 かしこし 【形・ク】〈畏し・恐し〉 ①恐れ多い ②身分が高い 〈賢し〉 ①賢い ②立派だ

p.404

163 つとめて 【名】 ①早朝 ②（何かがあった日の）翌朝

164 おまへ／ごぜん／ごぜ 【名】〈御前〉 ①高貴な人の前・近く ②高貴な人、主君 ③奥様 ④あなた、あなた様

165 けいす 【動・サ変】〈啓す〉（皇太子／皇后に）申し上げる

166 ただびと 【名】〈直人・徒人〉 ①（神・仏に対して）普通の人 ②（天皇・皇族に対して）臣下 ③（摂政・関白などに対して）一般の貴族、官位の低い人

167 とねり 【名】〈舎人〉 皇族の護衛などを行う下級役人

168 たまはる 【動・四段】〈賜る・給はる〉 ①いただく ②～していただく ③お与えになる

169 きは 【名】〈際〉 ①身分 ②程度 ③時 ④範囲、境目 ⑤限界、最後

170 ゆゆし 【形・シク】〈由由し・忌忌し〉 ①不吉だ ②恐れ多い ③はなはだしい ④すごい

171 みゆき 【名】〈行幸〉 天皇のお出まし 〈御幸〉上皇・法皇・女院のお出まし

172 ゆかし 【形・シク】 ①心ひかれる ②見たい、聞きたい、知りたい

173 おほやけ 【名】〈公〉 ①天皇 ②朝廷、政府 ③公的なこと

p.408

174 おこなふ 【動・四段】〈行ふ〉 ①仏道修行をする ②行う

p.412

175　ことごとし　【形・シク】〈事事し〉　大げさだ

p.417

176　つつむ　【動・四段】〈慎む〉　気兼ねする、遠慮する

177　いとほし　【形・シク】　①気の毒だ　②嫌だ、困る　③かわいい

178　ついで　【名】〈序〉　①機会　②順序

179　みやすどころ　【名】〈御息所〉　①天皇の寝所に仕える女性　②皇太子・親王の妃

p.423

180　いたづらなり　【形動・ナリ】〈徒らなり〉　①無意味だ　②つまらない、むなしい　③何もない、空っぽだ　④暇だ

181　いさむ　【動・下二段】〈諫む〉　忠告する　〈禁む〉　禁止する

182　なむぢ　【代名】〈汝〉　お前、そなた

p.429

183　おぼろけなり　〈形動・ナリ〉　①普通だ、ありきたりだ　②普通じゃない、特別だ、格別だ

さくいん

た

な

は

ま

や

ら

わ

MEMO

やさしい高校シリーズのご紹介

わかりやすい解説で大好評！

やさしい高校シリーズ最新のラインナップを紹介しています。
お持ちのデバイスでQRコードを読み取ってください。
弊社Webサイト「学研出版サイト」にアクセスします。
（※2021年以前発売の商品は旧課程となりますのでご注意ください）

STAFF

著者	村上翔平、菊池淳一
ブックデザイン	野崎二郎（Studio Give）
編集協力	株式会社バンティアン（原田真希子）、佐藤玲子
イラスト	あきばさやか
データ作成	株式会社四国写研
印刷所	株式会社リーブルテック